海派文化丛书

海上楷模
——"抓斗大王"包起帆

许 平 著

文匯出版社

编委会

顾　问

王元化　方明伦　邓伟志　庄晓天　严家栋
吴谷平　徐中玉　钱谷融　龚心瀚　缪国琴

主　编

李伦新

副主编

丁锡满　李友梅　郑家尧

编　委

丁锡满　丁宏根　王　晨　李友梅　李伦新
忻　平　陆　廷　郑家尧　桂国强　唐长发

（注：以上名单按姓氏笔画排列）

总序

在中国所有的城市中，没有也不可能有两个城市是完全相同的，每个城市都有各自的特点和个性。上海，无论是城市的形成过程、发展道路，还是外观风貌、人文内蕴，抑或是民间风俗习惯等，都有鲜明的特点和个性，有些方面还颇具奇光异彩！

如果要我用一个字来形容上海这座城市，我以为唯独一个"海"字，别无选择。

上海是海。据研究表明，今上海市的大部分地区，尤其是市中心地区，在六千多年以前，尚是汪洋一片。随着时间的推移，长江的奔流不息，大海的潮涨潮落，渐渐淤积成了新的陆地，以打鱼为生的先民们开始来这一带活动。滩涂湿地渐长，围海造地渐移，渔民顺势东进，于是出现了叫上海浦、下海浦的两个小渔村，由此迅速发展起来。到南宋咸淳三年（1267年），在今小东门十六铺岸边形成集镇，称上海镇。后于1292年正式设置上海县，县署就在今老城厢内的旧校场路上。一个新兴的中国滨海城市就这样开始崛起。所以我认为，上海可以说是一座水城，上海是因水而生，因水而兴，水是上海的血脉，水是上海的精灵。直至今日，上海的地名、路名依旧多有滩、渡、浜、泾、汇、河、桥、塘、浦、湾……这都在向人们证明，是水造就了上海这座城市。

海洋是美丽而壮观的。约占地球表面总面积的70.8%是海洋水面，如果称地球为"水球"也不无道理。海洋是广阔而有边的，是深而可测的。"日月之行，若出其中；星汉灿烂，若出其里。"海洋是生命的摇篮，是资源的宝库……任你怎样为之赞美都不会过分。

海在洋的边缘，临近大陆，便于和人类亲密接触。我国的万里海疆，美丽而且富饶，被誉为能量的源泉、天然的鱼仓、盐类的故乡，孕育着宇宙的精华，激荡着生命的活力……任你怎样为之歌唱都不会尽兴。

上海是海。是襟江连海的不息水流造就了上海，更是水滋养了上海，使这座城市孕育了以海纳百川、兼容并蓄为主要特征的海派文化。可以说，没有水就没有上海，就没有这座迅速崛起的滨海城市。没有海派文化的积极作用，也就没有上海的迅速崛起和繁荣发达。今后，上海的发展还要继续做好这篇水文章，充分发挥自己的优势和特点！

上海是海。上海人来自五湖四海，是中国最大的移民城市，是典型的近代崛起的新兴城市，不同于在传统城市基础上长期自然形成的古老城市。1843年开埠以前，上海人口只有20多万，经过百年的发展，人口猛增到500多万。据1950年的统计，上海本地原住民只占上海总人口的15%，移民则高达85%。上海的移民，国内的大都来自江苏、浙江、安徽、福建、广东，国际的虽来自近四十个国家，但主要来自英、法、美、日、德、俄，其数量最多时高达15万人。在一个多世纪中，上海大规模的国内移民潮有如下几次：

太平天国期间，从1855年到1865年，上海人口一下子净增了11万。

抗日战争时期，特别是孤岛期间，仅4年时间，上海人口净增了78万。

解放战争期间，三年左右，上海人口净增了208万，增势之猛，世界罕见。

改革开放以来，上海产生了新一波移民潮，人口增长势头也很猛，现在户籍人口已经超过1 800万，此外，还有外来务工人员600万。每年春运高峰，车站码头人山人海、人流如潮，是上海一道独特的风景。

上海是海。上海的建筑素有万国博览会之美誉，现在是越来越名副其实了。有人说建筑是城市的象征，是城市文化的载体；也有人说建筑是凝固的音乐，是城市的表情。依我看，上海的城市建筑是海派文化的外在形象体现，无论是富有上海特色的石库门里弄房屋，还是按照欧美风格设计建造的各式各样的建筑，包括集中于南京路外滩的建筑群，和分布于各区的多姿多彩的别墅洋楼，诸如文艺复兴式、哥特式、巴洛克式、古典主义式……现已列入重点保护的优秀历史建筑就达300多处，或者是后来建造的如原中苏友好大厦等，都在向人们无声地讲述着丰富而生动的历史人文故事，演奏着上海社会发展进步史上的一个个乐章。

上海是海。上海人讲话多有南腔北调，还有洋腔洋调。中国地域广阔，方言土语十分丰富。56个民族，都有本民族的语言。上海这个迅速崛起的移民城市，人口的多元化，自然带来了语言的多样化，中国各地方言和世界各国的语言大都能在上海听到。

上海是海。上海人的饮食，可谓多滋多味，菜系林立，风味各异，川帮、广帮、闽帮、徽帮、本帮……应有尽有；西菜、俄菜、日本菜、印度菜……数不胜数。

上海是海。上海的戏剧舞台百花争艳，京剧、昆剧、越剧、沪剧、淮剧、歌剧、舞剧……剧种之多，阵容之齐，在国内数一数二，在国际堪称少有。浙江嵊县土生土长的越剧在上海生根开花，走向全国；而上海土生土长的沪剧则别具一格地将莎士比亚的《罗密欧与朱丽叶》、王尔德的

《少奶奶的扇子》改编成功……

上海确实就是海！

海派文化姓海。

海派文化不等于全部上海文化，而是上海文化独特性的集中表现。

姓海的海派文化，是我们中华文化的一部分。中华文化是我们中华民族之魂。中华文化历史悠久，博大精深，就像一棵根深叶茂、顶天立地的大树，巍然屹立，万古长青，枝繁叶茂，这树的主干在北京，树根深扎国土，树枝则是伸向祖国各地各民族的地域文化和民族文化。有一种说法耐人寻味：看中华文化五千年要到西安去；看中华文化两千年要到北京去；看近百年来中华文化发展要到上海去。当然，比喻总是蹩脚的。

姓海的海派文化，是伴随着上海这座典型的移民城市的崛起而形成和发展的，来自江苏、浙江、安徽、广东、福建……的移民带来了当地的民族民间文化，在上海相互影响，有的彼此融合，有的相互排斥，有的自然淘汰，经久磨合而逐渐形成新的文化形态。因此，海派文化是吸纳了国内各地民间文化精华，孵化生成具有鲜明上海地方特色和个性的独特文化。

姓海的海派文化，是受世界文化特别是受西方文化影响最多的中国地域文化。1843年上海开埠以后，西学东渐，海派崛起，云蒸霞蔚，日趋明显。随着西方物质文明的输入，如1865年10月18日在南京路点亮第一盏煤气灯，从此上海有了"不夜城"之名；1881年英商自来水公司成立，次年在虹口铺设水管，开始供水……东西方人与人、文化与文化整体接触，尤其是租界上"华洋杂处"、"文化混合"，虽然于我们是一种无可奈何的选择，但客观上却是引进西方文化早而且多，使上海成了"近代化最成功的地方，市民文化最强大的城市"，往往统领风气之先。

姓海的海派文化，是随着上海发展而发展的，是客观存在，有客观规律，我以为大体可分为这样几个时期：

萌芽时期：1843年上海开埠以前，中华传统文化特别是吴越文化，为海派文化提供了基础，开始孕育海派文化。

成长时期：1843—1949年间，特别是20世纪三四十年代，上海"八面来风"似的国内外移民，哺育了海派文化的成长。

转折时期：这又可以分为两段：1949—1965年间，建国以后，定都北京，商务印书馆等文化单位迁往北京，以郭沫若、茅盾、叶圣陶、夏衍、曹禺为代表的上海文坛骁将率队陆续迁居北京，上海在电影、文学、戏剧等诸多方面不再是中国的文化中心，这是很正常的转移。上海虽然不再是中国的文化中心了，但文化基础很好，依然作用不小，有些方面如电影、小说在全国的影响还是很大的。这也给海派文化带来了新的发展机遇。1966—1976年间，"文化大革命"十年浩劫，整个中国文化，包括海派文化，遭受了毁灭性的破坏，罄竹难书。

成熟时期：1976年，笼罩祖国天空的阴霾一举扫去，阳光重新普照大地，结束长达十年的浩劫，开始拨乱反正、改革开放新时期，在全中国范围对"文革"进行反思，进行平反冤假错案，逐步恢复正常的文化活动。上海以话剧《于无声处》和小说《伤痕》为起点，海派文化开始新的阶段。在党的十一届三中全会精神指引下，上海再次成为东西方文化交流的中心，海派文化重新焕发青春，健康发展，在新的基础上正在走向成熟。

当前，海派文化面临着新的机遇和挑战，存在这样那样前进和发展过程中难以避免的问题和弱点，这是要引起重视并认真对待的。

姓海的海派文化，有哪些基本特点呢？我以为主要有：

一是开放性：海纳百川，有容乃大，为我所用，化腐朽为神奇，创风气之先河。不闭关自守,不固步自封,不拒绝先进。

二是创新性:吸纳不等于照搬照抄,也不是重复和模仿人家,而是富有创新精神,洋溢着创造的活力。当年海派京剧的连台本戏、机关布景是创新,如今的《曹操与杨修》也是创新,金茂大厦则是在建筑文化方面的创新。

三是扬弃性:百川归海,难免泥沙俱下,鱼龙混杂,尤其在被动开放时期,特别是在"孤岛时期",租界内某些殖民文化的影响也不能忽视,需要加以清醒地辨别,区别对待,避免盲目和盲从。

四是多元性:海派文化和其他事物一样,具有综合性,是复杂的体系,不应该要求纯之又纯,水清无鱼,那就不成其为海派文化了。雅与俗,洋与土,阳春白雪与下里巴人相容并存,以致落后、低级、庸俗、黄色、反动文化,在以往那特定历史时期,也夹杂其间,怎么能用这些来对今天的海派文化说事呢。

五是商业性,海派文化在不同历史时期和不同政治、经济、社会环境中,其适应市场的商业性都有不同的表现。上海人往往对国内外市场行情具有敏感性,适应市场变化的能力比较强,有些从事文化艺术工作的人士,也比较有经济头脑和市场意识。

我认为,海派文化的"派",既不是派性的派,也不是拉帮结派的派,更不是其他什么派。千万不要"谈派色变",也不必对"派"字讳莫如深,远而避之,切忌一提到"派"字,就联想到造反派、搞派性、讲派别!不,我们这里所说的海派文化,是反映上海文化风格的最重要流派。我国有京派文化、徽派文化、吴越文化……和海派文化一样,都是中华文化的组成部分。我们的京剧有麒派、尚派等等,越剧有袁(雪芬)派、傅(全香)派、戚(雅仙)派……都是戏剧艺术的流派,流派纷呈有何不好。

我认为，海派文化是客观存在，不以人们的主观意志为转移。海派文化并不是一成不变的，而是一直在发展变化之中，既不要一提到海派文化就沉醉于20世纪30年代怀旧情调中，也不要一说到海派文化马上就和当年的流氓、大亨、白相人划等号。应该看到，经历了漫长时期的风雨淘洗，特别是进入改革开放新时期以来，上海发生了巨大变化，海派文化也呈现出前所未有的崭新面貌。海派文化发展的至高境界，我想就是"海派无派"，正如石涛先生所说，"无法而法，乃为至法"。应该要为海派文化向至高境界发展而不断努力。

时代呼唤《海派文化丛书》。

《海派文化丛书》是历史的需要。在经济全球化和文化趋同化的当今世界，我们伟大祖国亿万人民正在为建设和谐社会、和谐世界而团结奋斗，中央要求上海搞好"四个中心"建设，发挥"四个率先"作用，还要继续搞好在浦东的综合改革试点，为中国特色社会主义事业作出应有贡献，特别是要主动热情地为争取办好中国2010年上海世界博览会而努力。世界人民的目光聚焦上海，为了全面了解上海、正确认识上海，都迫切需要为他们提供新的准确而完整的图书资料。国内各兄弟省市的同志也有这样的愿望，新老上海人同样都有这个要求。可以说，编辑出版一套系统介绍海派文化的丛书是当务之急。

《海派文化丛书》必须力求准确系统地介绍海派文化。海派文化曾经有过争议，如今也还是仁者见仁，有不同看法是正常的，也是好事。我们编纂者则要严肃而又严格地正确把握，既不要过于偏爱，也不要执意偏见。近年来，由于上海大学领导的重视和不少专家学者热情支持，已经举行了多次海派文化学术研讨会，汇编出版了五本论文选集，受到社会各方面的关心和欢迎，但这还远远不够。我们要以认真负责的态度，出版好这套丛书。

  《海派文化丛书》的创作、编辑、出版工作一经动议,就得到作家、编辑和有关领导的热情支持,得到上海大学、上海市对外文化交流协会和文汇出版社等大力帮助。我相信,《海派文化丛书》的出版可以为中华文化宝库增添新的内容,为中华民族的振兴和上海的建设增强精神助推力,同时,也可为希望全面了解上海的中外人士,提供一套具有系统性、权威性、可读性而又图文并茂的图书。

  我谨代表《海派文化丛书》的作者、编者、出版发行者,向所有给予帮助和支持的单位及个人表示衷心感谢!向读者和收藏者们致以诚挚的敬意!向读后对本丛书提出批评意见和建议的朋友鞠躬致敬!

  是为序。

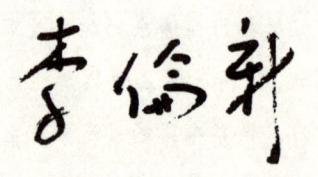

2007年5月20日于乐耕堂

(本文作者为上海大学海派文化研究中心主任)

自序

我跟劳模有缘

我跟劳模有缘。

上世纪60年代。全国劳模杨怀远那张经典照片：肩挑小扁担手挽一老一小，那一小，便是我。

大人们说我一夜之间成了"小明星"，跟着杨怀远上报纸上杂志上画廊上墙头，总之"杨怀远在哪儿你在哪儿"。

大人们还说我那会儿臭美得不行，到哪儿都揣着这张照片，专找跟我差不多大小的孩子显摆："看清喽，这是我。我上报了。"

其实那会儿我还小，根本就不记得我曾经那么"牛"过。但记得后来我长大了，戴上红领巾了，知道有一种光荣叫劳模了，才大彻大悟道：原来我上报纸上杂志上画廊上墙头都是沾了劳模的光呀。

热爱劳模，尊敬劳模，崇拜劳模，这缘，就这么结下了。

第一次与包起帆面对面，是2009年初夏的一个傍晚。

6点。他准时到。是在上海延安西路200号文艺会堂的一个屋子里。

跟照片上一模一样。中等身材，眼镜，略微蓬松的头发，还有那"包氏一笑"。

见面前我做了点儿功课。看了包起帆的照片，印象深的是他爱笑。他的脸上笑容常在。开朗，阳光，轻松，真诚，还有点儿豪放。我给这笑起了个名字：包氏一笑。

奇了怪了，第一次见包起帆我竟然没有一点儿的陌生感。

我大大咧咧地说："包老师，见到您很高兴。"

叫包老师的刹那，我犹豫了一秒。称呼他什么好呢？做功课的时候，他那么多的头衔弄得我有点儿记忆障碍。记了这个，忘了那个，或者就是反串了抓斗大王物流大王标签大王。

一秒之后我决定叫他老师。这年头人们好称老师。但从某种意义说，老师有真有假。包起帆是真老师。

坐定。直奔主题。《海派文化丛书》打算出一本写他的书。

包起帆很认真地思考了一会儿,然后说:"给我点时间,我给你准备一些现有的资料。你先看看,然后列个采访大纲。"

然后我们就很随意地聊呀侃呀,说人生道感悟。当然那不是采访。那纯属"嘎山湖"。

包起帆很健谈。这跟我的想象有点儿距离。

搞科研发明的都沉默寡言不善言辞严谨内敛。恐怕不止我,很多人都有这定向思维。

所以那一刻我老有些恍惚,他是谁?

抓斗大王呀。

我反复问自己,又反复回答自己。包起帆,世界都不能不佩服的抓斗大王。

两小时后我跟包起帆说"再见"。

那一刻上海万家灯火璀璨,就跟我的心情似的,里外喜洋洋:这样的人物,这样的感觉,《海上楷模》何愁不成?

日子一天又一天。我掐着指头做加法。到第十天我拨通包起帆的手机。我说包老师您好,我是谁谁。

电话那头好像有点儿嘈杂。包起帆有点儿歉意,说不好意思,我飞北京了,参加"七一"大会……

这边我赶紧说,没事没事的,包老师您忙。

思想有准备的:越有成就的人事儿越多。身不由己。我理解。

又掐着指头做了好些天的加法。又嘀铃铃摁响了包起帆的手机。

这回我还没"包老师您好,我是谁谁",那边就传来:"请飞往×××

的旅客注意,我们抱歉地通知您,您乘坐的……"。

我还能说什么,空姐都说抱歉了。我对包起帆说,没关系的包老师,等您回来联系。

实话实说,当我第N次说"包老师您好"的时候,我紧张了。说确切些,我真怕包起帆说"不好意思"。他那一不好意思,我这就什么辙儿都没有了。

可是,果然。

果然我"N"次的那天他又不在上海。跑得更远了。忘了是哪个国家,反正出了国境!

这期间,有曾经也千回百转地"捉"过包起帆的记者告诉我他的一段经历。说某年某月某天说好是包起帆接受这位记者采访的日子,可临到头包起帆"变卦"了。记者有点儿意见,约了几次都是包起帆"违约"。记者又有点儿怀疑:他至于忙成那样吗?于是记者打探包起帆的行踪:是年是月的26日,包起帆上午从虹桥机场起飞,中午12点到达湖北宜昌,然后经一个多小时的中巴颠簸,他赶到宜昌的一家公司,就生意问题和对方谈判;一个多小时后,他又出现在另一家公司,继续另一项谈判;然后他赶赴机场,于当晚8点飞到广州,10点到达蛇口。27日上午他在蛇口招商港务公司做报告,下午和这家公司洽谈拓展合作等事宜;当晚7点,他在蛇口风华大剧院作报告,两小时后他又在下榻的宾馆接待曾和他共事过的蛇口人。28日清晨7点,他到蛇口育才小学参观,然后赶往机场回沪;下午他出现在办公室,接电话,拨电话,或发号,或施令,忙那些堆积在案的事儿……几天后,他又出现在山东莱州湾畔的龙口市……包起帆真的忙乎其忙。包起帆真的很难"捉"到的。这位记者说。

我听了,脑袋嗡地大了。

这可超出了我思想准备的范围了。

我心悬了起来：包起帆连提供现有资料的时间都没有,那后面的采访怎么办？

左思右想,没别的办法,只有"捉"。

为《海上楷模》,当然也为我的劳模情缘,"捉"他没商量。

都快摁坏了"联通"。电话短信连轴打不停地发。终于约定7月的某日我去他办公室取资料。

这天挺热。

下午3点。上海北外滩的东大名路。上海国际港务公司。25楼。

我到了。却不见他。

他的助手端着可乐,笑脸相迎,并且说："包总在开会,在讲话,马上来,您稍等。"

我说："好的。"

然后我坐下,端起可乐就"咕咚",冰镇的,爽。

然后环顾"包办",看见墙上一幅油画。

画面是包起帆：一件淡黄色的短袖衬衣,一副茶色眼镜,一顶安全帽,还有一脸"包氏一笑",还有天高海阔,还有抓斗。

那只抓斗,赫然悬在蓝天白云之下。

他的办公桌很大。布局很大众化。电脑、传真机、电话机各占一方。电话机两台。桌面有几个文件夹和几支笔。文件夹翻开着,大约有文件等着包起帆签发。电脑开着,屏幕在不停地闪烁和变化着画面。

不一样的是墙的另一角是一个小型会议桌,只供三五人会议,和很多企业老总办公室的会议桌相比,它显然小多了。但正因为小,它给人以便捷轻巧感,仿佛可以跟着包起帆,随时为即开的会议服务似的。这也就给了我想象,不知包起帆在它上面速战速决了多少个突发的棘手问题或事件。

他的窗外,那真叫一个气象万千——黄浦江、明珠塔、摩天楼,还有蓝天白云,还有码头一座座、吊车一辆辆、集装箱一排排、巨轮一艘艘——东方第一大观,竟全在"包办"之窗前。包起帆只要伸展双臂,就能拥其入怀。

那一刻我忽然意识到,天有多高地有多厚,上海滩的包起帆何等地了得!

跟着我有些置疑,我竟站在世界第一大港副总裁的办公室里?

正那时,包起帆进来了。

"哎呀呀,让你久等,真是抱歉。"包起帆话在我前,手也伸在我前。

本来我想先说"打扰了,不好意思",本来我想先伸手跟他致意,为我每次电话短信"捉"他时的发自内心的歉意……

其实每次电话或短信我都想跟他解释,想说,我不得不"捉"您。但我老"捉"得不是时候,老是在您很忙的时候问"包老师我要的资料好了吗",所以我老是有打扰了您的歉意……但事实是每次我都没有机会说这些话。因为我每次都能通过话机感觉到包起帆的忙,他的语速,他的动静,都无不传递着他正忙着。于是每次我总是不好意思占用他太多的时间,而三言两语匆匆收线。于是每次我都这么想:等见面再跟他表示歉意吧。

谁知见面,我都没来得及张嘴,他却"抱歉"了。

一秒之差。他抢了先。

这让我有了新发现:包起帆很善于抢时间抓机会。

不仅这,他还很善于剖析人的心理状态。

这天跟在包起帆身后进来的是两名各抱着一摞"A3"的年轻人。包起帆对我说:"资料全部复印好了。"

"好了"二字直入我耳。随即"嘭"的一声,年轻人将"A3"码定在那张小会议桌上。我立马明白,"A3"就是我要的资料。

包起帆招呼我过去,说:"从1979年到2009年,我的30年,齐了。"

这么多!

那刻我突然释然:这么多的资料,即便不忙,也得费上十天半月才能整理出来。

那一刻顾不上歉意了。光顾着高兴了。

心儿开了花:"捉"到才是硬道理。

那一刻忍不住放眼窗外,那气象,怎不叫人精神振奋,豪情满怀。

那一刻包起帆说:"对不起,拖了不止一个月吧?希望没有影响到你的任务。"

这话感动了我。以为他忘了在延安西路200号文艺会堂对我说的"给我点时间,我给你准备一些现有的资料"。确实一个多月过去了。他竟记得?用文学语言形容,这位世界第一大港的副总裁,天天忙得像一只上紧了发条的钟摆,哪里有一刻的清闲!太多太多的事儿要他操心,都是大事儿,比如推进上海港的科技进步,比如加速上海港与国际的接轨,再具体点说比如几十亿的集装箱码头建设……总之无论拎出哪一块,都是世界级的。所以他忙得也够"世界级"。上午在上海,下午在北京,第二天又到了深圳或汕头,第三天又……每天他得说上多少"世界级"的话!可他居然还这么清楚地记得虽不是随意说的但也肯定进不了他"世界级"备忘录里的一句话!

这就让我有了摩拳擦掌的冲动。谁都不知道那一刻我想到了什么。我第二次想到了许三多。不抛弃不放弃,努力完成任务。我要完成的任务就是这位世界级的人物。而这些资料将是我完成这个任务的重要条件之一。当然按常规我该先采访包起帆。可因为他的"世界级"的忙,我不得不不按常规出牌。文艺会堂第一次见面之后我就想采访他。没能成。在我一次次说"包老师请安排时间让我采访您",而他一次次说"能否再等些日子"之后,我就知道即便我有三头六臂,也无法将今日海角明日塞北后日塞纳河的他捉住。于是我很识时务地改变战略,仗着"给我点时间,我给你准备一些现有的资料",我开始隔三差五地跟他要资料。一次又一次。先是要,后来就变成了催。催要之间,我发现日子过得嗖嗖地快,这让我有了一寸光阴一寸金的感受,到后来我一见太阳落山心里就发慌,《海上楷模》何时才能动笔?

说实话,这期间我对自己是否能完成这个任务有了怀疑。起初我很踌躇满志地以为,"世界级"的分量,已经使这本书成功了一半,若我再努力更努力些作文,那完成这本书应该不会太难。但我忽略了一个十分关键的问题,这问题恰恰就是他的"世界级"。因为"世界级",他不能像我以前的笔下人物那样,能够在一个宽松充裕的环境和时间里回答我十个二十个三十个甚至更多更多的问题。他有心,但他无时间。对此他常常在电话里很无奈地说"真是对不起,再等些日子"。这真的让我逐日地焦虑起来。好几次我想退却。我说服自己退却的理由也很正当:再激情充沛的作者也经不起这样的激情消耗。但几次话到嘴边我都咽了回去,我终究没有这么做。这还得感谢我的劳模情缘,感谢我对劳模的热爱、尊敬和崇拜。还有,军人的后代曾经也是军人的我,骨子里绝对潜伏着不认输不打败仗的执著。这让我提笔开始作文的时候很为自己骄傲。当然,除了情缘和执著,我还得感谢某一个黄昏。这个黄昏让我毫无缘由地想到了抓斗。那一刻我蓦然来了犟劲儿,我对自己说,再难,也没有包起帆发明抓斗难!我就这样跟包起帆"较"上了劲儿。就那个黄昏我第一次想到许三多。不抛弃不放弃,这不也是包起帆的精神之一嘛。这么想着我就发现我在不知不觉中已经开始向包起帆学习。从这点说,我最该感谢的是包起帆。

那天的那个瞬间我的内心就这么丰富多彩地却又声色不露地翻腾着,就像"包办"窗外的黄浦江,看似平静,其实滔滔。这些包起帆是不能看到的。他肯定不能知道我在心里是怎样地偷着乐了一回又是怎样地偷着自勉了一次。他看到的只是我面对一摞"A3"的眉开眼笑。所以他也笑。他说："希望这些资料能派上用场。"

抱着"A3"告别包起帆我欢天喜地驾车往回赶。不料却遇到了塞车。外滩堵得一塌糊涂。若在往常，我的心情不定怎样地急躁不安。但这天不。这天我心情格外的好。

车外，因为修路，尘土飞扬。飞扬的尘土很快给我的车窗蒙上了一层薄纱。透过薄纱我看到对面临时幕墙上的世博会吉祥物海宝。海宝很友好地朝着我笑。这让我又多了一份愉悦。于是拧开车内的音响，不知名的舒缓的美妙的曲子立即袅绕在车内，我就在那袅绕声中迫不及待地翻阅"A3"看起包起帆来。

有一天，我很认真地模拟采访包起帆的情景：一杯茶，几缕茶雾。我看着杯子里的茶一点点沉淀，看着热气一点点飘散。然后我问这个那个、好多个问题。然后他边回忆、边回答我的好多个，用他上海口音的普通话。我就在那一问一答里捕捉他的心迹，知道了他很多很多的连媒体都不知道的跟抓斗跟创新无关的那些事儿。其间的偶尔，我会打断他，插入即兴的问题或好奇。然后再等他的回忆和回答。这样或许会断了他的思路，他或许会问"我刚才说到哪儿了"？但是没关系，他的思维很敏捷，逻辑很清楚，他一定能很快地接上话茬，继续他过去的故事……

模拟这些的时候，外面正刮着台风，叫什么莫拉克？我老也记不住这拗口的名儿。但我记住就在那风中，我给包起帆发了一条短信，问，包老师什么时候您有空？我要采访您……

不是亲历，我是不能相信一个人竟可以忙到这个程度的。

历经十次二十次的"失败"后，我终于无奈地接受了这个事实：与他面对面交谈的想法简直就是一个奢想,一个美好的奢想。

于是我只能变等待为出击。我开始上天入地地搜索"包起帆"。我开始走火入魔地猎取"包起帆"。那些日子,我的书房到处吊着"抓斗",到处堆着"集装箱",我就跟个情报特工似的,嗅觉灵敏,哪有包起帆就潜伏到哪里……

2009年9月29日晚上8点。我收看中央电视一台的国庆晚会《祖国万岁》。

晚会精彩纷呈、气势恢宏。

精彩恢宏中,我听到主持人说:"从九百六十万平方公里的土地上走出一个又一个感动中国的人物。"然后幕布拉开,走出感动中国人物的代表。

接着我就看到了包起帆。

惊喜。几乎同时,我起身,鼓掌。情不自禁的动作。

我激动,掌声"吧唧吧唧"。我在意念中希望包起帆能听到我给他的掌声,能看到我在向他致敬。

可镜头瞬间而过。包起帆被鲜花淹没。

但我还是捕捉到了包起帆的挥舞鲜花时的笑脸,那被我称为"包氏一笑"的笑脸里溢满了幸福。

第二天,2009年9月30日。还是晚上8点。还是央视一套。音乐舞蹈史诗《复兴之路》。

在三维数字影像、全景化立体空间、多重美学意义上的时空交错的艺术的完美结合中,我又看到了包起帆。他坐在"感动中国"席,抑或是"劳模"席里。镜头对着他的时候,他笑得正灿烂。

10月1日,甲子中华人民共和国盛典,阅兵式,我又见到包起帆。

观礼台上,深色西装,头发跟着五星红旗飘舞……镜头三次扫到他。

三次我都见他抻着脖子伸向左前方,看徒步方队,看装备方队。他肯定激动得厉害,因为我看到他在使劲地鼓掌,使劲地"包氏"。

这回我不鼓掌。这回我想给他发短信,想说"我代表上海人民向您致敬"。

这么想着我就有了创意感。如果那刻北京天安门城楼下的金水桥边的包起帆的手机突然振动他,锲而不舍地振动他,他会打开看吗?倘若镜头里的包起帆正在看手机,而显示的那条短信恰是黄浦江畔的我发出的,那镜头这边的我除了创意感,会不会还有制造了一个甲子童话的成就感?

但我很快扼杀了我的这个创意。创意很美,却不靠谱。

谁能游离包起帆那刻的目光?

三天三上央视。上的又都是举国欢庆举世瞩目的镜头!他应该是全上海这三天最牛的一个人吧?

不发短信,可我不能不感慨。就几天前,我短信约包起帆说我要采访他,请他安排时间。他回信说等他北京回来吧,他要去参加国庆观礼。没承想之后三天里我三见包起帆。虽然他在北京,虽然每次都是我对他笑,我为他鼓掌,而他一次都不知道,但我依然高兴。同为炎黄子孙,同为祖国母亲祝福,同样的幸福,同样的骄傲,同样的感动。这样的感受不是我面对包起帆就能有的……

是夜。北京焰火晚会结束。我坐在电脑前,开始敲键《海上楷模》。

彼时北京还在欢庆,还在莺歌燕舞。彼时我的窗外偶尔还有礼炮响起。

彼时北京依然星光灿烂天安门依然绚丽璀璨。彼时我案前的桂花吹得满窗香。

2009年10月的某天傍晚,我赴往上海大学。包起帆在那儿有场报告会,叫《创新铸就事业,发明改变人生》。

路况很堵。车速极慢。

担心迟到,便有些焦急:我要聆听他的报告。我需要他生动的表情生动的语言和生动的回忆。我想通过这些,揭秘他何以受欢迎何以受追捧何以当红几十年至今依然红彤彤?当然我也很想知道他的喜怒哀乐他的风霜雨雪,希望这样可以把一个真实的、全面的、立体的、动态的劳模形象呈现给大家,并以此丰满丰厚上海劳模乃至中国劳模的文化形象……

踩着钟点走进上海大学报告厅。

进门就见包起帆。

没等我说"您好",他已伸出双手说"对不起"。

又被他抢了先。

一时语噎,我说不出话来。

不是一个"平易近人"所能表达我当时对包起帆的感觉。

也不是一个"感动"所能表达我当时的心情。

都不是。

坐定,来不及收拾心情,包起帆的报告已经开始了。

开场他就吸引了我。

尽管之前我知道包起帆已经无数次地登上演讲台和报告台,知道他甚至上百次地在全国各地滔滔不绝地纵贯他30年的成长历程,但因为是报纸资料告诉我的,所以隔了年头有着距离,只有平面感没有立体感,终究是不能产生动感和实感。而这天不同了。这天我有了现场感和真实感。

第一次亲眼目睹讲台上的他,第一次亲耳聆听他作事迹报告,尽管之前有文艺会堂的"嘎山湖",但我还是没有想到一副敦厚样的包起帆,真打开话匣竟也是位"侃爷"。

那天他从17岁装卸工说起,一路潇潇洒洒,谈发明抓斗,谈创新企业,谈劳模情深,真个叫行云流水,一气呵成。

他的语速很快,但不乏抑扬顿挫;他的思维严谨,但不乏幽默诙谐;他时而理论加实践,时而引经又据典……总之他那会儿何止一位抓斗大王,一位企业精英,一位劳动模范,他分明还是一位演讲家。他的演讲叫创新。他的创新摄人心,撼天地。

敛气屏息,聚精会神,连眼都不眨一下,那天那时我就那么紧跟着包起帆的演讲,投入到他的创新和发明之中,听他如何铸就事业,看他如何改变人生……蓦然,我发现:与其说我在听包起帆的报告,不如说我在感受他发明创新的人生;而与其说我在感受包起帆发明创新的人生,更不如说我在感受他的装卸人生。

从无名小卒到鼎鼎大名,从小人物到大人物,其间的30年,他一直在装卸自己。每一天,他都在边装边卸,边卸边装,装中有卸,卸中有装,浑然一体,每一段,他都在不断地装备自己,又不断地卸给社会,循环往复,以至30年以至无穷。他的人生,不就是一个装卸的人生吗?而透过他的装卸人生,我们不就能感受到更多更多,比如我们中华民族的一种精神一种人生价值文化的取向吗?

这天,我就那么看着听着包起帆,感慨着。我还感慨他的"说话水平"。文艺会堂那次我虽然删除了科研人严谨有余浪漫不足的印象,但我的内存里多少还留着搞创新的人敏于行而讷于言的模式……我错了。包起帆善于表达勤于表达。这让我又对他多了一层了解多了一分敬意。

一个表达能力强的人,一定和他的知识渊博思维敏捷和经验丰富分不开的。而现如今,面对一个开放的社会、交际的社会,口语沟通表达能力不仅仅是知识渊博的象征,它更成了一种竞争能力而被社会重视和推崇。这就不难理解,能言、善言、敢言,包起帆他何箱不能装,何船不能卸?这就更不难理解,满腹经纶,机智风趣,为什么包起帆能运筹于帷幄之中,决胜于上海之外,中国之外!

这天,好几次,我在心里为包起帆叫好;又好多次,我在心里为包起帆叹绝。

每一次叫好,我都有点儿惊讶:他就是那个曾经在码头上扛原木的装卸工? 每一次叹绝,我都有种错觉:他真的就是那个站在新千年的世界领奖台上、让全世界为他梦想成真而鼓掌的包起帆?

我不能不感佩:党的十四大、十五大、十六大、十七大代表,1997年被评为全国优秀共产党员,2007年被评为全国道德模范,还有先后两次获得全国五一劳动奖章……任何一个荣誉都是光芒四射、红焰万丈。而1989、1995、2000、2005年连续四届的全国劳模荣誉,更是以不同身份——工人发明家,科技工作者,企业家而成为中国的凤毛麟角;技术型、知识型、创新型和与时俱进型而当之无愧地成为感动中国的人物。

而于我,便是在这一次又一次的叫好和叹绝中,慢慢地体会一位已经光焰了30年的劳模的内涵,而将之前固态在我心目中的劳模标准不断地刷新。当然,不断刷新的不仅仅是我对劳模标准的认识,还有我对新时期上海工人阶级的认识,以及我对这一认识的感悟和感动,以及我的劳模情缘。

许　平

2010年1月23日

目录

总序　李伦新 ……………………………	1
自序　…………………………………………	1
装卸人生 …………………………………	1
抓斗大王 …………………………………	15
海上之龙 …………………………………	65
千年之梦 …………………………………	115
工友之情 …………………………………	173
劳模风采 …………………………………	195
起帆本色 …………………………………	241
城市记忆 …………………………………	277
跋　郑家尧 ………………………………	281
附录 ………………………………………	284

装卸人生

包起帆语录：

到什么时候，我也不会忘记我是码头装卸工出身。

抗争命运，不如改变命运。

如果要选一个中国改革开放30年来变化最大的码头工人，我想非我莫属。

我仍然喜欢听老工人叫我小包，听新工人叫我包师傅。

一

1968年12月15日。

晴天,还是阴天?没有谁记得。

但这天,位于上海浦东白莲泾畔的白莲泾装卸站码头,走来一名年轻人。这,上海港记得。

年轻人中等个头,瘦身。

从一身簇新的工装上知道,年轻人是码头工人,新工人。

可仔细看,他更像一名学生。几分怯生几分稚嫩写在脸上,尤其那副近视眼镜,更是闪着些许的书生气儿。

但他的目光充满了好奇、希望和勃勃生机,这些,镜片是遮不住的。

那天他昂起头,看塔吊入云。瞬间他想作诗,带点浪漫主义的那种。他喜爱诗歌,普希金莎士比亚高尔基,他都喜欢。念书的时候,他常常脱口有诗,同学们都爱称他诗人。

但他很快被另一幕吸引。

码头上堆着很多很多的原木,像士兵列队,整齐,成行,待命开拔。很有气势。

随即年轻人发现这些"士兵"来自不远处的船舱。那儿有很多工人在作业。

年轻人于是朝着船舱走去。

没有谁注意到这名年轻人。因为所有的工人都在专心地干活。

或许有人看到了他,但至多也就嘀咕一声,这是谁家的孩子。

那天年轻人在距离他们不远的地方定格了目光。他看得清清楚楚,是工人把一根根原木拖出船舱,让它们重见天日,让它们成为"士兵"。

那个时候他想到了一个词:装卸工。

接着他明白了,自己将要从事的工作,就是把原木从船舱卸到码头上,见阳光,列队,整装待命。

那一刻,他想到临出门时爸爸的叮嘱,好好干呀。

他笑了。跟个孩子似的。

其实,他就是个孩子。他才17岁。

他叫包起帆。

二

1951年2月2日,包起帆出生在上海。

父亲高兴得合不拢嘴,老大是儿子,老二又是儿子,包家人丁兴旺。

那时包家住在延安路上的一处老式石库门里。石库门是最具上海特色的居民住宅,人口密度高、居住条件逼仄,家家户户门挨着门户对着户。这样的格局自然就让家家户户没了隐私没了秘密,自然就让一家的事成了众家的事。比如谁家两口子打架,比如哪户婆媳吵嘴,再比如啥人屋里的小姑娘谈了一个老奶油的男朋友都到了谈婚论嫁的程度却突然僵脱了……都不用窥视就能知道个通体透明。

更别说是喜事了。

所以包家又添丁的消息随着他那声老老响亮的哭声落到了延安路上的这个石库门里。

家家户户吃红蛋。

包家爷叔,小人名字起好了吧?

父亲乐呵呵地答应:包起帆。好听吧!

父亲14岁那年从老家宁波镇海坐宁波轮船到上海。

背井离乡,为的是改变落后贫穷的命运。

这就使得父亲的行为很具有冒险性。所以父亲踏上黄浦江畔的那一刻,是又惊诧,又好奇,又兴奋,当然还有几分迷茫和惶恐。眼花缭乱中,父亲分不清东西南北。这是一个陌生的地方,他不知道自己该朝这个地方的哪个方向迈步,不知道这个地方的道路会不会很艰难很坎坷,更不知道这个地方将会给他一个怎样的命运怎样的人生,他只知道,自己所有的财产就是一只破旧的竹箱……那一刻父亲本能地深呼吸,他试图镇定自己,还试图为自己鼓劲。他告诉自己不后悔。他相信自己的选择不会错。都说上海是冒险家的乐园,父亲不是冒险家,但他也要搏击命运。

父亲相信黄浦江会给他带来好运。

父亲就这么留在了上海。当学徒,谋取新生活;铜匠,钳工,成家立业。

父亲因此有了大海情结。

所以父亲把"起帆"给了儿子。

"起",是包家的辈号。包家近几代人的辈号分别取自于"振达起于斯"。这其中蕴涵了包家的祖训:做任何大事都要从脚底下做起,从小事做起,从我做起。

父亲觉得,祖训加上黄浦江滔滔东去的气概,儿子一定能扬起风帆,勇往直前。

三

幼儿园,小学,初中。

就在包起帆即将跨进高中课堂的时候,"文化大革命"开始了。

学校不再书声琅琅。大学也停止了招生。

1968年12月21日,毛泽东发出"知识青年到农村去"的指示,全国出现了上山下乡的热潮。老三届(即"文化大革命"期间1966届1967届1968届高中、初中毕业生的统称)的知识青年纷纷到农村那个广阔的天地里锻炼成长去了。

这是人类现代历史上一次罕见的从城市到乡村的人口大迁移。

上海居民家庭中,几乎没有一家不和"知识青年"联系在一起。

包起帆的哥哥因此去了上海郊区的崇明农场。

按照当时的分配政策,一户家庭里有一个孩子务农,那么随后的一个孩子就可以进工矿。所谓"工矿",是当时的企事业单位的泛称。

就这样,67届初中生的包起帆被分配到了白莲泾装卸站码头。

那时白莲泾装卸站码头,隶属于上海港务局,是全民所有制企业,设址于浦东连云港路1号。

四

40年后,包起帆还记得自己成为码头装卸工的第一天。

那是一个朗朗晴空的天气,黄浦江无风无波,很平静。

但包起帆不平静。

用上海话说,白莲泾至多只能算是一条河浜。但就是这河浜,把包起帆的心儿荡起了波澜。他回忆说:

"应该用激情滚滚来形容我那天的心情。那天我站在宽阔平坦的白莲泾装卸站码头上,很兴奋,有丝自豪感。少年青春,最是意气风发时。我对自己说,从今天起,我就是一名海港工人了。那时都以豪情满怀形容上山下乡的知青,其实进入工矿的我也一样豪情满怀。"

包起帆那天还想到了自己的名字。他第一次觉得父亲真是先知先觉,在给他这个名字的时候就注定了他的未来。

大海、长江、黄浦江中,起帆。迎着风儿,沐着阳光……他不禁笑了,觉得命运真是有意思。在学校里,手里握着"木头",是在纸上写字。而今手里依然还是木头,却是在蓝天白云下的大海边作画。多有诗意。

可就在他诗意满怀的时候,突然传来一声轰响。他惊吓了一下。他本能地后退。他定睛一看,就在离他十几步远的地方,一根粗大的原木砸了下来,又正巧砸着钢板平车上。

一声轰响、一股尘土,伴着平板车的剧烈颤抖而蹿腾、而弥漫,而与之同步发生的,则是装卸工人纷杂的"快跑"声和四处躲避的慌张。

* 早期装卸工人就是这样装卸木材。险象环生、事故不断。

那一瞬间，包起帆的大脑是空白的。那么长那么粗的原木，若下面不是平板车而是人，那……他下意识地倒吸一口冷气。他感觉到自己有点惊慌。他的心跳在那瞬间怦怦得厉害。先前"迎着风儿，沐着阳光"没了，诗意也没了。他看到几名装卸工人在火星之后用橇棒把这根原木的一头撬起来，再在这头原木下套上手指粗的钢丝绳，然后吊起钢丝绳，原木的一头随之离开了地面。再然后装卸工们用同样的方法吊起原木的另一头。这样整根原木平衡了。这时候，他看到吊车慢慢地放下吊钩，装卸工人将钢丝绳套住吊钩。他又看到在吊钩吊起原木的同时，装卸工人迅疾躲开。最后他看到一声号令后，原木晃晃悠悠地被吊起，打着滚地落到了平车上，而等平车满了，它们就被拉到了不远处的场地上，列队。

"我这才知道，码头上的原木原来是这样'走'出船舱被运到码头上的。我很惊讶。不，说实话我有点心惊。整个过程全都依赖装卸工人的双手。很原始很笨拙很危险的操作法……后来很长一段时间，只要想起那场景，我就心惊肉跳。"

现实一点儿不诗意。还挺残酷。

这是包起帆之前没有想到的。

当然包起帆没有告诉母亲这些。

那天包起帆回家跟母亲描绘海港有多壮观有多气势，那么多的"士兵"，还有大吊车。"姆妈侬想想看，多少了不得啊！"

包起帆唯独没跟母亲提那声轰响、那股尘土、那剧烈的颤抖，特别是装卸工人的那阵慌张。

包起帆不想让母亲担心。

但那天晚上，包起帆不能入睡。

他的窗外，星星闪闪烁烁，也不睡。

五

包起帆就这样开始了他的装卸生涯。

那时白莲泾装卸站码头每年装卸木头799万吨,约占全国原木吞吐量四分之一以上,每一根原木轻则一两吨,重则十几吨。

装呀装,卸呀卸。一天八小时,天天如此。包起帆没有一天不是筋疲力尽地回家。

而母亲见儿子回家了,总是边盛饭边叫儿子去洗把脸。桌上多半是儿子爱吃的菜。母亲总是变着法子给儿子增加营养。

有一天,母亲照例让儿子洗脸,照例盛饭。好了。照例唤儿子"吃饭喽"。可一遍两遍三遍,母亲唤了半天也不见儿子过来。

"做啥不出来吃饭?"母亲于是边嘀咕边进了儿子的屋子。

进门母亲就愣了。

儿子趴在床上,睡着了。

母亲当即眼泪就出来了。她拿起一把扇子,然后坐在床沿看着儿子,一下,一下地扇着。

因为趴着,儿子的一半脸压在床上,另一半侧着。母亲端详着儿子,儿子的鼻翼一闪一闪,儿子的嘴角似乎抽动了一下。母亲于是无比怜爱地摸了摸儿子的脸,黑了,瘦了。

母亲起身走回餐桌,将饭菜端进碗橱,像是自言自语:"装卸工,哪能不累?儿子一天下来,哪能吃得消啦!"

母亲心疼得不得了。

母亲第二天就揣着克扣下来的一点儿肉票去了菜场。

那个年代,副食品紧张,什么都是计划供应,什么都得凭票供应。

母亲买回半斤五花肉。

母亲几乎是掐着钟点将红烧肉端上饭桌的。

可是那晚直到家里"三五"牌座钟的短针指在"7"上,包起帆还没回家。

母亲哪里知道,她的儿子那时还在装卸原木,是一批赶急的货,必须要在当晚卸完。母亲更不能料到的是,儿子装卸的何止原木。

六

何止原木,还有危险。

到那时,包起帆已经清清楚楚,明明白白:装卸原木的整个过程都潜伏着危险,是稍有不慎,是一个疏忽就会引发一起惨案的危险。

工友们都说原木是木老虎,根根都是。老师傅们还叮嘱他:"侬记牢,做生活一定不好差野心。千万要当心哦。否则,迭只老虎也要吃人的。"

包起帆记牢了,也倍加当心了。可还是被"木老虎"咬了一口。

那是一次寻常作业。包起帆拉钢丝绳扎原木。那次没等他"撤退",吊钩就起吊了。他左手的大拇指连同手套被一起吊起。旁边的工友大声喊吊车司机停车。可那天的风出奇地大,"呼呼"地盖住了工友的喊声。吊钩在一点点地往上提,包起帆的左胳膊跟着一点点地往上伸,而吊车驾驶室的司机还浑然不知。包起帆知道,如不拽下左手,那么他的整个身子都将被吊起。后果……情急之中,他一咬牙,一使劲,一个猛拽,左手脱险。一股疼痛钻心,包起帆发现手指和手套已血肉相连在了一起。慢慢剥离,包起帆看到自己的手指肉翻白骨现……

瞒不过母亲的。"哪能搞得啦?"包起帆一进门,母亲就看到儿子的纱布手。母亲很是吃惊:"哪能吃着生活啦?"

包起帆轻描淡写道:"被吊绳抽了一下。是我不好,没当心。"

母亲便要查看儿子的伤势。母亲很小心地拿起儿子的纱布手,但还是碰痛了儿子。

包起帆本能地"哇哇"了起来。十指连心呐。

母亲好个舍不得:"关照侬做生活不好差野心的,哪能记不牢的啦?"

父亲闻声过来,说:"不要大惊小怪的。男孩子,吃点苦没坏处。只是以后一定要当心。"

过后包起帆还庆幸不已,只是手指皮肉受伤,最多留个疤痕。倘若木老虎猛咬一口呢?会不会就断了胳膊残了肢?

他不敢想。工友们说,轻者受伤,重则瘫痪,翘辫子。

这"木老虎"比真老虎还不讲理,还厉害,还凶猛。那真老虎咬人之前至少还能吼两声,说我要吃你了,你还不躲开?这"木老虎"可够阴损,说咬人就咬人,连个招呼都不打……真不好玩儿这"木老虎"。防着它吧。牢记不能有半点疏忽。牢记任何一个差错,哪怕是微小的不慎,都可能酿成惨祸。万万不可掉以轻心。包起帆这样叮嘱自己也叮嘱工友。

可是,当心当心再当心,怎么善待讨好小心伺候,它"木老虎"还是要狰狞吃人,夺人性命,置人于死地。

有一天,一工友正在低头卖力干活,好好的,"木老虎"却突然发了脾气。原本吊在半空的它不知为何不乐意了,说往下砸就往下砸,偏偏就砸着了那名工友。工友惨叫一声,倒下。

急救车嘶叫着把工友往医院拉。一路上,鲜血不断从工友口中涌出,"救我"的呼喊声不断地渐弱。X光。几根肋骨生生地被"木老虎"咬断。

事后老师傅们告诉包起帆,还算他命大。"木老虎"再偏一点,就砸着他脑袋了。那就是命一条了。

那之后每天上班,包起帆的心肝肺腑都多了份沉重。

这份沉重不光为自己的手指伤痛,也为工友,更为装卸工人的生命价值。

包起帆第一次发现人的生命原来这么脆弱这么不堪一击,连一根原木都可以疯狂践踏、肆虐剥夺。

生命对"木老虎",一个明处,一个暗处,防不胜防啊。

"木老虎"可怕,太可怕了。

包起帆痛恨"木老虎"。

到那时包起帆再看原木,哪里还是"士兵",分明就是"杀手"。"杀手"沉沉地压在码头上,虎视眈眈地盯着装卸工们。包起帆真担心哪天码头再也承受不了它,装卸工人再也经受不住了它。

工友们说:"码头上每年伤人死人不稀奇的。晓得吧,码头装卸工被木老虎咬得骨折、瘫痪,甚至丧命的,多了。不单上海,全国都一样。"

"就没有办法制服它?"包起帆问。

工友们说:"侬真是天真。假如能制服,还等到今天。没办法的。比之从前,我们现在好多了,至少我们有吊车了。"

七

工友们说的从前,是指新中国成立前和新中国成立初期。

新中国成立前,上海港装卸劳动全靠人力,工人自备杠棒、绳子、扁担、煤锹、手钩、搭肩布。码头上备有跳板,作为起舱作业搭螺旋跳或库场堆高(如过山跳)的必用工具。还有一个煤箩加工场,供应竹编煤箩,作为装卸煤炭等散货的必用工具。

至于吊车,是新中国成立后的故事。

1954年,上海港技术人员和工人创造了木制八角斗,并用钢丝网兜代替煤箩,用船舶吊杆将网兜吊入八角斗,再用牵引车将八角斗拖到场地,提高了卸煤效率;创造了装卸生铁使用的长方形铁斗;还制造了一批单钩、单头工具。同时制造了大批手推车、滑梯等工具,代替了部分肩扛人抬的笨重操作。另外,根据装卸操作容易发生失足落江、舱口坠落、关下碰撞等事故的特点,上海港又添置了安全带、安全网、救生衣等十余种特殊防护用具。

到1957年,上海港添置了一批吊车、拖头。但缺乏适当的辅助工具,吊车不能充分发挥机械效能。如装卸生铁的长方形铁斗,斗重一吨,每斗装一吨生铁,合计已达两吨;且生铁卸上码头,块形裸装,难以快速搬运。为解决工具落后的矛盾,上海港职工群策群力,先后改进工索具的形状或增加容量,制造出多钩、多头工具和万能货板,尝试成组装卸;并改用钢丝网络、八角斗配套装卸生铁。

1958年下半年,上海港运输任务飞速增长,机械工具十分紧缺。上海港提出重点实现车子化、普及简单工具的发展方针。半年内,全港制造劳动车、黄鱼车(拖车)和木质小车等5 000辆。

1959到1960年,上海港工人发明了船用活环抓斗,解决了散装垂直装卸依靠人力的问题,使工人彻底丢掉了杠棒、煤箩等传统工具。之后,港口积极推广船用抓斗,于是,煤炭抓斗等相继问世,成为港口工索具的重要组成部分。港口开始大量制造带式输送机,很快使各种人力车逐步从装卸作业水平运输中退出。其间上海雨天装卸作业研究小组先后研究成功海轮开槽式雨天装卸作业篷和江轮雨天作业棚,攻下了海江轮雨天装卸的难关。这一时期，成组工具得到长足发展，先后制成一批万能网兜，用于生铁矿石废钢装卸的钢丝网兜、万能货盘、转型货盘、铁木货盘、双环吊索等。同时各种钩夹具也相继问世，如装卸筒纸用的带、夹，纸浆钩，立式卧式油桶钳等。

"文化大革命"前期，全国木材生产受动乱影响而减少，上海港装卸工具的发明也停滞。当时包起帆已成为白莲泾装卸站码头的装卸工。他看到了装卸工人手工操作、人货直接接触的生产状态。他听说了早先革新的木材抓斗，因为很多的技术问题，早就成了废钢铁，而上港人从那以后就再没人愿意"招惹"抓斗了。

师傅们说"哪有什么办法呢"的那时，包起帆还不清楚抓斗曾"难为"了上海港那么些年和那么些人。

但他心里不服师傅的话。

为什么就没有办法呢？

他不相信真的拿"木老虎"没办法。

他那个时候有了念头：想搞木材抓斗。

八

一晃两三年过去。伴着太多太多的突然的事故：

一根原木突然从半空滚落，直砸一名工人的后背，工人肋骨断裂刺入肝脏当场死亡；钢丝绳在几米高的地方突然断裂，原木如脱缰野马，不偏不倚，狂砸女工的头部，女工顿时气息全无……

到了1971年。某天。

包起帆和往常一样，上班，卸原木。

正作业着,惨剧再次发生。

他的工友,从小一块儿长大的好友被一捆吊起的原木砸中。好友连声叫喊都没来得及,就被压趴在地。包起帆惊叫着奔过去。他想扶起好友,送医院。他想喊"快叫救命车",却又戛然而止。哪里还有好友。哪里还能扶起好友!好友在大口大口地吐血。好友在慢慢地变成一团血肉。好友气若游丝却睁大着眼。好友奄奄只存一息。好友恐怖绝望地看了最后一眼码头。好友哼都没哼一声,就被鲜血淹没了。

包起帆哭了。

那是他到码头后第一次流泪。

倒在血泊中的是他从小到大的朋友。他俩约好的,那天下班后一起去大光明看电影,然后去吃小笼包子……活蹦乱跳、体力强健的好友啊!

那刻包起帆的心如乱针刺,滴血,生疼生疼。

那个晚上。包起帆不能入睡。黑暗中,包起帆摸着自己手上的伤疤,悲伤,流泪。他看到了鲜血,不仅自己的,还有那么多工友的,全都淌在了他眼前。丧生的工友,残废的工友,一张张痛苦万分的扭曲了的脸跟电影镜头似的闪过。乱箭钻心。一腔热血涌上心头。难道大上海的海港就这么无可奈何于木老虎,难道全国最大的木材码头就结束不了人力装卸的历史?

就在那个黑暗中,包起帆擦干了眼泪。哭有什么用。他忽然有了生死与共的壮烈。先前的念头成了决心。他咬牙切齿地发誓,一定要把装卸工人从"木老虎"的淫威下解放出来。一定要让人力装卸木材的历史在我们这一代人手中结束。一定要做一个有出息的工人。

抓斗大王

包起帆语录：

对工人兄弟的真挚感情是我早期创新和发明的原动力。

我不是天生的发明家。我每一项革新创造所走的路都是不平坦的。

我们应该为我们的事业做出更大的奉献。我们的奉献是会有成果的。

作为上海港的一名工人，能在国际上获得金牌，为国争光，真是无比自豪。

一

　　1974年5月，包起帆从装卸队调到机修车间"电吊"修理组当修理工。

　　离开装卸队的那天，包起帆大清早就到了码头。

　　那天他的心情很沉重。

　　他眺望白莲泾，白莲泾的水一如6年前无声无息地流着。他环顾码头，那吊车，那原木，让他想到1968年他的那个第一天。他不禁有点儿今夕何夕岁云徂的感伤：有6年了吗？转眼我已是一个有着6年工龄的码头工人啦？6年，这是怎样的6年啊：好几条生命，好几百名伤残，鲜血多少次把黄浦江染红……

　　跟着他想到那天自己一身簇新的工装，看塔吊入云，看原木如士兵，是那般地豪情满怀；接着他似乎听到一声轰响，在很远很远的方向，一根原木砸在了平板车上……

* 修理工时的包起帆

是回想，也是幻觉，但包起帆那刻分明感觉自己的心跳忽然加速。好友恐怖绝望的最后一眼，泪流满面的自己，还有那个刻骨铭心咬牙切齿的"一定把装卸工人从'木老虎'的淫威下解放出来，一定要让人力装卸木材的历史在我们这一代人手中结束"的发誓……

他回到了现实：是一次装卸中，"木老虎"把自己的腿砸伤了。伤了筋骨，也伤了一个装卸工的体能素质。自己只能离开装卸队。

对于这个离开，包起帆的心情是复杂的。是庆幸，是无奈，还是留恋？包起帆分辨不清，或者说他不能够分辨清楚。毕竟那儿装卸了他6年的青春，毕竟那儿留下了他6年的汗水和脚印，也毕竟那儿见证了一个少年成长为一个青年的每一次的装卸，直到把这个青年装卸成了想跟命运斗争，想挑战"木老虎"的勇士……

二

包起帆到修理组当修理工近3年，传来了高校恢复招生的消息。

包起帆那叫一个喜出望外啊。

是"文化大革命"的结束，让冰冻了十多年的知识开始复苏。曾经为自己是墨水只喝了小半瓶、书只读到半拉子的"老三届"而遗憾而不甘的包起帆终于有了读书的机会。

"成了电吊修理工，我发现自己根本不懂机械原理。我意识到我缺少文化理论知识。比较幸运，高校恰在那时打开已经关闭了10年的大门。我积极报名。领导也支持。我考取了。虽然不脱产，但毕竟圆了我少年时代的梦想，成了上海第二工业大学的一名学生。"

上海二工大在培养有实践经验的 线技术人员方面有丰富的经验，它的教学特点是注重理论与实际相结合。一句话,上海二工大出来的学生不光会动嘴讲理论,最重要的是会动手,会把理论知识运用到实践中去,学有所用。包起帆对自己的这个选择很满意,他专攻起重运输机械专业。

那年代实行的是一周六个工作日,不像现在有双休日。而包起帆又是半工半读,每周两天上学,4天上班。同事和朋友于是替他担心:不是全脱产,既要读书,又要上班,你怎么兼顾?即便能兼顾,你又能坚持多久?再说啦,一个工人,有文化没文化的,不都得干体力活嘛。

包起帆说:"你们不晓得我是多么地珍惜这个读书的机会。要不是'文革',我肯定是大学生。所以现在只要能读书,能学到本领,什么困难我都愿意克服。工人怎么啦?工人也不能心安理得地当大老粗。"

后来包起帆说,促使他不顾一切非要读书的真正原因就是"木老虎"。他说自己一刻都没有忘记那个咬牙切齿的誓言,但同时他心里也明明白白:要制服"木老虎",光凭誓言没有用,得有制虎的本领。制虎本领在哪里,在实践经验和理论知识中。实践经验可以在工作中积累,理论知识就必须到学校里去汲取……

但本领二字好辛苦。

到底只是个初中生,到底喝的墨水太少,包起帆坐在大学讲台下没多久就觉着了书本的分量。装卸书本一点儿不比装卸原木省力。

但包起帆要强,好强。同学玩耍,他在孜孜不倦地面壁用功;同学纵情于山水之间,他却一身工装于码头之上……工作和学习,他哪一头都不肯放松,都力求完美,所以他总是嫌时间不够用。偏偏任课老师又对他严要求、高标准。老师后来说,早就看出包起帆的那份钻研劲儿了。所以制图作业,别人可以马虎,但包起帆不行。包起帆哪怕一点点的小误差,老师都会铁面无私:重制作。

这就使得包起帆愈发认真地读书。他说老师严要求高标准是对的,因为他攻的是起重运输机械专业，思考必须严谨缜密，操作不能有丝毫的马虎，因为再微小的差错，酿成的也是天大的事故。这也就使得包起帆有了一个习惯，无论什么问题，他都一丝不苟，认真仔细。理论习题，书后有答案，但他不走那"捷径"，非得创新一下不可；物理习题，他翻过来覆过去，甚至为一根线条，他都要左一个比划右一个衡量地找出不同之处。当然，这也就更让包起帆惜时如金，恨不能跟欧阳修似的"三上"皆"文章"。

　　班级里，数包起帆问题最多。他老有问题请教老师，他常在课后拽着老师释疑解难，打破"砂锅"。有同学曾打趣地说："我们都说他是'二多'，问题多，请教多。"

　　初始老师也觉得纳闷儿：这个包起帆哪来那么多的问题？但没多久老师就释疑了。那时候包起帆已经在搞革新，他的不少问题，就来自他的革新实践中。比如他后来成功的延长吊车钢丝绳使用寿命的革新。在这个革新的过程中，他遇到不少困难，实在解决不了的，他就带到学校请教老师。他很会"缠"，缠着老师切磋、研究。他还很会"借"，借老师的功夫解自己的"死穴"，解一个再解第二个，解了第二个再解第三个，还美其名曰：这是从一个台阶走向更高的一个台阶。

　　有同学记得，那时偶尔同学结伴逛街，或淮海路，或南京路，总之都是连风都香的地方，却总是分散不了包起帆的注意力。看似漫步长街，他却心游离，神也不在身上。同学们说："包起帆你啥体老是一副学问样啦？出来白相，就丢掉学问好不好啦？"包起帆于是笑笑："晓得的。"可只一会儿，他又若有所思状地从裤兜里掏出一张纸来，然后就着霓虹灯和店家的光亮，做起学问来。

　　其实又何止这些。有同学爆料，当年包起帆边骑脚踏车边转脑瓜子，好几回差点跟汽车轮子过不去。有一回，他脑瓜子不知转到了什么，急急忙忙刹车,不等停稳车子,就来煞不及地从书包里翻出一支笔……

这样的段子蛮多。无论是霓虹灯,还是脚踏车,总之为了早点学到本领,包起帆他什么"洋相"都有:他的课本没几本是囫囵的,基本都惨遭他"肢解",都被分解到了他的口袋里。他今天第10页,明天第28页,总之他天天随身携"页",走到哪里学到哪里。同学担心他有书痴倾向,老师却大赞:"这样的书痴,多多益善。"

有一种精神叫痴迷。这份痴迷,让包起帆放弃了所有的节假日,付出了比别人多几倍的时间和精力。这份痴迷,让包起帆勤奋自强,刻苦自砺,潜心钻研。还是这份痴迷,让包起帆系统地掌握了大学起重运输机械专业的知识,让他得以成功了钢丝绳的革新,并为以后的发明创新打下了坚实的理论基础和实践经验。

"大学四年我两次被评为'三好学生'和学习标兵,毕业时还获得首届亿利达奖学金一等奖。但这不是我的最终目的。我更看重的是,'四年'让我学到了实实在在的知识,掌握了实实在在的本领,并把这些实实在在用到了我的工作中,使我在校期间就搞出了多项技术革新项目。"

这多项技术革新项目中,有一个叫"67型电吊变截面起升卷筒"。

三

那是1979年的春天。那时候白莲泾装卸站已改名为上海港第四装卸区,简称"四区"。

所谓"67型电吊",是四区装卸所需的起重机的一种,使用的年头不短。但"67"有毛病。它太伤钢丝绳。那么粗的钢丝绳,它说断就断说毁就毁。

工友们告诉包起帆,"67"不但吃钢丝绳,它还吃人。"钢丝绳突然断裂，起重机的把杆就会随之坠落，而它下面的工人往往来不及躲避就会被砸中。

其实包起帆成为"电吊"修理组当修理工之前就听说过"67"的凶相，也所以，包起帆琢磨这"67"不是一天两天的事儿了。

不说"老虎"二字让包起帆来气，只说"67"老给装卸工人添麻烦的事儿：仅四区，一个月换绳少则两三根，多则五六根；每换一次钢丝绳就得停一次产；增加装卸成本不说，还严重影响了生产。

"当时上海港每年要进口六百多吨钢丝绳，外汇折合人民币达144万

* 上世纪70年代末码头上的起重机

元。这是一笔不小的开支。我当时这么想,先拿起升卷筒开刀,一方面给港里省点钱,另一方面给自己制服'木老虎'积累一些实践经验。"

于是从某一天开始,包起帆一有空就钻机房,观察,一察就是几小时。

到底被包起帆察出了名堂。原来钢丝绳的损坏是由于绳咬绳引起的。

怎样才能让钢丝绳不互相撕咬呢?包起帆琢磨开了。

所幸包起帆遇到了一位好师傅。师傅经验丰富,为人忠厚,他支持包起帆的想法,并传教给包起帆不少技术。好在大伙儿纷纷献策,让包起帆在不长的时间里拿出了一套改革"67"的方案。

"变载面起升卷筒",名字有点儿拗口,但它是包起帆想出的第一个革新方法。

包起帆跟工友解释"变载面起升卷筒",说钢丝绳易损不就是由于它们互相挤压摩擦造成的吗?那我们就在"67"的卷扬筒上装个套,加大卷扬筒的外圆直径,改变钢丝绳的着力段,减少起吊时钢丝绳间的挤压和摩擦。

接下来的日子,为了这个"变载面起升卷筒",科技情报站,图书馆,业余工业大学,包起帆马不停蹄地跑,在单位里又不厌其烦地试验。这还不算。他还在家里试制"变载面起升卷筒":在缝纫机上绕线圈,模拟卷扬筒试验;一次两次三四次,好多个四次后他成功了。

成功让包起帆忘了"变载面起升卷筒"带给自己的劳苦,他跟捡了个元宝似的,看着"变载面起升卷筒"笑歪了嘴。

连上海港的领导都没料想,这个"变载面起升卷筒"竟使一台"67"一年可节约钢丝绳20根,节约人民币2 920元。当时四区有19台"67",这也就是说,包起帆的这个发明,仅四区一年就能节约55 480万元。

这在当时可是上海港的一件喜事儿。

喜讯"噌"地飞出了上海港。

还没等包起帆笑正嘴,交通部在上海召开节约钢丝绳现场经验交流

*"变截面起升卷筒"

会。接着,日本钢丝绳专家来了。

说说"日本"。那天"日本"从"上海牌"轿车出来,直接钻进"67"驾驶室。他们随手掏出微型钢皮尺,测量卷扬筒。好个仔细。然后惊诧,钻出吊车,面露钦佩之色,跷起大拇指:"大大地好。谁的发明?革新,在日本,专利的有。"

1980年9月17日,《文汇报》以《包起帆闹革新延长钢丝绳寿命》为题向世人报道了这一革新。说包起帆采用新方案后,每根钢丝绳使用寿命已从原来的75小时延长到1 500小时。

包起帆的名字第一次被大报载着走进了上海的寻常百姓家。

那几天里,四区的工人们投给包起帆的眼神有了内容:欣喜,羡慕,佩服。

包起帆自己也觉得光荣。上《文汇报》,这是他之前想不到的。之前他上了《上海海港报》,是《节约钢丝绳的"小钻家"》,他为此激动了好几天。这次更加。当然这次除了激动,他还有了丁点儿的成就感。那天他把《包起帆闹革新延长钢丝绳寿命》横看竖看了好几遍,然后仔细折好,放进包里。他要带回家去。

那时包起帆已经结婚。他首先想到的是妻子。妻子为了自己的发

> 包起帆闹革新延长钢丝绳寿命
>
> 本报讯 上港四区电吊组青年修理工包起帆,改革电吊车的卷扬筒,使钢丝绳使用寿命延长二十倍。去年四月份以来,他已为国家节省钢丝绳三万多米,还节约了一大笔外汇,受到交通部的表扬。
>
> 包起帆是一九七七年从装卸队调到电吊组当修理工的。在修理工作中,他看到67型电吊车的钢丝绳每辆每月要损耗四根以上,心里十分焦急,决心加以改革。经过他的刻苦钻研和虚心求教,提出了革新方案。采用新方案后,每根钢丝绳使用寿命已从原来的七十五小时延长到一千五百小时。现在,该区十九辆67型电吊已全部采用这种方法。
>
> (朱仲华)
>
> 文汇报 WEN HUI BAO
> 1980年9月17日 星期三

* "包起帆"第一次见报

明,承担了很多很多。他感激她。

然后他想到了母亲。他想,母亲知道儿子上了《文汇报》,不定怎么高兴呢。但他知道母亲不会在邻居间炫耀。母亲一贯这样,总在人前说:"小囡,不敲打不来三的。"而人后,母亲就会这样嘱咐儿子:"记牢爸爸的话,好好做生活。"

包起帆这么想着就又有了遗憾。父亲已经不在。父亲几年前因病离开了人间。要不然,父亲也一定高兴,一定欣慰。

四

"67"的成功给了包起帆很多的自信和干劲。但第一次尝到发明甜头的包起帆并没有让自己长久地沉浸在成就感里。

上海人是讲大世面的,干什么都是。包起帆不满足这点。

这是包起帆的精明之处。他把革新"67"当做一次尝试,一次发明创新的热身运动。小试牛刀而已。他需要这个尝试不仅给自己,也给工友,更给单位一个期待:包起帆小试牛刀后,会甩开膀子大干起来。

但同时,包起帆心里明白,大干要有大本领。所以他不允许自己好功。又哪里可以好功。因为在革新"67"时,他发现自己还有很多空白点,理论的,实践的。他似乎意识到,这些空白点将是他日后大干的软肋。他告诫自己要清醒,万不可沾沾自喜得意忘形。"67"虽然成功,但对自己的志向而言,它实在算不了什么。

那之后,同学们发现包起帆比先前更"书痴"了。那时候交谊舞正风靡上海滩,不少同学和同事正热衷于舞池里的激情和镭射灯下的奔放。可包起帆从来不去。谁拖他下"池",他就跟谁急:什么三步四步伦巴恰恰,我真没一点儿兴趣。

包起帆的兴趣全在书本里。他似乎憋着一股劲儿要尽快充实自己的空白点。他不允许自己浪费一丁点儿的时间。他开始科学化地安排和利用时间,甚至连零打碎敲的时间都用到了极致。同学们于是笑着说,包起帆侬想开点好吧,跟个苦行僧似的,何苦这般"折磨"自己的命?包起帆嘴上不说什么,心里却道,我不苦行,难不成让命运苦行我?我不"折磨"

* 边攻读大学学业边革新时的包起帆

自己,难不成让"木老虎"折磨装卸工?不苦行,何以改变命运?不折磨,谈何发明创新?

如此,包起帆在半工半读间,让充电和发明两相宜。他在这个相宜里,又成功革新了"LQ-16HG吊车",又为国家节约了不少的银子。那时候,包起帆即将大学毕业,距离"67型电吊"革新的成功也有两年了。

五

1981年,包起帆大学毕业。那时,他成了四区工艺科的一名技革员。

就在这一年,又有3名装卸工被"木老虎"夺走了生命。都是二十多岁的小伙子,加在一起还不满80岁。

14条年轻的鲜活的生命,546名重残和轻残的工友,这是包起帆从当装卸工的那年起、直到那时的装卸工死伤的数字。这组触目惊心的数字,这组载入上海港史册的数字,深刻在包起帆的心里,什么时候想起他什么

* 技革员时的包起帆

时候淌血。他告诉自己必须努力，跟原木夺命。

　　有一天清早，包起帆一早到了码头围着吊车转了一圈又一圈。

　　工友们挺纳闷，小包这是干啥？

　　包起帆随口哼起"大吊车真厉害，成吨的钢铁哦，它轻轻地一抓就起来"，然后说："昨晚我梦见了《海港》了。"

　　得说几句关于《海港》的事儿。这是一出京戏，原名是《海港的早晨》，写上海港码头工人教育后代的故事。但最初，《海港》曾是一出淮剧，由著名淮剧演员筱文艳主演。1964年，筱文艳带着《海港的早晨》到海港演出，海港工人蜂拥般地看了一遍又一遍。改成京剧是后来的事儿。后来《海港》成为"革命样板戏"之一。

　　对现今45岁以上的人而言，"革命样板戏"不仅是一个专有名词，它还是他们人生历程中一段欢乐的、无知的、无奈的抑或也有崇拜的生命的记忆，因为它产生在"文化大革命"那个特殊的年代，所以它还是他们曾经的激情和狂热。"文化大革命"时期可看的电影很少，所以"革命样板戏"就成了当时主要的艺术欣赏和文化娱乐生活之一。那时候，几乎人人都有十遍二十遍的观看记录，也所以他们中的无论谁，都能像包起帆那样张嘴就来上几句"革命样板戏"。

　　"它轻轻地一抓就起来"是《海港》里老码头工人马洪亮的一句唱词。包起帆说，那晚他就是唱着"马洪亮"醒过来的。醒来后他告诉自己，该治"木老虎"了。

　　说"该治'木老虎'"的时候，包起帆感到了一股冲动。工友们说"现在好多了，至少我们有吊车了"，可包起帆不这么看。

　　这天包起帆一圈又一圈之后，自言自语："黄沙，石子，都能被轻轻地一抓，木头为什么不能？我要发明个木材抓斗。成与不成，我都得试。"

其实包起帆从来没有断过制服"木老虎"的念头。他永远记着好友恐怖绝望的最后一眼，永远记着那个咬牙切齿，那个心口针扎般疼痛的深夜。虽说他已离开了装卸工岗位，但他没有一天不惦记"虎口"中的工友。他不敢有一天忘记自己的决心。

多少个清晨黄昏，他站到高高的塔吊上，俯视码头上重峦叠嶂的原木堆场，远眺似平静却又分明暗流涌动的黄浦江，他恍若当年。不同的是，他没有了诗意，取而代之的，是强烈的责任感。

喝了四年的大学墨水，又有"67"和"LQ-16HG"垫底，包起帆想挑战"木老虎"的念头便一日日地强烈，挡都挡不住，连梦里都是。

"肯定不来三（沪语：不行）。侬想都不要想。"工友们一听包起帆要搞木材抓斗，个个脑袋成了货郎鼓。

"啥体不来三？"包起帆不愿听这话，"不干怎么知道不来三？你不干，我不干，大家都不干，那么'木老虎'就永远制服不了，工伤事故就永远会存在。"大跃进"年代搞木材抓斗失败，是因为那时的老师傅只有实践经验多，没有理论知识。上世纪70年代工程师搞木材抓斗，理论知识是有了，但缺少实践经验。我不同啊。第一，我做了6年装卸工，对木材装卸的工艺过程了如指掌。第二，我还做过4年修理工，会电焊，还会钳工，我对整个机械加工情况非常清楚。第三，我学的是起重运输专业。理论加上实践再加上我全部的经历，我不相信成功不了。《孙子》不是说嘛，知己知彼，百战不殆。"

工友们虽然觉得包起帆有点儿天方夜谭，但又满怀期望，他们说："你若真能搞成木材抓斗，我们就从这里爬到大门口。"

"这里"到大门口的概念，是公交车一站路。

包起帆说："好，说定了。如果不成功，我爬到大门口。"

六

现在想来那时候包起帆说"我爬到大门口"这话真够勇敢的。包起帆要发明创新的抓斗是抓大船里面的木材。当时这类抓斗不要说国内,就国外都没人搞过。包起帆之前查阅了许多资料,包括德国、法国、瑞典、日本等国家的,从没看到过能够用来装卸船舶木材的抓斗。这也就是说,大船里的木材能不能用抓斗来卸,谁也不敢说"能"。

这么说,包起帆革新木材抓斗很难。无既成抓斗的资料,无制造抓斗的经验,无应用抓斗的成功先例。三无。零条件。什么都没有。就连间像模像样的办公室都没有。当然那会儿包起帆还不敢说自己是干发明创新的大事儿,所以他不能要求单位给他更多的物质条件。事实是他也没有把握说自己一定能制伏"木老虎"。

但这些并不影响他的决心。

了解包起帆的人都说,认准的事儿,他当真,决不轻易言退。这是他的性格。母亲后来也对媒体说,阿拉包起帆从小就这样的,吃得起苦,认牢的事体是一定要做到底的。

后来人们研究总结包起帆发明创新成功经验的时候,将这一性格归结为包起帆精神之一。刻苦钻研,吃苦耐劳,锐意进取,其实跟母亲的"认牢"是一回事儿。

凭着这股精神,包起帆从研究国外木材装卸的科技情报资料下手。

国外有关木材装卸的书籍大约有几十本。他一本不落。每本从头到尾,一页不漏。从中摘录能作为借鉴的资料就达几十万字。

没有星期天没有节假日。包起帆所有的业余时间都泡在了图书馆资料室和科技情报所。他整天整天地泡在"理论"里,走火入魔,差点忘了人间烟火。好多次,人家图书馆过了关门的时间,可他还"赖"着不走,直等人家"赶":"侬好回去了,阿拉下班了。"好几回,妻子守着门口远眺,嘀嘀咕咕道:"介夜了,还勿晓得回转来。"还有叫人匪夷所思的,睡得好好的,忽然就一个惊醒,然后迅速下床,赤脚小碎步,抓支笔就在挂历上又画又描。妻子一直这么开涮他:侬梦游呢。

除了"梦游",包起帆还"孙悟空"——火眼金睛。

某一天,军工路上一家木材堆场的一个液压木材抓具被包起帆认牢了。也不管人家乐不乐意,他掏出本子就依葫芦画瓢,硬是把别人家的东西克隆到了他的小本本上。

"别人家"斜了他一眼,说,侬做啥啦?侬哪能自说自话啦?

包起帆满脸堆笑,说,我看看。

几天后,包起帆又来到这家堆场,发现那只液压木材抓具在孵太阳。

他歪着脑袋打量半天。这天的阳光很灿烂。灿烂的阳光下,液压木材抓具好一副落魄地主相。

这回是他问"别人家":"为啥丢在一边不用?"

"别人家"答:"液压不过关,不好用咯。"

"那让我来调教调教。"

"别人家"没搭理他。

但他搭理"别人家":"我在码头上搞木材抓斗,所以我想借这个木材抓具研究研究。"

"别人家"看了他一眼,摇摇头。

包起帆这就憋足了劲儿。

他把各种类型的抓斗里里外外琢磨个遍后,他开始设计木材抓斗图纸。

日起日落，那些日子他脑子里除了抓斗，没别的。

连家也成了设计场。

一张张草图跟着他回家。可家只有十一二个平米，搁人都嫌挤，哪还有放他图纸的地儿。

于是乎，墙壁，衣橱，甚或床上，饭桌，凡能挂的、能贴的、能摊的地儿，都是"抓斗"。

妻子心疼了："新衣橱，多少光洁呀，侬哪能可以在上面踢糨糊，还踢得一天世界啊？"

糨糊二字让包起帆骤然想到了工友的命。是他亲眼所见，原木怎样残酷地把一条条年轻的鲜活的生命压成了一堆堆"糨糊"。

这就勾起了包起帆的心酸，他对妻子说："我现在做的事，就是为了不再有'糨糊'。"

妻子默然。其实妻子哪是真舍不得衣橱，不就糨糊吗？妻子懂得的，丈夫的抓斗是正事儿，大事儿。

几个月后，一摞有关抓斗的图纸终于完成。

包起帆请工程师审他的抓斗图纸，没人说好，也没人说不好。这让包起帆疑惑：也许大家说好没根据，说不好怕伤我积极性吗？

领导看了，拍了拍包起帆的肩膀，对大家说："让小包同志试试吧。"

七

几个月过去，转眼到了1981年的初冬。

这天包起帆起了个早。他走出屋子，晨雾还没散去。他在湿润中伸展了下身子，然后深呼吸，再深呼吸。他有点儿兴奋。他感到自己的热血在沸腾。他想用深呼吸让自己镇定一些。其实这一夜他根本就没合过眼。因为天亮后有件大事情等着他——试验木材抓斗,卸下一艘外轮的原木。

他又怎能平静?从知道要试验木材抓斗的那刻起,他就一直处在亢奋之中,一直预演成功的心情。他不能不激动。他甚至有种幸福感。他终于发明了木材抓斗。

太阳还没露脸,包起帆就已经到了码头。

码头静悄悄。

下意识地,他走到成为码头装卸工第一天站的地方。

13年了。他想都没想就跳出了这个数字。

那个一身簇新的工装、带着好奇,还有几分稚气的自己,那个看到装卸工用原始的方法将原木吊出船舱、有些惊奇的自己,那个听到一声轰响、心怦怦得厉害的自己……都这么多年过去了,可怎么觉得就是昨天的事儿?

码头开始热闹。技术员,装卸工人,还有领导,都到了。

试验开始。

门机大臂高高升起。码头重复安静。所有人的眼睛都聚焦在门机的抓斗上。

包起帆除了眼睛,还用相机。相机的镜头紧跟着抓斗。

一点,一点,抓斗在移动。一点,一点,所有人的心在提紧。

包起帆的心提到了嗓子眼。

但见抓斗张牙舞爪,大嘴裂开足有三公尺;它的下面,是船舱;船舱里,是原木堆。

全场鸦雀。无声。静止。

唯有目光在移动。

所有的目光被抓斗抓着,跟着抓斗慢慢往下移。

分秒毫厘之间,包起帆分明听到自己的胸膛里有千军万马在奔腾。那气势,猛不可挡。那刻包起帆想到了一个词儿:惊心动魄。

"那是我第一次体验什么是紧张。"多少年后包起帆回忆那天还恍如彼时:"初冬的天气里我却浑身冒汗。紧张得不得了啦。说句心里话,我也不知道抓斗是不是一定能把原木从船舱里抓出来。所以我很紧张,应该是场上最紧张的一个人了。记得我那时候死命地按着自己的胸口,下意识的。我屏着呼吸,咬紧牙关,仿佛那样就能帮抓斗使劲。我真的是吸一小口气,屏大半天,直憋得脸通红,才小小心心地往外吐气。其实我是不知道自己憋成了那个样子,是当时站在我身边的工友告诉我的。我只记得我当时真的不敢大口喘气,就怕一张口,胸膛里的千军万马会蹿出我嗓子眼,溃散了气势。那样的话,抓斗岂不也跟着败退?本来它就跟我较着劲。"

那天当看到抓斗终于把"木老虎"抓住,那一大捆一大捆的原本束手就擒于抓斗,再没了平日里的威风、再没了以往的嚣张,乖乖地上了平板车,老老实实等着发配的时候,包起帆说他的心都快蹦了出来。

那刻,全场雀跃。

包起帆仰天。放"千军万马"奔蓝天而去。喜悦顿时飞向了远方。

日月星辰。凤凰涅槃。抓斗中新生。

可是,就在全场一片欢呼声中,包起帆发现了问题:抓斗只能抓取船舱口的原木!

这一发现让包起帆的心情重新凝重起来。抓斗无法抓取船舷两侧内的原木,这就意味着:随着抓斗不断地把船舱中央部分的原木抓出去,舱内的原木就会成"V"形。也就是说,船舱两侧边的原木抓斗抓不到,要把这部分原木卸下船,还得人工下舱作业。

这就带来了新问题。谁到"V"形里去卸原木?

那是极端危险的。人在"V"形底,船舷两侧留下的几米高的原木垛随时会滚落将人活压在最底层。若那样,装卸工根本就无处逃生。

这在某种程度上说比不用抓斗更危险。自始至终用人工分层装卸就不会有这"V"形。

码头闷了。

有人急了:早说不行的,现在怎么办?弄了半天,抓斗还是不能把所有的木头都抓出来,还得工人下去人力卸。发明,发明,哪那么容易!

这话包起帆不爱听。谁说发明容易?正因为不容易,才要迎难而上。怎么可以一遇到困难就打退堂鼓呢?

决不功亏一篑。决不半途而废。决不尽弃前功。

包起帆那刻铁定了主意。

那么眼前怎么办?外轮是要开走的,船舱底下的原木是一定要卸出来的。谁下去?

就在大家唧唧喳喳、议论纷纷、不知所措的时候,包起帆却一语不发。他戴上手套一声不吭地下到了"V"的最底处。

"说实话,除了舍我其谁的责任感,我当时也有点意气用事。做事总得要有人牺牲,要付出代价。'V'底总得有人去垫。谁垫?我。"重新回忆那天的那一幕,包起帆的心情一如当年似的激动。他说:"但没想到我刚下船舱,很多铁了心的工友就跟着下来了。他们不会说漂亮话,只一句,'阿拉跟侬一道上。'然后就……谁都不再吭一声。我当即就湿了眼。我没说一句感谢的话。什么都没说。但我在心里跟自己说,就冲着他们的真情,我再累再苦也愿意。

后来很多人问我，明知危险，你还下。你不怕吗，万一你真垫了底怎么办？如果我说不怕，那就假了。我当然也怕。谁也不想那样干。但我必须那么做。事情是我起头的，当然由我来收拾。其实我当时真的顾不了许多，因为外轮是要开走的，不能让原木也跟着走。就这么简单。再说抓斗能抓起原木这已是大家看到的事实，至少说明我的发明成功了一半。我们怎能放弃？吃点苦算什么？出点意外又何足奇？"

那天"V"形里的木头最终是被包起帆他们"放山头"用钢丝绳拉出来的。但以后怎么办？

"以后船来了，如果还是用抓斗卸，那么派啥人到船舱里卸底下的木头？这个生活多少危险啦。"

话传到包起帆耳里，包起帆不能不压力重重。是啊，第一次"V"形底卸木侥幸没有发生意外的危险，但难保下一次也太平。如果不尽快革了这个"V"形的命，那么抓斗的命就凶多吉少了。

那天包起帆满腹心事地走在回家的路上，他看着大车小车来来往往，穿梭不断，却又各行其道，井然有序，不禁心头猛动。这个见惯了的熟视无睹的马路一景，这天却给了他莫大的启发。汽车行驶要有交通规则，使用抓斗是不是也给它定个规则呢。船舱那么宽，抓斗却只从中间下手，两边的木头抓不到，中间就势必被挖成了"V"形。如果改变抓斗的抓取方向，让它从船舷两边往下挖，让木头不断地朝中间滚落，那不就万事大吉了吗？

第二天早上上班，包起帆把这个想法说给领导听。领导也觉得是个好办法，不妨试试，便对包起帆说："抓紧实施你的'交通规则'。下次卸船，就让你指挥抓斗。"

日起日落，星隐辰现。包起帆为了这个"你指挥"又没日没夜了起来。

日历又翻过去好多页好多页。快过年了。

全上海都开始忙过年的那些事儿了。全上海的年味儿是越来越浓了。

包起帆这边也在紧锣密鼓。抓斗的"交通规则"已设定。是驴子是马,得拉出来遛遛了。遛完了,就可过个痛快年了。

而恰巧那时得到消息,说一条满载洋松(美国原木)的外轮几天后靠泊上海港第四装卸区。装卸这条船的作业线共有五条。包起帆一听来了劲儿,不正琢磨着遛遛吗?包起帆于是向领导要求五条作业线中的一条用抓斗。这要求很明显地带有挑战的意味儿。一条作业线是他发明创新的抓斗,另外四条作业线还是传统的人力装卸,用现在的话说,新事物和旧事物摆起了擂台,"PK"。但那会儿还不兴"PK"这个词儿,那会儿都说比比看,试试看,看哪个结棍(沪语:厉害)。

为了这次"PK"成功,包起帆豁了出去。他在码头上指挥作业,竟连着三天三夜不回家。那三天里,谁见了包起帆都不能不感动:两眼充血,一脸疲惫,满头乱发。

第四天清晨,同事见包起帆筋疲力尽得连说话的力气都没了,便劝他去眯一会儿。包起帆也实在是支撑不下去了,又见抓斗一切正常,木头也卸到了尾声,便答应休息一会。

"一小时,只眯一小时。一小时后一定叫醒我。"包起帆正叮嘱同事的时候,抓斗出了状况。抓齿断了。

在场的人都傻了眼:邪了门了这是。没人招没人惹,抓斗它怎么就断了牙齿呢?

包起帆到场。一眼就看出了究竟。原来抓斗碰到船舱底下的一个凸缘。是凸缘折了抓斗的抓齿。

包起帆瞪着抓斗喘粗气,半天,吐出三个字:赶紧修!

于是,从太阳升起到夕阳西下,整整一天,包起帆和他的技术人员及工友才把抓斗的抓齿接上。然后又连夜把抓斗运回码头,抓斗开始作业的时候,晨曦又升,新的一天来到了……那时候,包起帆直起了腰:"好了,没问题了。"他对同事们说,"今朝夜里厢大家可以好好地困觉了。"说完,他笑了笑。可还没等他收回笑容,他的眼皮已耷拉了下来。

而他身后,大吊车上上又下下,木材抓斗"轻轻"又"松松"。

是"轻轻地一抓"给了包起帆革命性的启迪,还是包起帆给了"轻轻

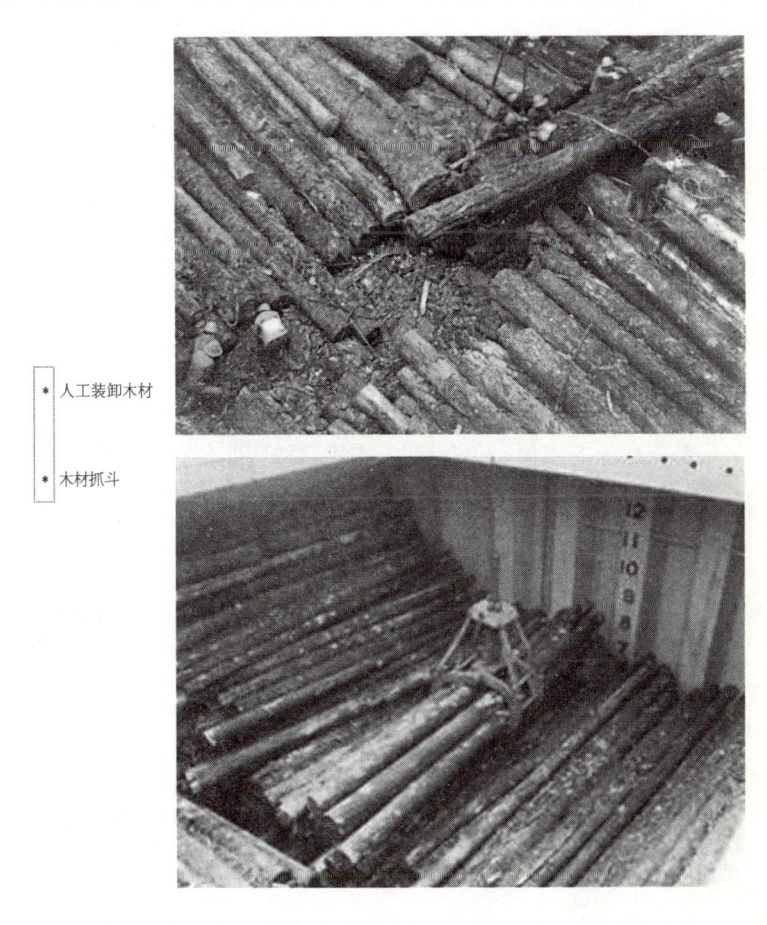

* 人工装卸木材

* 木材抓斗

地一抓"以革命性的注释？那刻这些都已经不重要，重要的是，包起帆可以安心地睡上一觉了。

上海港港史装卸工索具中有这么一笔：包起帆1981年发明研制出第一只抓斗，即双索木材抓斗。随后不久，单索木材抓斗也发明成功。船舱中间的原木，船舱两边的原木，成捆的，单根的，单双索木材抓斗都能轻轻地一抓就起来。

八

1982年11月17日，包起帆随交通部木材装卸工艺、装卸设备考察组赴瑞典考察。这是他第一次出国。

顾不得异国风光，没兴趣游山玩水，包起帆跟个特工似的，哪有"情报"就"考"哪，愣把人家瑞典海港的木材装卸设备"察"得一清二楚。

最重要的是，此行让他开了眼界，得到了感悟。

是观念上的感悟。包起帆说："我们和瑞典各有所长。我个人认为，在木材装卸方面，我们没有必要完全学外国。我们应当走出自己的路子来。上海港的机械力量跟国外港口差不了多少，只要我们努力工作，我相信在不长的时间里，我们是完全可以赶上或超过他们的。双索抓斗，这仅仅是木材抓斗的一个起步。"

明白人一听吃惊不小，包起帆有野心。

1983年11月的一天，已是中国工会十大代表的包起帆参加中国工会"十大"会议。

那天，包起帆很激动。他说那一刻不知怎么的，他想到了孟泰。他说还是小学生时就知道孟泰，很了不起的人。为恢复鞍钢生产，为国家节约一分一厘，孟泰吃了那么多的苦。包起帆还说那天他想着想着，就从孟泰想到了他自己。倘若当时革新"67电吊"时自己的想法很朴素，只是舍不得钢丝绳想为单位节约几个银子的话，那么到那时，他发现自己已经不满足这个朴素的想法了。他接着想到了木材抓斗是怎样地把装卸工人从"木老虎"的淫威下解放了出来，想到了装卸工人原本紧张原本惊恐的脸色是怎样地舒展和阳光了起来，还想到了自己因此成为工会十大的一名代表，他觉得自己实在是幸运。这份幸运感让他在那个时刻那个环境里不能不动情。我应该怎样回报党和人民呢？他问自己。然后他告诉自己：工会代表，这荣誉的后面是更大的责任。自己头顶上的天空变大了，更大了。天空大了，那是让鲲鹏展翅的呀。他接着又想：自己还不是鲲鹏，但这有什么关系呢，即便燕雀，他也要飞翔啊。想到这儿，包起帆有些惊诧：原来自己真的有了野心。换个说法，原来自己有了雄心。

那天在工会"十大"会议上，包起帆最后想到的是他的抓斗野心。抓斗野心让他下意识地拿起了桌上的圆珠笔，又下意识地揿了一下。谁知这一揿，竟揿出了一个新大陆，竟引发了一次创新思路及实践的成功。

那是一支丰华牌圆珠笔。放在每位代表座位的案板上。会议记录用。

那天包起帆揿了下圆珠笔的顶端，圆珠笔的笔芯轻巧地伸出了头。

咦？

包起帆又揿了一下，笔芯又轻巧地缩了回去。

灵咯。包起帆稀奇得不行："这东西，哪能介好白相啦！"

上海人形容新奇的事物往往会说"老好白相咯",包起帆也是,常常在不经意间会用这个词儿。但那天他说"好白相"不仅仅指新奇,他还想到了自己的"野心"。

正在研制的单索木材抓斗不是碰上一个难题吗?现结构的单索抓斗的启闭机构是定点的,仅仅适用于煤炭、黄沙等散货的装卸。木材抓斗不一样,它既要能抓起一大捆木材,又要能夹紧一根木材,所以现结构的单索抓斗的启闭机构是根本实现不了木材抓斗的功能的。包起帆知道这是抓斗定点启闭的弊端,所以他一直在动脑筋,想改革这个"定点"。他想变"定点"为"任意点",让抓斗在任意一个点上都能启闭自如。

想法好,但包起帆"变"了很久也没有变成功。

"能不能也一揿一伸,一揿一缩地解决?"那天包起帆盯着圆珠笔,觉得不妨试试,把这个"好白相"变到抓斗身上。

这就上了心。

北京的深秋初冬是个美好的季节。枫叶红了,柿子甜了,还有颐和园、长城、故宫,那么多那么多好吃好玩的东西和地方。可包起帆说,我哪儿都不去,我就想"玩"圆珠笔。

别人挺纳闷儿:敢情是该玩的时候没东西玩儿,所以现在一支圆珠笔都能让他玩成了这样。这个上海人有点儿怪。

不管别人说什么,怎么看,包起帆就是没了游玩的心思。皇帝的家也好,太监的屋也罢,他哪儿都不去。他就在宾馆里,就"玩"圆珠笔。一揿一放,再一揿一放,模样就跟个孩子似的。他还卸下圆珠笔,琢磨圆珠笔伸缩之间的原理。他想找到这个原理,送给木材抓斗。

可是,一个揿轮,一个转轮,一个弹簧,包起帆看到了就这三样零件。三样零件加一起也值不了几个钱。这让他很疑惑。这三样零件,就能掌控圆珠笔笔芯的伸缩?

后来包起帆说:"有很多发明其实说穿了就没了奥秘。原来那圆珠笔套里还有两根一毫米粗细的杆子,我当时根本就没注意。哪里想到那么细微的东西,其实也有着一定的不可替代的作用。什么事情都一样,谁想到了前头谁就高明,谁先下手谁就是英雄。高明就高明在先想到,英雄就英雄在先下手。"

为了这个高明和英雄,从北京回上海的第二天,包起帆找到了丰华厂家:"能不能让我看看这种圆珠笔的原理图?"

厂家技术科长挺警惕:"侬问迪个啥意思啦?圆珠笔,侬买多少都没

* "很多发明其实并不复杂。"包起帆在码头现场。

问题。图纸,肯定不好给侬。"

包起帆知道厂家多心了。图纸是技术机密,给了你,赶明儿你把丰华圆珠笔弄成了中华圆珠笔,然后跟他竞争市场"抢"银子,岂不就成全了别人埋葬了自己?所以,"我们傻呀。怎会给你图纸?你想都不要想的啦。"

无获而归。包起帆多少有点儿失望。

怏怏不乐回家。再琢磨,再摆弄。可看了半天弄了半夜还是整不出个名堂来。于是第二天包起帆把"丰华"带到码头,他说三个臭皮匠合成一个诸葛亮,大家贡献智慧。看看挺简单的事,可结果还是没有谁能说出个子丑寅卯。

包起帆不甘心。他找领导开了张介绍信,第二次登"丰华"的门。

包起帆这回找"丰华"的厂长。厂长一听,更干脆:"不来三。"

再次空手而返。包起帆这回有点儿焦急了。但他不气馁。他给自己鼓劲,不见图纸不罢休,还去。

三见包起帆,厂家没了脾气,说:"侬哪能又来了?没见侬这样的,碰了钉子都不晓得转弯的。"

包起帆笑笑,恳切切地这般那般地把自己的目的全部地如实地"坦白"彻底,然后说:"帮帮忙啦,我也是为了工人的安全。"

厂家一听"为了工人的安全",动心了:"好好好,成全你。"

捧回伸缩之间的奥秘,包起帆一头扎进了图纸堆里。

这就又六亲不认,眼里只有抓斗了。

曾经有很多报道这么说,包起帆不知疲倦地如何如何地工作怎样怎样地发明……"不知疲倦"这个词儿有点儿虚。

怎么可能。哪里可能。

包起帆他有血有肉,他食人间烟火,他怎么可能不知疲倦。

他也累。他也需要懒觉。他也想风儿吹花儿香地享受生活享受亲情。

可是他不能。因为他走上了发明创新的路。这条路,虽然困难重重艰难多多,但它让他有挑战感有成就感有征服感。最重要的是,它让他感到了生命的价值和意义。

所以他认准了这条路。不仅认准,他还走火入魔,即便为伊消得人憔悴他也终不悔。

那些日子的好多个深夜,某车站早已空寂无人的时候,常会走来一个男人。男人翘首等待末班车。某天西北风刮呀刮,刮得这个男人脖子紧缩寒噤不断。车还没来,鹅毛雪却来了。鹅毛雪飘呀飘,落在这个男人的肩上头发上。车还是没来,累、饿、困倒来了……这个男人就是包起帆。

* 包起帆正在一丝不苟地研究多瓣块料抓斗

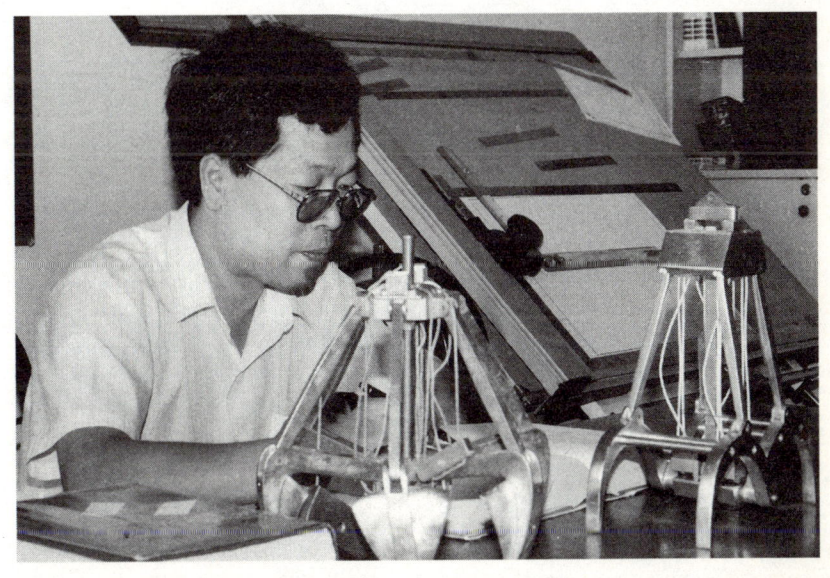

叫包起帆的这个男人于是搓搓手跺跺脚抖抖身,自己跟自己说,再坚持些日子,再苦几天,等全都用上了抓斗,等全都实现木材装卸机械化,我一定犒劳你,一定让你好好地休息几天。一定。

……

这就是后来的撅轮转轮式单索木材抓斗,它同同期发明的四索和电动等十几种木材抓斗一起,构成了港口原木抓斗机械化装卸工艺系统。上海港史记载,自装卸工艺系统后,人力装卸木材的历史结束了,各类工伤事故下降了99.9%,卸船速度提高56.4%,工人劳动生产率提高2.67倍,港区一年的经济效益就达526万元。交通部在全国港口全面推广使用后,杜绝了木材装卸的各类重大伤亡事故,从根本上保证了安全生产,证明木材抓斗性能良好、安全、高效。

九

1984年。包起帆到四区机修车间,任车间副主任,那时他已连续两次被评为上海市劳动模范。但很快,他辞去了车间副主任的官儿。

他请求回到工艺科,依旧当他的技革员。

为什么呀?别人不理解。

"小包,你做了什么错事了?怎么一下子下去了?""小包你怎么搞的,论年龄三十五六岁,论学历是大专,论条件你是两届市劳模,人家往上提都来不及,你怎么往下跌?"

包起帆说:"不要争着做大官,要争着做大事。我什么错都没有犯,我就为革新。就为这。"

再说明白点,就为了那份"野心"。木材装卸工人已经翻身得解放,可生铁装卸工人还在水深火热之中备受折磨。包起帆想起自己从瑞典考察回来还说过的一句话：在木材抓斗外，我还要尽力攻克人工搬运生铁和钢材类的问题。

他说，该收拾"铁老虎"了。

那时候生铁装卸跟先前的木材装卸一样，全靠人力，劳动强度非常大，装卸工人常常累得爬不上船舱。简而言之吧，一块生铁，装卸工人每搬一块就得跟它点头哈腰屈背一次。一般情况下，每名装卸工人每天至少搬运3 500多块，那也就是说，他至少得点头哈腰屈背3 500多次。而且，由于生铁灰尘多，所以劳作结束装卸工人出舱时个个墨墨黑，只有牙齿是白的。

还有更甚的。生铁装卸还得鏖战冬夏。

冬天，装卸工人在船舱里作业跟在冰窟窿里作业没什么两样。上海冬天跟北方冬天不一样。北方气候干爽，整日阳光灿烂。所以即便屋檐的冰柱挂得再长，人家也觉不着有多冷。那是干冷。冷得痛快。上海不这样。老天爷高兴了，给点阳光斑驳地照你一会儿；不顺心了，干脆让你连天地看不见蓝天白云。所以即便气温摄氏在零度以上，你也得浑身哆嗦牙齿打架不可。用上海话形容，那叫阴湿冷。由此联想，装卸工人在船舱里，周边是黑乎乎的飞尘，头上是黄浦江的湿气，还有呼呼的西北风。西北风跟刀似的嗖嗖地抽着他们的脸，要不了几分钟，他们的手脚就全冻成了冰棍，邦邦硬，连个弯儿都打不了。那生铁更是，根根是冰剑，刺骨的冷直刺人心窝。

夏天，码头门卫温度计的水银吱吱地往上蹿，但它显示不了场地上的温度。场地的温度早已超越了它的承受力。40度，还是50度？温度计也不能知道。其实知道不知道已无关紧要。对赤裸在码头等待装卸的生铁而言，水银的40度和50度又算得了什么呢？总之在火辣辣的太阳的炙烤下，那些生铁早已成了烙铁。总之面对这些烙铁，装卸工人只有在戴上手套后，才敢"招惹"它们。

所以发明创新生铁抓斗的想法，在包起帆这儿也不是一天两天的事了。

当然也有人劝包起帆，你何必呢。车间副主任，别人捞都捞不着，你倒好，说辞就辞。

包起帆不以为然。他清楚自己处在怎样的一种状态。他清楚这种状态已经把他和发明创新紧紧连在了一起。他还清楚这种状态会源源不断地给他聪明给他智慧给他力量给他信心。他离不开这种状态。他视这种状态为一种责任，为他生命的一部分。

这就让他有了一种角色感。他要演好这个角色。要对得起他的观众。而他的观众，就是他曾经并肩装卸、生死与共的工友兄弟们。

当然，那时候包起帆是不会想到日后有一天，自己的这个角色感让他从上海的舞台走上了中国的舞台走上了世界的舞台，自己从普通的角色成为一个明星直至成为一个大王。他不能有这个先知先觉。用现在的"好男儿"形容，包起帆当时绝对是个好男儿，但他不是超男，他没有超想。

事实是，那时候的包起帆就是一个潜心发明创新的角儿。不为名利所动一心一意搞发明创新的角色。

是一个星光稀薄的晚上，包起帆走出家门。外面有点儿凉，好像有露水。天凉了。

但包起帆心里却涌动着热流。这是他的习惯。每当要进行新的发明研究时，他总要让自己在夜色下独自地待上一会儿。似乎他要平静一下自己即将"战斗"的兴奋，又似乎他什么都不为，就为感受一下澎湃在胸中的那份激情。

那夜又是。那夜他分明又听到来自心底深处的声音：一定要成功发明生铁抓斗。

很快就有了一尺多高的草图。包起帆天天埋在其中。很多次，同事都是从草图堆里把他提溜出来。然后说，好吃饭了。

何止这些，节假日的从早到晚，他不是图书馆就是情报站，饿了，面包，渴了，凉水，累了，趴在桌上眯一会儿……这样的精神，什么样的事儿做不了？不久，生铁抓斗的设计草图出来了。

可是试验没成功。

最棘手的难题是荷花抓斗花瓣也就是俗称的爪子合不拢，抓斗链条要么因打转而被卡住，要么一打转就绞合在一起。

什么原因呢？

包起帆回家四分五裂大卸八块自家的缝纫机，做起了抓斗的模型。他在家摆开了试验擂台。找来"链条"，找来"爪子"，然后试验。可"链条"怎么摆弄也不顺溜，"爪子"怎么调教就是不肯闭合。

一次两次三次，好多好多次，都失败了。

包起帆有点儿着急。

那些日子他吃不香睡不着，坐也想行也想，上班想下班想，他满脑子都是生铁抓斗。

偶尔的一天，包起帆在路边地摊上看到一个"纸老鼠"。摊主手里有根绳子，绳子提一下，"纸老鼠"就跟着往上跃，绳子往下放，"纸老鼠"就在地上打转转。绳子反复提放，"纸老鼠"就跟着反复打转。包起帆立马想到了抓斗的链条。上前仔细瞧，包起帆发现摊主手里的绳子是从"纸老鼠"的背上牵出。其中是什么原理呢？包起帆当即买了一个"纸老虎"，不等找回零钱就往家奔。进家门就将"纸老鼠"拆开。

原来"纸老鼠"打转是它里面的滚轮受偏心力造成的。实践经验和理论经验让包起帆一眼就看出了"纸老虎"的名堂。包起帆乐出了声。

母亲恰巧在，她闻声过来："儿子啥体嘎开心？"

"姆妈，侬儿子又发现新大陆了。"

包起帆说着就地打起了转转。转着转着，他忽然停下，怎么自己成了"纸老鼠"？

母亲于是不再问。习惯了，儿子总是走火入魔。

多亏"纸老鼠"。包起帆找到了抓斗提升、开闭及爪点距离之间的变化规律，以新的滑块式结构取代了原先的偏心结构。就此改变了抓斗提起来就打转的状况。

这就是15吨滑块式单索多瓣生铁抓斗。

"铁老虎"终于被制服。

15吨滑块式单索多瓣生铁抓斗代替人力不仅可以装卸生铁，还可以

* 生铁抓斗

装卸其他大块物料，提高工效8.8倍。卸船速度提高了1.18倍，年经济效益可达100多万元。最要紧的是，作为大型散货船的装卸工具，该抓斗改变了港口生铁、矿石开江作业或大船外档直取作业长期沿用人力装卸的落后状况，并简化了装卸程序，明显减轻了工人的劳动强度和保障了工人的生命安全，被交通部推广到全国四十多个港口，为港口扩大了水上作业能力，填补了国际港口装卸工具的空白。

十

那时候，民间开始叫包起帆为"抓斗大王"。

知道的，说包起帆厉害，抓斗大王。

不知道的，问抓斗大王是谁？噢，包起帆呀。

包起帆那时在想什么呢？

木材抓斗、生铁抓斗之后，包起帆还有一个心愿，那就是废钢抓斗，就是那个"三弯腰"的问题。

* 抓斗大王

到那时人们全明白了,包起帆的野心,不仅仅是木材抓斗系列,他要的,是木材、生铁、废钢抓斗系列啊。

工友们于是又有了期待。其实也习惯了。这么些年来,包起帆今天一个发明,明天一个奖状,喜讯一个连着一个,他总在人们还没从前一个喜讯中平静下来的时候,又拿新的喜讯激起人们的欢呼。他一次又一次地让工友,让上海港,让上海兴奋。

几名技术员也有期待。但他们是另一种期待。15吨滑块式单索多瓣生铁抓斗之后,他们期待包起帆能休息一阵。"他搞发明,我们能帮忙的肯定帮忙,虽然只是搭把手而已,但也觉得蛮累。他更加累。每成功一个发明,他都要付出老多老多的辛苦,承受老大老大的压力,煎熬自己跟脱胎换骨没什么两样,伊哪能吃得消啦?毕竟是肉身嘛。所以我们都以为他生铁抓斗成功后,随便怎样都要休息一段辰光再正式开始废钢抓斗的研究的。"

话说对了一半。

事实是,在别人还没察觉的时候,包起帆已移生铁之情,别恋上了废钢抓斗的发明。其实"别恋"一词有点暧昧。确切点说,包起帆是"明修栈道,暗度废钢"。

悄悄地进庄,打枪的不要。包起帆一贯这样的,没有成熟的事情他不张扬。

所以没有多少人知道包起帆那么快就对废钢抓斗下手了。

直到有一天。

他突然笑嘻嘻地跟大家说:"从今朝起,我要白相废钢抓斗了。"

大家这才惊诧:"这匹马的蹄子怎么连歇都不肯歇一会的啦?"

"蹄子"之说让包起帆大笑:"你们不知道呀,其实我也想休息,是一艘废钢船不成全我啊。"

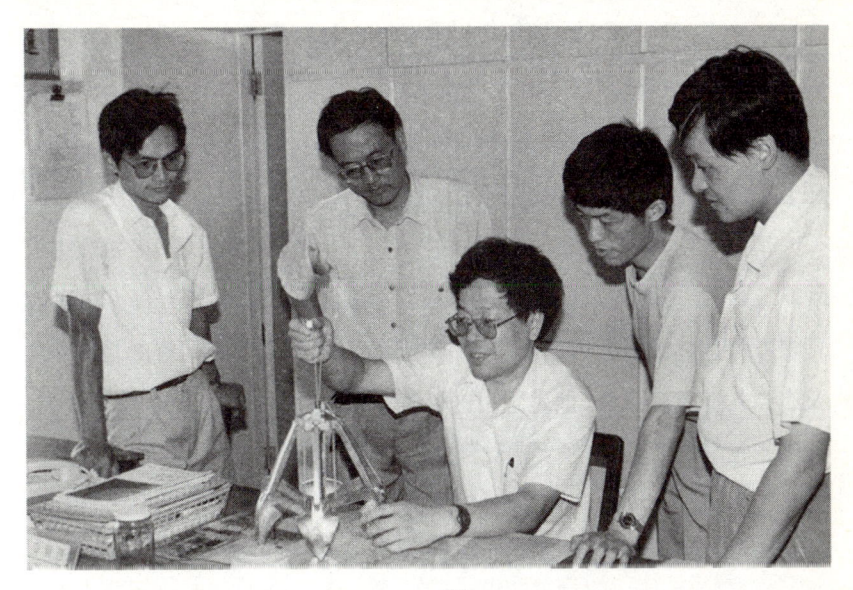

*"晓得吧,就是这个原理。"包起帆和技术人员在一起。

废钢船?说说这个故事。

是这年的某天,上海港到了一艘满载废钢的外轮。包起帆与同事们闻讯兴冲冲地上了这艘外轮。这一看,先是高兴:满舱的废钢轨、机器零件和废汽车壳,那是多大的一笔经济效益啊。接着是郁闷:没有合适的装卸工具。

"装卸废钢和石头始终是全国码头的一个大难题。上海港也是。因为没有合适的废钢装卸工具,那艘外轮停在港口差不多有一星期,我们这边就是没法卸下上面的'钞票'。钞票小事,国家声誉大事。外国人笑话我们到手的钞票没有本事赚,最后眼睁睁地看着它进了别人的腰包。这桩事体对我打击老大的。上海港是个大港,可就是拿不出个废钢抓斗,侬讲这桩事体有多少刺激我呀。"

这事儿之后,包起帆对自己说了句伟大领袖的名言:世上无难事,只要肯登攀。然后他跟领导汇报思想,说发明废钢抓斗应视为当务之急,说他决心不但弄出个废钢抓斗,绳索的,而且要弄出个像手指那般灵活的,想怎么抓就能怎么抓的废钢抓斗。

情急之中,包起帆不说发明,说"弄"。平常生活里,上海老百姓比较爱拿"弄"字说事儿,比如弄白相,弄出点名堂来,等等,那是海派语言的习惯。但包起帆那天用这个"弄"字,不会是因为习惯。他有点儿不经意又有点儿随意。或许,他是想用这种语气达到看似随意实则刻意的效果,以引起领导的注意,让领导感受到他的迫切。

领导哪会不支持!领导高兴。领导说:"包起帆同志,我们支持你。"

又饭不香,觉不安了。又半夜三更起床"梦游"了。又床头柜、墙上、衣橱上一天世界的草图了。

多少苦,多少累;多少星斗,多少曙光;之后,是一尺多高的废钢抓斗草图。

一尺多高。不是文学夸张。

还有随后上百次的试验,也不是文学虚构。

不是虚构的情节是:试验了那么多次,改进了那么多次,发明的废钢抓斗就是不能将废钢块全部夹紧,抓斗就是无法作业。

说得再仔细些:包起帆设计出来的废钢抓斗不能异步作业。

也就是说,因为废钢块的形状各种各样,所以抓斗夹了长的,漏了短的,抓了方的,漏了圆的,总之抓斗的各个爪子就是不能实现异步作业。

"大王"遇到了新问题。新问题有点儿难。而那时,广西防城港、南京港、厦门港、南通港等港口听说包起帆在发明废钢抓斗,纷纷上门为他鼓劲,请求他无论如何要把废钢抓斗搞成功。因为"老大哥"上海港"三弯腰",他们也"三弯腰","老大哥"如果摆脱了"三弯腰",那他们也就能直起了腰。所以,从某种意义上说,他们指望着"老大哥",他们把希望寄托在"老大哥"的身上。

包起帆更着急:每次试验,废钢不是坠落就是窜心,抓斗总在关键的时候出洋相。

那些日子包起帆得空就钻在这个问题里,眉头天天打成结。从早到晚不是盯着草图,就是盯着模型出神,连吃饭都抓把筷子比划半天,还常常伸出五指喃喃:抓斗的腭齿如果能分别驱动,像手指那样灵活就好了。妻子看这架势,担心了:"这哪能来三啦?再这么下去,包起帆真要走火入魔了。"

于是有一天,妻子一定要包起帆陪她去商场逛逛。

妻子想用这样的方式让丈夫暂时放下抓斗,放松神经。她在想出这招的同时,还担心丈夫会不会像往日那样给她一句"侬自己去吧,我没空的呀",但没想到包起帆这次竟爽快地答应了。

"后来我自己都奇怪。好像是上帝在帮我的忙。那天我不但去,而且还是兴冲冲地去。哪里晓得,就是这一去,解决了我的大问题。"

那天包起帆一走进商场就被一样东西吸引。网兜。这个包起帆再熟悉不过的、从小就见母亲使用的网兜,那天却给了包起帆至关重要的启发。他看见网兜的时候,营业员正在把物品装入其中。物品是什么包起帆早忘了,或者他当时根本就没注意。他只记得物品长的短的圆的方的都有,不规则,但都被营业员一一装入。他还记得营业员把物品全部装入网兜后将网绳朝上一提,网兜便应提而起。那刻包起帆发现,虽然装满物品的网兜形状说方不方说圆不圆一点儿不规则,但它所装物品却无一遗漏,全被一网打尽。

包起帆顿悟：这不是串联作用吗？

聪明的包起帆立即由网线想到了抓斗的机构：上承梁和下承梁的位移。如果把下承梁分成几块，让抓斗齿瓣与上承梁在工作状态时分别产生位移现象，再利用支持架将各个齿瓣串联组合起来，抓斗不就实现了异步作业吗？

想到这些，包起帆那个高兴呀。他的眉结立马松解飞扬，他的脸上立马阳光灿烂。他丢下妻子转身就往家奔。不等到家。他路上就开始画图纸，画在脑子里：六块腭板，铰接在一个承梁上，然后串联它们，六块腭板想怎么伸就怎么伸，想伸哪儿就伸哪儿，那不就能实现异步作业了吗？

1987年秋天，包起帆做成一只1∶10的废钢抓斗模型。1988年春天，包起帆变模型为现实：果然六个腭板可分别驱动，果然轻轻地一抓，长短大小粗细不一的废钢块统统就起来——"10吨异步启闭式多瓣废钢块料抓斗"，即废钢抓斗问世。

一切如包起帆所愿。

包起帆心里的那个乐呀，他不无自豪地说："我敢肯定，随着废钢抓

● 异步启闭废钢块料抓斗－1

斗的诞生,上海港再不会有看着到嘴的肥肉却不能吃的郁闷了。"

我国专家鉴定包起帆的这个发明,惊喜:"已达国际先进水平。"

巴黎国际发明展览会的评委看了这个发明,吃惊地说:"简单的机械原理解决了复杂的装卸技术难题。中国人真了不起。"

就这样,单索、双索、四索、电动、液压、遥控等40多种规格的木材抓斗、废钢抓斗、生铁抓斗、散货抓斗……包起帆一发不可收地创新了抓斗系列。他让上海港的码头装卸工人,不,他让中国乃至世界的码头装卸工人从此站直了身体挺直了背。他结束了中国港口木材、生铁、废钢等货物装卸工艺落后的纪录,开始崭新一页的纪录。

十一

就在那前后,包起帆的抓斗除了抓原木生铁废钢,它还接二连三地抓出属于"第一"的发明成就:

1985年6月,生铁抓斗(15吨滑块式单索多瓣)通过技术鉴定。填补了国家空白。鉴定专家说,该抓斗中闭锁装置的设计在国内外尚属独创,建议向国际申请发明专利。包起帆成了上海港第一个获得国家发明奖、第一个申报专利的人。

1986年10月,生铁抓斗(15吨滑块式单索多瓣)获全国第二届发明展览会银奖。这是上海港第一块光灿灿的银牌。

1987年4月,"15吨滑块式单索多瓣抓斗"获第十五届日内瓦国际发明与技术展览会金奖。这是中国港口第一块国际金奖。

1988年4月,单索、双索木材抓斗及工艺系统荣获第十六届日内瓦发明展览会的银奖。这是第一块国际银奖。

1988年6月,国家专利局正式批准单索多腭瓣抓斗的滑块式锁扣装置取得专利权。这是上海港的第一个专利。

1989年2月9日,《工人日报》发表《助工包起帆被誉为"抓斗大王"》文章,盛赞他"十载实现发明革新三十四项,四项获专利,六项获国家国际发明奖"——"抓斗大王"这一称呼第一次出现在官方媒体上。

1989年5月8日,巴黎,第80届巴黎国际发明展览会。"异步启用的废钢块料抓斗"获得金奖。这是中国第一次参加巴黎国际发明展览会。这年包起帆被破格评聘为高级工程师。

一名码头工人成为一名高级工程师。

有点儿传奇。让人想到神笔马良。

但神笔马良是虚构的。包起帆却是真实的。

包起帆成了上海港的名人。没有谁不知道他。

那时再回忆1981年"轻轻地一抓"的那个梦呓:包起帆将抓斗的梦想付诸行动,是不是和这个有关系,抑或是受了这个启发?抓斗,他的这个发明决心究竟在什么时候下定的?也许在他第一天站在白莲泾装卸站码头,听得原木砸响钢板的时候,他就已经萌生了这个念头,只不过那时候连他自己都不能清楚那一刻的心惊肉跳意味着什么。也许在他被"木老虎"咬伤的那个第一次,也许就是那个流着泪咬着牙要为好友报仇的晚上……也许根本就没有这些也许。就是"轻轻地一抓"。轻轻地一抓,抓醒了潜伏在他心灵深处的创新发明的天赋和志向……

其实,对已经是"抓斗大王"的包起帆而言,这些已不再重要。重要的是他终于实现了这"轻轻地一抓"。重要的是"抓斗大王"已经成为一个里程碑,竖在了当代工人阶级奋发自强的道路上。

可他,依旧一头蓬发、一副黑框眼镜,还是那么诚实的笑容,还是那么敦和厚道的模样儿。他走哪里都有人亲切地叫他"小包"。谁都可以拍着"小包"的肩问:"啥辰光再帮阿拉搞几只新花头啊!"

这话"小包"听着就高兴,就美。他说:"这让我觉得自己还有点用。最重要的是,人需要被人期盼,需要被人肯定。我也不例外。所以后来我就想要把自己的发明成果源源不断地推广到全国各地的港口。"

到这儿,该说说包起帆推广抓斗的过程。

过程有点儿不堪回首。

不堪回首,还得回首。

话说包起帆第一台木材抓斗成功后,包起帆就不断地吆喝自己的发明成果。但很多人半信半疑:包起帆年纪轻轻的,他弄出来的抓斗能解决问题吗?而更多的人这么认为:即便你包起帆发明了抓斗,但多半儿也会像以前搞的一些抓斗那样,最终也就是个只能看不能用的玩艺儿。

吆喝了半天,却没人买账。这是包起帆没想到的。

后来包起帆又成功发明了几种木材抓斗。再后来包起帆逐渐形成了木材抓斗系列。但还是有不少人很难接受这个新发明。比如吊车司机和部分机修工人。

细分析,很难接受的原因有二。其一,用了抓斗,装卸工人是省力了,但吊车司机却忙多了,而且吊车司机的工时又没有计多,危险却增多了。所以对吊车司机来说,用抓斗是吃力不讨好。其二,用抓斗,次数多了,时间长了,抓斗肯定会出现故障。这也就是说,机修工人的工作量肯定比不用抓斗时增加。增加了多少姑且不说,问题的关键是,工作量的增加却没有给机修工人带来相应的好处。这,谁愿意?

这让包起帆很伤心。吊车司机和机修工人的想法虽然有其合理性，但那不是抓斗的错。换言之，抓斗能给装卸工人带来安全，却无法解决吊车司机和机修工人的问题。怎么办？吊车司机和机修工人的问题不解决，就连累了抓斗。抓斗一时推广不了。

包起帆急煞，嘴角生出燎泡。

有人劝他，说木材抓斗你发明出来就好了，用不用是生产部门的事情。你何苦管那么多。

包起帆不爱听这个劝。

恰那时四区成立了技协，包起帆担任技协委员，他觉得自己更有责任为推广木材抓斗做些事儿。他决定先用事实说服工人。于是他在四万多张作业票中，寻找使用木材抓斗的理由；他登上门机，恭听司机的牢骚；他深入装卸工人中，说木材抓斗好不好你们最有发言权……很快他就拿出了能证明木材抓斗既先进又安全又实用的数据：十吨门机双索木材抓斗，在88艘船的进口原木作业线上接卸，人时吨提高7%，比人力节约两千多人时；单索木材抓斗在185艘外轮上接卸原木，人时吨提高2%，比人力节约两千四百十四人时，门机双索抓斗和船吊单索抓斗进行作业，千吨成本分别

* "为了你们的安全和幸福……"包起帆向装卸工人推介木材抓斗。

下降一百四十多元,各类木材抓斗作业以来,没有发生过一起人身事故。

他于是有了底气。明摆着嘛,科学和实践都证明了木材抓斗的好处,何止安全,还有大大的经济效益。他跟工人苦口婆心:"我为谁?你们不用抓斗,那我发明还有什么意义?发明成果不能为生产所用,还有什么价值?"

有被他感动的,开始偶尔为之,用上一次两次抓斗,也算是给了包起帆面子。但那些拿"万一发生大事故谁负责"说事儿的人却不,他们连"偶尔"都不愿意,他们依然按兵不动。

包起帆更急煞,嘴角更生燎泡。

怎么办?

有一天,包起帆无意中听到一个工友说,只要每个月给他500元,即使这个工作的死亡率是50%,他也愿意干。

这话让包起帆彻悟。他明白了。原来"万一发生大事故谁负责"是借口,真正的原因是担心木材抓斗"抓"走他们的利益。具体说,木材抓斗会节省劳动力。由此延伸的问题就是工人待时多。待时多了,工分就少了。而吊车司机,则因为使用抓斗增加了开吊车的劳动量,增加了劳动量,工分怎么算?也就是说,用抓斗,公家是有了经济效益,可个人的经济效益如何体现?

从"木老虎"嘴里滚打出来的包起帆开始理解工友:"贫穷怕了,才这样。我不怪他们。说实话,其实我内心里是感谢他们的。不是他们,我怎么会搞发明?再说啦,我发明过程中,他们都真心实意地帮助过我。我心里都记着的。涉及自身利益,他们有顾虑,有担心,这很正常的。毕竟要养家糊口,谁都需要钱。我理解。所以我不能怨他们。我就是有点儿着急。"

有人替包起帆叫冤:你说你这个包起帆,好不容易"抓"出一条路,却"斗"不过一个"经济利益";你这条路啊,说它宽,宽得无边无际,说它窄,竟窄得连你自己都走不过去。

也有感动的:明知有点儿委屈,他却受着,明摆着是"冤大头",他也忍着。

而包起帆,委屈也好,冤大头也罢,他顾不得这些。为了证明抓斗不存在"万一",为了尽快让抓斗名正言顺地张牙舞爪,包起帆居然想出了个狠招:只要抓斗在工作,他们就不下班。他们要时刻守护着抓斗,要扼故障于萌芽中,要解决问题在现场、在第一时间里。

包起帆对同事说:"记牢,你们都是'医生'。抓斗哪儿出毛病,你们就治疗哪儿。一定要让抓斗抓出威风抖出力量来。让大家心服口服。让装卸工人放心。"

"时刻守护"让包起帆创下了连续三十八个小时守在抓斗边的纪录。可他的同事叫苦不迭了起来:难道工人不理解一天,我们就得苦守一天?包起帆打的是持久战、疲劳战呀?这怎么吃得消的啦?

别人可以"偷懒",偶尔找个肚子痛了、老婆病了的理由缺岗,但包起帆不能。一则这招是他想出来的,他不能推翻自己。二则抓斗是他亲手打造的"儿子","儿子"哪个关节容易闹小病小灾,他多少有点儿数。所以他不能偷懒,更不能缺岗。

可是,为了这个"儿子"不生病,包起帆的亲儿子却生了病。

事情是这样的:有一天,妻子上夜班,儿子没人带,包起帆便自告奋勇地说"我来带"。谁知他要带儿子到码头上"看看"。又谁知,他竟将儿子锁在办公室,自己到船上去了。他对儿子说,爸爸去船上看看,你自己乖乖地待在爸爸的办公室里,爸爸很快就会回来的。更谁知,他这一看竟看了一夜。而儿子,竟被一把冷锁锁了整整一个通宵。

却原来,那天是开江作业,船在黄浦江中,包起帆原本确实想看看就下船的。可问题是他一看见抓斗就把什么都忘在了脑后,连儿子也不例外。说来也是怪,那抓斗也会"作",本来一切正常着的它,一见到包起帆就莫名其妙地"病"了。抓斗"病"了,包起帆哪里还会走……等抓斗修好重新正常装卸的时候,包起帆才放下心来。他抬头见东方已吐白,红日已冉冉,这才想到了办公室的儿子。他赶紧下船奔到办公室打开门一看,心疼了:儿子趴在办公桌上,身子蜷着,小脸绯红。他上前将儿子搂在怀里,伸手摸了摸儿子的额头,滚烫。糟了。包起帆的心一阵哆嗦:儿子病了。

妻子自然好一顿地数落丈夫:"抓斗抓斗,侬心里只有抓斗。侬几天几夜为了抓斗不顾我不顾家我也没说什么,可侬倒好,越来越了不得了,现在竟连自己的儿子也不顾了。侬到底为啥?"

包起帆满脸歉意:"我在船上下不来,实在没办法。再说抓斗没修好,我又怎么能不修它呢?"

第二天,码头出事了。又一名装卸工在人工装卸原木的时候,被"木老虎"咬着了。是夜,多年来习惯于深夜画图纸的包起帆终于提笔"上书"!他疾呼:为装卸工人少流一滴血,请拿出勇气和智慧,用木材抓斗迁灭"木老虎"。

包起帆的"奏谏陈词"引起了上海港领导的极大的重视。1983年5月,上海港决定全面推广使用木材抓斗。

这就是1983年6月8日刊登在《上海海港报》上的题为《抓技术进步,促安全生产》评论的背景。评论说,在试验阶段,由于新的东西本身不完善,或操作者的技艺不熟练,或旧的习惯势力的影响,短时间影响生产是可能的。但是,从长远来看,以新代旧,以优代劣,必定有利于提高安全质量、发展生产。节省了劳动力,又有利于安全,这不是两全其美的事吗?有了先进的机具而不去使用,仍然热衷于人工操作,这不是倒退吗?

如果确实因为采用了新的东西,不需要派很多工人上岗,那就在奖惩制度上做些修改……

包起帆也在同一天同一期的《上海海港报》上撰文《技术进步是搞好安全生产的重要途径》,摆事实,表忠心,千言万语一句话:为了您的安全,为了您家庭的幸福,请使用我的抓斗。言之恳切,情之真诚,叫人感动。

十二

时钟很快从上世纪80年代走到了上世纪90年代。

到那时,包起帆的抓斗系列填补了一项又一项国内外装卸工艺技术

* 2008年6月,美国Savannah的集装箱电子标签国际航线推介仪式

上的空白，造福了中国的数百个港口、冶金、矿山、建筑、林场和数以万计的装卸工人，各港口的生产、安全、经济指数直线上升，而事故指数却一路看跌。上海人民于是很骄傲地说，包起帆不"大王"，谁"大王"？

而更让中国人有扬眉吐气感的是，无论是日内瓦、巴黎，还是后来的美国匹兹堡国际发明和新技术展览会，总之随着包起帆一个又一个国际发明奖的摘取，上海港机械设备与工索具"请进来"的历史改写了，包起帆抓斗的爪子伸到了国外……

海上之龙

包起帆语录：

我奉行"人无我有，人有我独"。

要让别人做到的事，首先自己要做到。

最可怕的态度就是不认真。认真，再加上能吃苦不言退，什么难题都能解决。

当好领导的关键在于怎样带动一帮人，大家一起干。任何时候，都别忘了工人才是企业真正的主人。

一

　　究竟什么时候，包起帆有了企业家的身份？

　　1993年2月6日，《上海科技报》有一条消息标题是《上海港木材装卸公司发财靠发明》。说上海港木材装卸公司靠着科技成果，年均创经济效益三四百万元。并透露一个消息："目前正在与外商洽谈办合资企业，将抓斗等打入国际市场。"消息不起眼不张扬。

　　1993年2月19日，《上海海港报》登出一则消息，说抓斗大王当红娘，沪港两家结连理——华港机械有限公司将诞生。同一张报纸还说，劳模办公司，本港第一家——起帆科技开发公司组建。

　　1993年6月19日，《上海科技报》发表题为《包起帆"探海"》的通讯，说："包起帆去'探海'了。由他出任执事董事的华港机械有限公司，由他出任总经理的起帆科技开发公司，今天同时开张迎客。"

　　这些资料再明白不过地"爆"告上海人民，阿拉的劳模"下海"了。那时包起帆已是连续几年的上海劳模。

　　这是阿拉没有想到的。

　　但阿拉到底品牌意识强，接受新事物快，说，老好的呀。这年头演员开公司，教授办企业，多了。啥体劳模不可以下海？再说啦，"起帆"，乓乓响的牌子呀，是要好好利用的，要不然就是浪费呀。

　　当然也有质疑的，一连串的问号：包起帆下海了？当老板啦？一个搞科技的，能管理好一个企业吗？他不会掉进铜钿眼里吧？

　　实话说，起先包起帆也有点顾虑。用自己的名字做公司名，合适吗？

　　他想到了父亲。父亲是无论如何不能想到"起帆"还会有这个功能，竟被公司"借"去"发财"了。"起帆"的版权是父亲的。倘若父亲还在，他会同意吗?

但他相信父亲一定会赞成自己的决定。父亲不是一个守旧的人,要不就不会有14岁闯荡上海滩的"创新"。更何况,时代不同了。市场经济繁荣,人们观念进步。都知道品牌就是效应。起帆,现成的效应,置之不用,岂不成了憨大,傻子?

包起帆想开了:"我个人的成长离不开集体,如今大家要借我'名'去发展市场经济,推广新技术,好事体。"

这一想开,包起帆比谁都明白。他说:"邓小平年初在上海说,工人阶级要当改革开放的带头羊。我就常想如何当好这个带头羊。其实那之前我已经有了办公司的念头。也就是说,成立这两个公司是酝酿已久的事了。我的目的很直接,使科研成果尽快地转化为生产力。科学技术是生产力。生产力的发展需要一个载体——市场。以往长期的计划经济模式,造成社会分工高度严密,科技成果想转化,异想天开。这种僵化的分工,抑制了经济发展。现在有了转化科研成果为生产力的市场,机不可失时不我待啊。"

包起帆有信心。

身为"华港"的执事董事、"起帆"的总经理,他清楚自己的实力。那时他已拥有一支以国家级专家为主的处于国内外领先水平的装卸工具和工艺设计、制造的专业队伍,这支队伍在东南亚、日本、美国和欧洲等国家及地区有广泛的客户网络和业务关系,并具有抓斗产品外销出口的能力;他还拥有一支集"科技开发,科技创新,科技服务"于一体的经济实体,这个实体有推动和发展港口的科技工作,为广大用户提供一流的技术服务和技术协作,迅速把科技成果转化为生产力、成为产品和商品,并通过市场经济把科研成果推销到全国各地、世界各国的能力。一句话,包起帆想尽早进入国际国内市场,参与国际国内竞争,为上海港为上海当然也是为国家创造更大的经济效益和社会效益。

包起帆说:"当时世界上最大的抓斗企业是德国和日本。我们做不了老大老二,那就争取当老三吧。老三不丢人。那时我的发明成果已在全国200多个港口、车站、工矿企业得到应用,并已出口到日本等国家和地区。但我不满足,我有目标。我的目标就是办一个世界上抓斗产量最多、质量最好的生产企业。"

于是有人担心,包起帆之前已经担任上海港南浦港务公司的技术经理,现在又担任两家公司的要职,他能忙得过来吗?包起帆热衷起市场竞争了,那他的科研怎么办,他还有时间继续他的发明创新吗?抓斗大王会不会因为他的下海而搁浅?

为此包起帆说:"劳模要当好改革开放的带头羊,总得多付出一点吧。我把精力辨成三份。一份搞发明,主要是利用节假日、晚间和出差时间,一份花在南浦港务公司的日常工作中,还有一份就放在新开张的两家公司里。最近我正在抓紧时间研究遥控散货抓斗,新型液压抓斗等。这么说吧,我一只脚在岸上,另一只脚在海里。岸上的继续搞科研搞发明创造,为海里的提供源源不断的资本;海里的努力把岸上的科技成果推销出去,创造经济和社会效益。应该说这样的形式能更好地发挥我的作用。总之放心,工作再忙,我也不会脱离我的老本行。"

名人加科技,效应就是快。才几天,日本,荷兰,印度尼西亚,中国香港等国家和地区就有了包氏抓斗;"起帆科技开发公司"成立,并享有进出口经营权,这是全国第一家有进出口经营权的集体性质的经济实体……包起帆就这么进入了角色。

媒体很快热闹了起来。有说昔日抓斗大王，今日下海蛟龙；有说抓斗大王做了改革开放的带头人；有说一代人杰，扬起风帆；还有说发明家大老板雄心勃勃……

老百姓也关心。但老百姓不说蛟龙、人杰，老百姓直白，只说，包起帆，做啥像啥，做企业家肯定也是乒乓响。

老百姓似乎从此就认定和接受了包起帆企业家的身份。但媒体却不约而同地把包起帆企业家的身份界定在1996年。媒体说，1996年4月包起帆出任上海港龙吴港务公司总经理，从一个以发明创造闻名的抓斗大王，成为一家国有企业的当家人，真正走上了经济管理的第一线。而他之前三年的"华港"和"起帆"，毕竟只是负责一个局部和单项的工作。而龙吴，是一个有着4.2亿固定资产和1 500多名职工和近千名农民工的大型企业。

4.2亿固定资产和1 500多名职工的大型企业的当家人，那是名副其实的企业家啊。

二

1996年4月，春暖花开的季节，包起帆走马上任龙吴港。

* 上任龙吴总经理时的包起帆。

知情人却说,包起帆摊上了个苦差事。

何以?

且不说一个长期从事港口机械工属具研究的技术专家陡然转身成为企业经营者,他面临的考验有多艰巨,单说这龙吴港的先天不足后天难补的里里外外吧。

龙吴港,全称为上海龙吴港务公司,始建于1987年,是国家"七五"计划期间重点建设项目之一。1990年建成开港,原名为吴泾装卸仓储公司,1993年更名"龙吴港务公司"。龙吴港是黄浦江上游的一个港区,是上海港岸线最长、地域最广的港口,当时它拥有8个万吨级泊位20个500吨泊位,总面积达63万平方米。但很多船舶公司不愿靠泊龙吴,就因为它地处黄浦江上游,货船从长江口要逆水行驶6小时才能到,成本太高。因而龙吴港时常"门庭冷落车马稀"。包起帆后来也这么形容:就好像一个开在弄堂尽头的饭店,谁会光顾?因为这个先天不足,龙吴码头经常三五天看不见一艘船只,有时甚至整整一星期没有一艘大船。船舶不愿靠泊,货源就少,设备就闲置,码头也就经常晒太阳。没有船到港作业,一天光成本就要空耗30多万元!这就可想那时龙吴港的货物吞吐量和利润了。如今说来有点不可思议,吞吐量只有200多吨,利润也只有200多万元,码头长期的装卸量只是设计能力的二分之一。

更何况,那前后的几年,正是全国国企改革进入攻坚战的阶段,整个大环境不容乐观。尽管党的十四届三中全会明确提出国有企业改革的方向是建立现代企业制度,党的十五大提出公有制实现形式的多样化,但长期以来形成的政企不分、政资不分、多头管理、出资人不到位、责任不落实等体制性难题并没有得到根本破解,而市场经济的进一步发展却使得许多过去可依赖的体制性资源不再,许多国有企业陷入困境。在最困难的1998年,三分之二以上的国有企业亏损,全国国有企业加起来的利润才

*1996年的龙吴港区。

213.7亿元,大量职工下岗失业……

这也就意味着,包起帆是受命于危难之中。路漫漫其修远兮……

和1968年成为码头装卸工人的第一天一样,包起帆上任龙吴的第一天也站在码头上环视周围的一切。不同的是,当年他还是个17岁的孩子,现在他却是一个有着4亿资产的大企业的当家人。那天他看着黄浦江上来往的船只,看着龙吴码头上那些自己设计出来却清闲冷漠地待工的抓斗,一股豪气油然而生:"别人可以不上这个'饭店',可我不能。组织上把投资这么大的企业交给我,1 500多名职工都在看着我,我怎么能双手一摊,束手无策呢?"

龙吴的职工私下有话了:"码头三天打鱼两天晒网,哪来的银子? 没有银子,拿什么开锅?"也有职工半是打趣半是期待地说:"包起帆,包吃饭。跟着包起帆,包你有饭吃。"

有记者闻讯第一时间把话筒搁在了包起帆的桌上,毫不客气地问:"岗位变了,任务变了,工作对象也变了,您将如何掌管这个企业?"

都以为包起帆会微皱眉头斟词酌句做一会儿的思考状,哪晓得他没有丝毫犹豫也不见丁点沉重地说:"岗位、任务、工作对象变了,但我们的精神不能变:尽责、奉献。具体点说,我会像搞抓斗那样搞企业。"

这话很快就见了报,有人不以为然,你包起帆别牛皮哄哄,你搞抓斗行,搞企业未必行。但了解包起帆的人在仔细琢磨"像搞抓斗那样搞企业"后说,看来包起帆是做好了充分的准备,思想上,策略上,战术上。

没有谁注意到,包起帆上任伊始,做的第一件事情就是跑部门,跑码头。他一个部门一个部门,一个码头一个码头地跑,他很少待在办公室。后来很多人发现了包起帆的怪异,他们纳闷儿:这个总经理怎么神神道道的?

一段时间后,包起帆出现在办公室的时间明显地多了起来。再一段时间后,包起帆胸怀韬略地出现在龙吴职工面前:龙吴要发展,龙吴人要吃饭,就必须以市场为导向,大力拓展主业,努力发展三产,发展多元产业,建设与国际接轨的现代化码头。这是龙吴发展的蓝图。要实现这个蓝图,先要走出困境。怎么走?他说:"华山一条路,走创新之路。产业创新,机制创新,管理创新。创新是惟一的出路。"

三

什么是产业创新?冷不丁地听到新来的总经理要搞产业创新,职工们有点儿晕:"那不是电台电视里整天嚷嚷的词儿吗,怎么跟我们扯上了?"

包起帆对他的职工们说:"企业情况不好,我也着急,急得团团转。但我始终坚信一点,越是在国企改革遇到困难的时候,越要有创新的精神,关键是找准方向。什么是产业创新?要不了多久,你们就会明白的。眼下我给你们提一句口号,'服务在龙吴'。阿拉的'饭店'不是开在弄堂尽头的吃泥角落头（沪语,偏远的地方）吗?不怕。除了吃喝,阿拉的服务一定要好得不得了。要让所有来过的人都成为回头客。"

服务在龙吴?啥意思啦?它跟产业创新有什么关系?这条在当今看来已经没有任何悬念和新意的口号,对当时的龙吴职工来说,绝对是一种陌生的理念。所以职工们不理解,他们搞不明白这个口号都包含着哪些名堂,他们弄不懂包起帆为什么要提这么一条读上去甚至有点儿别扭的口号。

包起帆却心里有谱。他说:"服务在龙吴。就是营造最好的服务环境,让客户满意,让客户对龙吴产生信任感。我们要充分利用龙吴独特的优势,做别人没法做到的事儿。比如仓储条件和地理位置。8个万吨级泊位和20个500吨泊位,这是龙吴得天独厚的优势,我们还有多年的仓储经验,所以发展我们的仓储事业以至建成一个大宗货物中转仓储中心是完全可行的。不错,我们是处在吃泥角落头,但为什么不换个角度看这个吃泥角落头呢。换个角度它就是优势。我们完全可以利用它创新出一个领先中国甚至领先世界的物流基地。

前些日子我跑了很多遍的码头。我在调查码头的作业功能,了解货源的结构流向。因为要实现仓储中心,我们首先要做的,是先争取我们周边城市的客户。比如江浙皖。争取他们到龙吴设立'根据地',只要他们进了我们的饭店,我们就使出浑身的本事,'好菜好饭'地服侍他们,让他们'吃'得舒服,让他们不想走。他们不走,我们就不愁没饭吃。等他们完全信赖我们这个'饭店'的时候,我们就控制了他们手里的'钞票'。这'钞票'就是货源。有了货源,我们就有了主动权。这是龙吴的主业。也是龙吴发展必须走的第一步。然后我们再慢慢地稳稳地把手伸到外国人的口袋里,去赚美元,喝美酒吃大餐。

我们要有信心。信心来源之一,就是土地。我们龙吴港不是拥有相当面积的土地吗?这是绝对的优势呀。土地是港口企业赖以生存和发展的资源。国际上按港口发展规律,已向第三代港口模式发展,以港口为依托发展多元产业。龙吴港具备这个条件。地域广阔,日本、美国、新加坡等外商也看好这点。所以我会和大家一起努力,把外国人吸引到龙吴,让他们尝尝中国特色的龙吴'饭菜',也让他们吃了还想吃,吃了不想走。以至他们不断地把美元掏给我们。到那时,我们就用他们的钞票,和他们合资合作,办企业,一个又一个,从而达到我们建造一个仓储物流基地的目的。当然这一切都有一个关键的前提,那就是我们的服务态度以及服务质量。"

一番话说得龙吴人热血沸腾信心倍增。大家甩开膀子,摩拳擦掌,来了劲儿:"包经理,怎么干?你说话。"

首先要做的,是先给8个万吨级码头找出路。这是包起帆跑遍龙吴、调查货主、研究货源后在办公室里的运筹帷幄。那些日子,只要待在办公室,他就琢磨这8个万吨级码头的出路。他那时已经对这8个码头的情况了如指掌。他已经十分清楚地意识到,在大市场大经济的总体趋势中,如果要发展这8个码头,就必须开阔视野,主动出击;要扬长避短,抢占市场;要几条腿走路,走内联外引、中中合作、中外合资的道路。他后来跟人比喻,说这8个码头是8个待嫁的"女儿",他不但要给它们找到"婆家",

* "服务在龙吴。要相信龙吴的未来会很好"。

还要找到好"婆家"。这好"婆家"就是不但有实力,而且肯合作的中外大企业、好企业。如此,8个"女儿"才会衣食无忧,过上幸福的日子。如此,龙吴就可以既发展主业,又产生一些新的产业,形成新的经济增长点。

包起帆的想法很快得到班子一干人的共识:以市场为导向,揽货"嫁女"。

很快他们抽调了多名企业骨干,组成一个揽货队。揽货队的主要工作就是跑市场。包起帆亲自带队跑。短短的时间内,他们跑遍了上海各区县以及华东华南华北等地区,掌握了第一手市场资源信息。然后揪住目标各个击破,然后就有了上门客,然后就有了"服务在龙吴"的现场版,然后当年就签订了年度货源协议34份,货源近100万吨……

1997年年初,为了促进与新加坡复发中记有限公司的合作项目,包起帆考察"新加坡"在山东龙口的冷藏库。时值北方的隆冬,天寒地冻,大雪纷飞。这天飞烟台的航班晚点,包起帆在虹桥机场滞留了七八个小时,到烟台已是深夜。包起帆要冒雪连夜赶往龙口。可烟台到龙口还有200多公里的路,路上积雪一尺多厚,且气温摄氏零下14度。同行的人担心地说:"包经理,你不要命了。这样天气,这样的路况,随时都有翻车的危险。"包起帆却风趣地说:"不是说时间就是金钱嘛。大雪怕什么,钞票要紧。"包起帆到龙口已是第二天凌晨。新加坡公司的老总见包起帆如此诚意,便很认真地跟包起帆谈起了合作的事。而包起帆,在整个过程中,一直保持着饱满的精神状态。

那天谈好了合作的事情,包起帆仅仅睡了几个小时,便于第二天一早登上了回沪的飞机……事后"新加坡"老总对人说,包总是个认真的、务实的、不怕苦的人,他的做事风格和我们一样,雷厉风行。而且他还高瞻远瞩,很有魄力,我们和这样的人合作不会吃亏。

这之后,包起帆又接连两次赶往龙口与"新加坡"老总磋商……三下龙口最终打动了"新加坡"老总：哪里能有包起帆这样不畏困难、锲而不舍的人！能和这样的"四千"合作，真是我们的缘分。什么是"四千"呢？千方百计，千辛万苦，千言万语，千山万水。我们就应该和具有这种精神的人合作。

"新加坡"老总终于拍板：进入龙吴，投资龙吴，建上海复发中记冷藏有限公司。

而就那前后，青岛啤酒接卸中心、水泥储运中心、粮食饲料仓储中心等先后筹建。没多久，龙吴的"服务在龙吴"声誉在外，一传十十传百，越来越多的客户慕名登门。国家粮食总局的领导闻讯后实地考察了龙吴港。他们看好龙吴港的硬件环境，更被"服务在龙吴"所感动，当即决定将中国大米出口的装卸基地移至龙吴港。一个物流中心就此诞生。

主业走上轨道并开始正常发展后，包起帆立即调转精力发展多元产业。就在很多人还持着将信将疑观望态度的时候，这个以科技见长的抓斗大王又敏锐地意识到了与世界著名企业的合作是龙吴港翻身得解放的捷径之一。换言之，他还得让8个"女儿"傍上大款。

包起帆这么说："国际上一些著名的港口已经跳出了原来简单的装卸的框架，而逐步向集物流仓储粗加工为一体的方向发展。这对龙吴港来说是一个绝好的机会。要想有一个大的发展，龙吴除了成为现代化的大型仓储中心外，还必须争取国际上一些大型企业来港区建厂，借他们的力量建我们集货物装卸堆存仓储为一体的综合性港口企业。"

这个结论，是包起帆经过缜密分析后得出的。当时国际上一些大型企业都希望有属于自己的码头，希望仓库工厂建在这个码头内，这样可以实行零公里运输以节约成本提高利润。摸准了这点，再客观分析龙吴港，包起帆确定龙吴港有竞争优势，相信只要通过努力，龙吴港一定能占到上风达到目的。

明白了这点,包起帆心里就有了底。他开始利用"包起帆"这个名字。他知道,"包起帆"已不仅仅是自己的名字了,它早已属于上海港,甚至属于上海。他也早理解和接受了市场经济发展带来的一些新观点、新理念。他知道因为抓斗"包起帆"已经名扬海外,成了上海港的一个品牌。他为自己能给上海港一点品牌效应而感到高兴和成就感。所以,那时他决定动用"包起帆"。于是,或主动出击,或通过日常的业务交往,一个个合作合资企业在龙吴港呱呱落地。除中新合作的上海复发中记冷藏有限公司外,中澳合资的宏港散装液体储运有限公司,中比联营的上海十通储存设备有限公司,中美合作的上海龙兴储运有限公司,中英合资的阿伯克斯照明设备公司……;跨国家,跨地区,跨行业,跨不同所有制,合作,合资,联营……;华东最大水泥仓储配制库,华东最大的进口果蔬批发交易市场,青岛啤酒华东地区中转库,华东饲料交易市场……;包起帆的8个"女儿"都傍上了大款。与此同时,他也不亏待自己的老本行,他以自己抓斗发明成果和专利作为资本,顺带钓了一条大鱼,与世界上最大的抓斗生产厂商德国沙士基打机械制造有限公司、著名工业成套设备制造厂商德国斯凯特重型机械制造有限公司和香港千骏国际有限公司优势互补,强强合作,共同组建了国内当时最大的抓斗生产企业——上海起帆·斯凯特·佩纳机械有限公司,生产德国名牌抓斗"佩纳"和中国名牌抓斗"起帆"。

一个现代化的大型仓储中心就这么崛起在黄浦江上。包起帆在国际商海鸣笛起帆。

这一年,龙吴港完成了主营、业务收入、利润三项指标,并实现建港以来的第一个安全年。龙吴职工那叫一个欢欣鼓舞啊:"果然如包经理所说,阿拉喝上美酒、吃上大餐啦!"

后来有人戏称包起帆在龙吴打造了一个合资合作企业基地,并拿此话笑问包起帆:"你搞这么多合作合资联营企业不担心有风险吗?"包起帆实话实说:"不担心。我不经营,我只出场所、场地,具体经营由他们。他们赢也好亏也罢,我龙吴不但不承担责任,还照拿固定回报,而且还每年递增。另外,他们把窝筑到了龙吴,货物就一定会从龙吴码头进出,港口就因此收取一定的装卸费。万一他们经营不好,也不会影响我收费。所以哪有风险。"这话传到合作者的耳里,合作者先是愣神,然后恍然大悟,笑侃:都说上海人门槛精,果然。

这上海人门槛精究竟出自何时已无从考证,但有一点可靠,那就是精明是需要大智慧垫底的。所以到那时,不管了解不了解、认识不认识包起帆的,都被龙吴港的新气象所折服,都对包起帆的胆略魄力和智慧投以十二分的敬佩:没想到这个包起帆抓斗大王当得了得,企业家也当得像模像样。

四

从抓斗大王开始,人们就知道包起帆干什么都有股韧劲。他身上储备着似乎永远都放射不尽的创新的"核能",他总是不断地出新不断地开拓。他说:"龙吴港是上海港众多港口中的小弟弟,我们不能跟外高桥码头比高低比大小。我们心甘情愿做小弟弟。但有一点我是清楚的,小弟弟只有自力更生,才能自己养活自己。所以我们必须解放思想,持续创新。事实证明,哪里的人思想解放得早,哪里的人就富裕得早。发展永远离不开解放思想,离不开更新观念,离不开创新。"

创新,再创新。从担任龙吴港总经理的那天起,包起帆就无数次地跟媒体说他不会满足一次两次的创新,他要不断地创新。但他不会停留在一种模式上。他会以一种新的形式和新的思维方式继续他的创新。

起先很多人不能懂得包起帆所说的新形式、新思维方式的具体内容,直到有一天,他公开了一个最新的重要的课题,人们才恍然。包起帆要创新我国内贸标准集装箱运输。

这是一个大胆的有点儿冒险的却充满挑战的新思路。

我国的集装箱运输最早开始于上世纪50年代。第一次试运是1956

* 当年龙吴的内贸件杂货码头场景

年,第二次试运是1959年。当时是在"向苏联学习"的口号下进行的。这两次试运采用的是海铁联合运输方式,所运的集装箱是铁路部门用的小型的5吨集装箱。海铁联运的路线是在上海装船后到大连,再由铁路转向东北地区。但这两次试运都由于南、北方货流不平衡,东北地区到南方的集装箱回空率高,经济效益不理想而告终。

1968年,就是包起帆进上海港成为装卸工人的这年,上海港一年的货物吞吐量才3570万吨。上海港压船压货严重,人拉肩扛普遍,在世界上根本没有地位,包起帆也根本不知道"集装箱"是什么东西。

上世纪70年代,我国集装箱运输开始起步。1973年9月,"渤海一号"杂货船从日本神户捎带小型集装箱驶抵天津港,天津港成为我国最早从事集装箱业务的港口。1978年9月,中国远洋运输总公司在上海开辟了我国第一条国际集装箱班轮航线,标志着我国集装箱运输步入专业化发展道路。到1978年年底,全国仅有上海、天津、广州、青岛4个港口主要依托杂货班轮装卸集装箱,且年吞吐量仅1.8万标准箱。

上世纪80年代,我国集装箱运输进入成长阶段。1980年,天津港21号泊位投产,成为我国第一个专业化集装箱泊位。同时,我国集装箱船队也拥有了第一批第三代集装箱船。到1990年年底,全国有19个沿海港口、9个内河港口开展国际集装箱装卸作业,年吞吐量达到156.3万标准箱。但由于种种原因,沿海和内河集装箱运输推广迟缓。

上世纪90年代,我国集装箱运输进入快速发展阶段,但还都是外贸集装箱。而沿海和内河间货物的运输还是依靠散来散去的老办法,即使有一些5吨的小型集装箱,也是零星的捎带箱。到上世纪90年代中期,沿海和内河集装箱运输已处奄奄一息甚或停滞之状态。中国水运内贸标准集装箱更是一个空白。

能不能采取外贸集装箱的方法发展内贸集装箱？内贸集装箱能否走国际集装箱的路子？包起帆那时有了这个心思。他这么想：杂货的集装箱化和散货的专业化是码头发展的大方向、大趋势。龙吴有两个集装箱泊位，能不能让它走在大方向、大趋势的前头呢？看发展，龙吴散来散去的散杂货运输肯定会被淘汰，所以明摆着的：固守传统走老路与港口的发展方向是背道而驰的，是不行的。

于是包起帆认定了集装箱运输，他要在别人还观望等待的时候，抢先一步，占据内贸集运市场。

这是一件前无古人的事儿。

成本太高、困难太多、风险太大：一没有内贸货主会用集装箱方式运货，二没有专门的航线，三没有形成内贸标准集装箱的规范和标准，四没有相对应的码头装卸设备和人才。

但包起帆想做。还是母亲的那句话，伊认牢的事体是不会放弃的。

"为什么不能？中国有着广阔的海岸线和绵延不绝的内河航运线，港口数量几倍于欧洲。"包起帆说，"不搞自主创新，就不会有发展。欧洲地域这么小，他们的港口都可以搞集装箱运输，我们有什么理由不能？没有

* "另辟新路，改做内贸集装箱。"

路时,就要千方百计地创造条件,克服和战胜困难,非走出一条自己的路来不可。风险?不就是第一个吃螃蟹的人嘛。我来冒这个险。"

包起帆说他冒这个险的原因还有一个,那就是为规整当时码头的布局。

原来当时上海港装卸生产用的码头共有275个,其中港务局所属的公用码头有140个,货主自建的码头有135个,几乎占去50%。当然这些货主码头给货物吞吐带来一定的方便,但因低水平的重复建设和布局的不合理也严重地影响了公用码头的生产。龙吴码头就备受影响。

8个万吨级泊位和20个500吨泊位设计的年吞吐能力为400万吨。但由于货主码头的影响,致使龙吴码头时常处于闲置状态,利用率还不足30%,以致码头三天两头晒太阳。这使包起帆很是焦虑,在他给8个女儿找"婆家"期间,他就多次呼吁要严控货主码头的建设。但这种呼吁没有多大的作用。这之后他就很清醒地意识到,真要改变这种现象,就必须调整港口的产业结构,而要成功调整,就必须走集装箱的发展方向。

后来包起帆说:"当初职工说'跟着包起帆,包你有饭吃',是多少有点儿戏说和调侃的成分的。但它却强化了我的责任感和使命感。透过这句调侃的表面,我体会到了职工对我是寄予希望的。他们指靠着我给他们饭吃。这是天经地义的想法。谁让我是当家人!不指望当家人指望谁!我认真思考过,要解决职工们的吃饭问题,办法不外乎两个。一是求港务局多给我们几条船。但是港务局下属有10多个单位,大家都有困难,大家都要饭吃,给谁好?倘若把有限的粮食平分给10多个单位,那么每个单位都吃不饱,到头来都会半死不活。二就是走创新之路。想自己和别人没有想过的事,干自己和别人没有干过的事。龙吴港虽然有两个集装箱泊位,但没有专门的装卸设备,显然无法承揽外贸集装箱业务。但我们可以创新,内贸集装箱运输是空白,我们可以走这条路啊。两个办法我看好第二个。发展内贸集装箱运输,我下了决心。

当然,我心里明白:这一创新是空前的,所面临的困难同样是空前的。我也完全可以再等上一段时间做这件事。但我不能等。当时龙吴港的局面很困难。说是一个现代化的港口,却没有集装箱业务,这有负于'现代化',也根本无法在激烈的竞争中生存。我必须走'创新'这条路。"

为这个大胆的新思路,具体说为了发展我国水运内贸标准集装箱运输,包起帆拿出了当年搞抓斗的劲头儿。

熟悉码头运输的人都知道,就像飞机运输起码需要两个机场一样,集装箱运输也至少需要两个以上的港口才能开设运输航线,同时还需要建

* 包起帆南下北上寻找船公司、货主和码头合作

立相应的集装箱装卸系统和装卸设备及人才。但这些条件龙吴港当时都不具备。所以要突破,谈何容易!

为此,包起帆率领业务人员四上北京,寻求交通部和相关单位的支持;八下南方沿海城市,寻找船公司、货主和码头的合作。

之所以选择沿海城市作为合作对象,包起帆说是因为这些城市都有一定的经济实力。

四上北京,包起帆这个大胆的新思路得到了有关部门和上级主管部门领导的赞同和支持。八下南方沿海城市,包起帆八次与这些城市的港航企业和货主单位商讨、探索中国内贸航运创新之路。其间交通部颁布的《国内集装箱水上运输规则》,又不仅为国内集装箱运输拓展提供了良好的规则和法律保障,而且还给了包起帆咬住青山不放松的韧劲儿。

最后他选择了与厦门港合作。

包起帆果断决定与厦门港联手、开通上海——厦门航线、共同成为发展国内集装箱水上运输的突破口。他说:"上海港有长江三角洲为腹地,工业基础雄厚,港航条件优越,全国各地货物多以上海为转运枢纽,而厦门港天然位置很独特,条件也很理想,特别是它在两岸直航和贸易中的作用。所以选择它,我的目的就是沟通沪厦台之间的运输联系,这对发展国内集装箱水上运输很有意义。"

包起帆对自己的这个选择十分满意,他非常看好这条航线。他因此几次飞到厦门,他拿出他一贯的要搞就非要搞成的抓斗作风,与港方和货主商议。港方和货主虽然认可包起帆的新思路,但对这个创新能否成功有所疑虑。为消除他们的疑虑,也为解除他们的后顾之忧,包起帆跟他们签订了协议,甚至拍着胸脯承诺:"用散货的价格让你的货装上集装箱。"

1996年12月15日,是我国集装箱发展史上值得大书特书的一页:上

* 中国水运史上第一条内贸标志集装箱航线开通

海——厦门集装箱水运班轮航线通航!

这天,一条36标准集装箱"丰顺号"从厦门开往上海。尽管只有4只重箱6只轻箱,但这一"重"一"轻"却宣告了我国内贸集运零的突破,宣告了龙吴港率先全国采用国际标准集装箱开展内贸集装箱班轮运输,宣告了我国水运史上第一艘全集装箱内贸运输定期班轮航线正式开通。

第一条全集装箱内贸水路运输定期航线的开通,让龙吴港很快以不可阻挡的势头迅速发展成为拥有4个集装箱泊位、两台新型桥吊等系列集装箱装卸机械、每月有100多个航班的集装箱班轮靠泊的港区。上海港走在了全国港航业的前列。

媒体争相报道了这一消息。上海滩大吃一惊:怎么一眨眼,抓斗大王当起了物流大王?

"物流大王"?这是包起帆所始料不及的。他想让龙吴拔得内贸集

* 中国第一条内贸标准集装箱班轮"丰顺号"

装箱运输的头筹,他没想让自己成为什么物流大王,他连"抓斗大王"都不往心里放。但他很欣慰,他看到支撑起"物流大王"的是这条航线开通的意义。不仅仅是龙吴港集装箱业务实现零的突破,也不仅仅是龙吴港因此走出困境。他甚至有点儿得意,因为从这第一条开始,如何采用国际集装箱方式发展内贸运输成了业内业外的热门话题,并很快引发了我国内贸标准集装箱水运大发展的高潮。

1997年4月11日,国内首条贯通南北沿海的(上海——黄埔——蛇口——厦门)国际集装箱快运航线(水上快运列车)在龙吴港正式启动。这是一条贯通南北沿海口岸及内陆城市的集装箱运输定期快班航线,全部采用国际标准集装箱,并提供集仓储、托运、装拆箱、海运等一揽子的门到门的一条龙服务。

包起帆说:"这条航线的开辟,把南来北往的货物通过集装箱运输的形式沟通起来,这是中国内贸水流运输的一大变革,同时也为组建上海国际航运中心奠定了良好的基础。"

很快,南到湛江、海口,北到锦州、大连,西到重庆,龙吴港把南北沿海及长江沿线的40多个港口串连了起来,全国有10多个船公司加盟这一网络,一个以上海为中心的中国内贸标准集装箱运输网络终于形成。

半年后,交通部在沪召开国内水路集装箱班轮运输会议,宣称国内水路集装箱运输走出低谷,开始进入大规模发展的阶段。而龙吴港,1997年仅半年时间,已有13条集装箱定期班轮靠泊;集装箱吞吐量也由这年年初的月300多只集装箱增加到月4 000多只集装箱,到这年7月已达14 000多只集装箱。而国内水路集装箱运输这年7月的吞吐量就比这年年初增长了近10倍。

1998年9月14日,龙吴港又开辟了上海至日本那霸、长崎、博多的国际集装箱航线,这条航线的开通,标志着龙吴港集装箱发展由内贸向外贸拓展,并直接影响了上海外贸的发展和国际航运中心的组建。

1999年,上海港集装箱运输达到25.5万标准箱,占当年全国港口内贸集装箱吞吐量的三分之一。上海港内贸独占鳌头,龙吴港成为全国内贸集装箱运输枢纽。到那时,弄堂尽头岂止饭店,它竟驶出了一艘"航空母舰"!

包起帆高兴。创新带来了龙吴港的跨越式发展,这是他作为龙吴掌门人的骄傲。有一天他站在自己办公室,放眼码头,但见塔吊如林,货堆如山。一艘货轮起航了。又一艘货轮起航了……那刻一向低调的他突然高声说道:"4年来,龙吴港务公司的利润和人均劳动生产率的增长率都在20%以上,港口的吞吐量从1996年的215万吨增长到了1999年的670万吨。但我不满足。我的梦想,在未来的10年内,上海港的内贸集装箱运输量扩大到100万标准箱,全国的内贸集装箱运输从目前的260万标准箱提高到1 000万标准箱。"

这些,又让上海各家电视报纸忙乎了好一阵。消息飞进上海弄堂、上海石库门里的寻常百姓家,老百姓惬意得来。老百姓一惬意,就爱套用曾经风靡上海滩的广告语说事儿:"申花包起帆,领先一步。阿拉上海,不一样就是不一样。"

领先一步。不一样就是不一样。从那年起,全国专业化的集装箱码头快速发展,集装箱吞吐量开始飙升。进入新世纪后的2001年,上海、深圳、天津、广州、青岛、大连、宁波、厦门等沿海八大港口先后迈入年吞吐量达百万标准箱的港口行列,我国集装箱运输进入了持续全面发展阶段。到2008年,我国集装箱运输已经遍布全国50多个港口。

2001年,上海港集装箱吞吐量达到633.4万标准箱,总吞吐量达到2.2亿吨,稳居世界第三大港的位置。2002年,上海港集装箱吞吐量首次以3 721万标准箱超过连续46年保持世界首位的美国。2003年,上海港以1 128万标准箱跨入年吞吐量千万标准箱大港行列,位居世界集装箱大港的第三名,总的吞吐量达到3.2亿吨,位居世界第二。2005年,上海港货物总吞吐量达到4.43亿吨,跃居世界第一大货运港。2008年,上海港集装箱吞吐量突破3 200万标准箱,货物总吞吐量5.82亿吨,自2005年起稳居4年世界第一。包起帆也由此被称为"引发中国内贸水运工艺重大变革的开拓者"。

* 中国内贸标准集装箱从零起步，2008年已经遍布全国50多个港口，吞吐量突破3 200万标准箱。

五

产业创新让龙吴职工不仅没饿肚子,而且吃上了红烧肉大排骨和蹄髈,包起帆这个龙吴掌门人最初的最大的心事解决了。但包起帆不沾沾自喜而止步不前,他是个永不满足的人。家大业大,得他操心的事儿太多。他开始琢磨企业机制的问题。

国有企业机制上的弊端困扰和阻碍着公司发展的步伐,包起帆早已看到了这点,也早就有了深化国有企业机制改革的想法,只是上任伊始忙于给职工找下锅的米而没能腾出精力来深化机制问题。现在职工的温饱问题解决了,该规整规整那些光吃饭不出力或者虽出工却不卖力的企业了。

正那时,包起帆赴京参加了具有深远历史意义的党的十五大。十五大指出要重新认识公有制加快国企改革,说这才是一条对国家和企业职工都有利的路。这话触动了包起帆。包起帆忽然对公有制实现形式的多样化有了更为深刻的认识和理解。如何除却国企弊端,如何拯救国企,这些郁积在他心底的疑惑和迷茫顷刻之间云开雾散。他的心里亮堂了起来。

是夜,包起帆想起赴京前的一件事。那天他到公司下属的三产汽车运输队检查车况。他看到十几辆从租赁客户手里收回的大卡车被闲置在汽车运输队的角落里。他发现有的车门没有了把手,有的车窗没有了玻璃,稍微好一点的也都因受风剥雨蚀而锈迹斑斑。包起帆来了气,他随手推了下一辆车的车门,车门"哐当"一声掉了下来。包起帆火了,他当即找来有关人员:"看到吧,这些卡车支离破碎,还有车样吗?假如是你们家的自行车,你们肯轻易放过借车的人?公家的车弄成这样,你们不但不找借车人理论,还丢在一边任其破烂!为什么?因为不是你家的。"随后包起帆查了这家运输公司的报表,仅这年的上半年,就亏损了20多万元。包起帆当场扼腕:管理的无序,损失了国家的资产,败坏了我们的队伍,如此机制,此时不改,更待何时?

那夜重新想起这一幕,包起帆分明感到自己的热血开始沸腾,心情开始激动。他走出宾馆走过长安街走到天安门广场。9月,北京城里秋风已见。包起帆在秋风中慢慢平静,气定,从容。放眼灯火璀璨的天安门广场,他分明看到了改革开放风云中的更多更多的鲜花正在含苞待放,分明看到那更多更多的含苞中有一朵名字叫龙吴。于是他默默地下了决心,国企非走改革之路不可。

重回宾馆,东窗日已红。那一刻,机制创新——成了包起帆与9月北京的一个约定。一个美丽的约定。

包起帆从北京回上海的第一件事,就是和领导班子成员达成共识:企业要开拓要发展,必须改变现有的机制。长痛不如短痛,迟改不如早改。创新机制,搞规范化的股份合作制企业,势在必行。就从这个三产汽车运输队开始,建立汽车运输合作公司。

消息传出,很多职工不能理解不愿接受。"叫我们出股,那万一失败了,钱不就打了水漂?谁负责?"

于是有职工提出:"要搞股份合作制可以,但不光我们职工,领导也应该出股。领导应该跟我们捆在一起,共担风险,成败与共。"

包起帆一听乐了:"职工说得在理。他们有风险意识,这是好事。"于是他跟班子成员说,"改革的根本目的是让工人得好处,让企业得好处。现在既然职工不放心,有这个想法,那我们领导成员就应该带头,参加投股。"完了之后,包起帆又特别地补上一句,"我们班子每个成员都要带头。"

然后包起帆跟职工说:"我们的命运维系在一起。但如有红利,我们一分不要,亏了,就算我们对你们的支持。等你们赚了钱,我们就退股。"

让包起帆至今想起还心存感激的是,职工都是好职工,关键时刻他们都能以大局为重,都能以企业为先,都能表现出上海工人阶级大公无私的优秀品质和博大胸怀。还有职工的家属们,他们以一句"应该相信包起帆,跟着他不会错的"消除职工不但对企业而且对家庭的顾虑和担心。

1997年11月,上海港首家规范化的股份合作制企业成立。这就是职工个人持总股本51%的上海港龙吴汽车运输合作公司。

改制后的汽车运输公司的职工从此走上了一条光明大道。车还是那些车,人还是那些人,但企业的精神面貌却发生了翻天覆地的变化。只半年时间,公司就扭亏为盈,职工收入翻了一番。

龙吴汽车运输合作公司因此成了香饽饽,惹人眼红,遭人羡慕,职工的积极性空前地高涨了起来。他们不再像以前那样两手一摊等饭吃。他们也不再满足粗茶淡饭。他们主动出门找"山珍海味"吃。他们开始跑市场寻机会抓生意,他们知道"山珍海味"都在这一个"跑"字里……

1998年,龙吴汽车运输合作公司完成的产值中,有39%就是职工跑来、寻来、抓来的。这样的积极性,必定带来可观的利润:1998年创利23万元,1999年创利25.9万元;职工的工资不但增加了1倍,到年底每人还拿到几千元的红利。职工们眉开眼笑,那真叫一个芝麻开花节节高日子越过越红火呐。

正当职工们沉浸在丰厚利润的喜悦里、为机制创新鼓掌叫好的时候,包起帆和领导一班人却在同一天同一时,退股。

职工们愣了:"还以为你们当初为了哄我们才说'等你们赚了钱,我们就退股'的。没想到你们当真呀。"

*分红啦

包起帆说:"军中无戏言。当真。钱全部退出,所获红利全部上缴公司,作为发展基金。"

1998年5月,龙吴港第二家股份制企业诞生,叫振奋工程技术合作公司,职工个人持股占总股本90%。包起帆对这家企业的领导人说:"你们作为这个企业的法人,手下几百号人可都指望着你们了。到年底是吃饭还是喝粥,全靠你们的本事了。想办法开拓市场,到市场去找饭吃,不要指靠公司。"

到市场去找饭吃。这完全颠覆了这家企业改制前九点多钟泡杯茶、十点多钟跑现场、十一点多钟吃午饭的状况。现在企业"振奋了",人不能不振奋。"振奋"了,就得动真格了。谁再懒散谁回家歇息去。"振奋"开始重组班组,或拼,或拆。重组之后两人的活一个人干,干好了,两人的饭一个人吃。职工们觉得这招先进、科学,干多干少有区别了,按劳分配,多劳多得,这才体现了社会主义分配制度的公平合理啊。职工这就来了积极性。8点30分上班,8点刚过就都到齐了。再不见闲聊的、吹牛的、侃大山的,大家各忙各的,跑市场,找业务。有一天,一名职工兴奋得差点没把屋顶给掀了:我拿到一个工程,起码27万的工程款呀……仅改制的当年,"振奋"就有了250万的产值。这其中的100万是职工跑来的。

到年底,"振奋"全体职工振奋无比:不仅没喝粥,大鱼大肉都吃不完。

新千年的大年初一,一大早。包起帆出现在浦东杨浦大桥下的洋泾港。

这天,见用于集装箱运输的桥吊已巍然耸立在码头,包起帆感慨不已。上海港川海集装箱码头,又成功了一个机制创新:洋泾港成了上海港首家由港口和船公司合作经营的码头。

事情缘于1999年。这年港务局将洋泾港码头划给了龙吴港。为适应国有企业资产重组,发展优势产业的需要,包起帆提出把洋泾港码头改造成集装箱码头。然后龙吴港务公司和中海集团各投资50%。然后就有了这个上海港第一个与船公司合营的现代企业。

上海港第一个与船公司合营的形式,包起帆给了它的名字,叫"港航联手"。这是个新鲜事儿。换句说话,这也是一个机制创新。从前码头都是港口独家经营的,叫"港老大"。现在不了,现在"港航联手",叫"有限公司"。

这个创新的成功又让包起帆兴奋了一阵子。他看得清楚,洋泾港的这个变化,是上海港以建成国际航运中心为目标,进行港口产业重组的重要一步。而那时,龙吴港务公司已经形成了一个以上海为中心,连同全国

40个港口,有十多家船公司加盟的中国内贸标准集装箱运输网络。他说,上海港中海集装箱码头的成功,对提高内贸集装箱运输目标会有如虎添翼的作用。

2000年8月18日,上海很多家媒体发布了这么一条消息:两位公司劳模牵手兴市——包起帆康祖建组建进口果蔬市场。

正文说,两位劳模宣布共同组建华东地区最大的果蔬批发交易市场——龙吴进口果蔬批发交易市场。

很多人觉得新鲜,这个世界真是看不懂了呀,劳模跟劳模牵手办企业?

其实包起帆在1998年就开创了劳模牵手办公司的新鲜事儿。那年的11月底,包起帆、张耿耿、庄永元三位劳模、十五大代表同舟携手创办了一个集科技、生产经营为一体的"上海起帆市政工程股份有限公司"。当时媒体有报道,但不像这次引得申城老百姓的关注。

这次是怎么回事呢?

原来,当时国内每年进口水果需求量在150万吨左右,而上海的需求量是60万吨左右,交易额达18亿元。可是,因为上海周边没有一个专业市场,所以上海老百姓吃的进口水果都是从外省市批发而来的。雁过拔毛,层层加码,价格自然低不了。上海老百姓早就有意见了:洋货哪能这么贵的啦?

经营果品蔬菜多年的康祖建也郁闷。那些日子让他魂牵梦绕的事儿,就是在上海建一个果蔬交易市场。可是他考察了不少地方,不是这个不健全,就是那个不合适。于是这成了他的一个心病:"要是能在上海建一个大规模的进口果蔬批发市场多好啊。"

这年五一前,在北京全国劳模表彰大会上,两位劳模碰在了一起。一听此事,包起帆乐了:"找我呀,到我们龙吴港来。"

康祖建回沪就考察龙吴港,地理位置、海关、商检、动植物检疫及配套设施……条件好得没法说,康祖建乐得嘴都正不过来了。

牵手。龙吴进口果蔬批发交易市场挂牌。立竿见影。上海老百姓笑嘻嘻:洋货价格降下来了。媒体也高兴:劳模牵的不仅仅是手,还有智慧、勇气和魄力。于是大标题后续:申城崛起智能型劳模。

到2000年,经过机制创新,龙吴饭店以及后来增开的两家分店,龙航劳动服务合作公司,龙吴机具修造合作公司,龙吴双柏物业管理有限公司,等等,龙吴港不仅将下属的7家三产企业全部改造成股份合作制公司,而且还通过"港航联手""劳模联手"等创新机制,让所属企业健康发展,

还为母体公司分流安置了474名工人;不但利润成倍增长,还让职工收入显著提高钱包鼓起来……龙吴职工从此走路神抖抖,腰板挺直直,他们常竖起大拇指眉飞色舞:看看,阿拉包经理多少来三呀。

六

到那时,龙吴港务公司里里外外已是春光满面春风得意。连同戏称的合资合作企业基地在内,龙吴那时已拥有九大基地:合资合作企业基地、中国内贸集装箱水运枢纽、中国最大大米出口基地、中国焦炭出口基地、华东饲料交易市场、华东最大水泥仓储配制库、澳洲进口动植物油集散中心、华东最大的进口果蔬批发交易市场、青岛啤酒华东地区中转库。一个名不见经传的企业已经成了一个从事集装箱,大米焦炭木材等各类外贸进出口货物装卸、堆存的综合性港口企业和现代化的大型物流仓储中心。

这个时候,继抓斗大王之后,"物流大王"被记者高频率地写进文章上了报纸。之后再说包起帆,多以这么一种格式:著名劳模,抓斗大王,物流大王。但是没多久,更多的记者更多的文章或许认为这个称呼有点儿狭窄,便轻点鼠标更新了这种格式,换以"企业家"或"企业精英"替之。

媒体在那咬文嚼字,包起帆还是老姿态,他毫不在意王不王、家不家的,他有他的事儿。他说:"家大业大,我想的事情自然就不一样了。我要管好这份家业啊。"

这就是包起帆的高明之处,他从不被名誉之类的东西所累。他永不满足现状,他永远思考未来,他永远居安思危。

为了这份家业,还在港内港外开始颂歌一片鲜花处处的时候,包起帆就已经在琢磨他的下一个创新了。他说:"龙吴尝到了创新的甜头。我现在是三句不离创新。不光说,我还要付诸行动,在创新上做足文章。不断创新。"一个"足"字,让龙吴人的心里有了个谜、有了个期待:"不晓得他又要搞什么新鲜事。但无论他搞什么,他都一定会给企业带来新生命、新发展。"

有一天包起帆召集班子成员开会。会上他说了这么一段话:"我们要进一步解放思想,不能让老的观念束缚我们的手脚。我们要创新创新再创新。把我们工人阶级无穷无尽的聪明才智和能量发挥出来,贡献出来。"

这话说过不久,龙吴职工知道了谜底。包起帆这新要搞的创新叫管理创新。

于是职工们议论开了。管理创新,怎么个创法?难不成不叫"服务在龙吴"了?

包起帆说:"'服务在龙吴'不但不能改,而且还要继续,还要加强。俗话说,打江山容易守江山难。现在我们打出了一片江山,接下来就是要守住我们的江山。在守住的基础上再发展强大我们的江山。也就是说,我们的公司不但走出了困境,而且已经得到了不小的成就。但我们不能就此高枕无忧,不思进取。我们现在面临的首要问题,就是如何管理我们的公司。管理,应当放在我们一切工作的首位。

听话听声锣鼓听音。职工们恍然,原来包经理要管理我们啊。接着他们就纳了闷儿:不早就在管理我们了吗?

比如在装卸区有这样一个规定:商户的商品,要做到毫发不损,谁打碎一瓶啤酒,谁就到市场上买一瓶补进去。有一次有名职工不知中了什么邪,竟偷了两罐青岛啤酒。这还了得!包起帆当即责成有关部门将这名职工除名。有人前来求情。包起帆从企业发展的高度阐述了这样的观点:"在人情和企业的信誉上,我选择后者。如果这箱缺少两罐的啤酒流入市场,顾客自然要投诉青岛啤酒公司,蒙受不白之冤的青岛啤酒公司自然就会认为龙吴港管理不善。如果两家公司因此误会,影响合作甚至解除合约,那后果是可以想象的。龙吴港一年损失几百万元的收入是小事,我们费尽多年心血打造的良好信誉毁于一旦那可是件大事哪。现在我们最怕什么?资金,还是技术?都不是。我们最怕失去信誉!"

再比如,改制后的股份制企业与母体公司完全脱离了关系,独立核算,自负盈亏,公司成立了经营发展部,专门负责这些公司的宏观指导和管理,并对其财务主管实行委派制。龙吴港明文规定,任何一家股份制企业在母体公司内联系业务时,绝不允许对母体公司任何一级领导实施送礼或宴请。一旦发现,必作追究。还有……

这不就是管理吗?而且因为包经理说得有理又是为我们大家的利益着想,所以我们都拥护他的管理。不但拥护,我们还因啤酒事件吸取教训,从那以后,龙吴港再没有发生过类似的事件。1997年龙吴港还通过了ISO9002国际质量体系认证。职工们说:"其实类似的管理条例很多,类似的管理措施也不少,我们也一直思进取,也时刻不忘'服务在龙吴',不知包经理这个管理创新,究竟指什么?"

不管包起帆在意不在意,从上海家喻户晓的抓斗大王、劳动模范到发明家再到企业家,他成功转换并精彩地演绎了每个角色,这是无可争议的事实。为此,上海电视台历时一年半,跟踪拍摄并于1998年3月初完成和播放了专题纪录片《包起帆新史》。

《包起帆新史》以大量细节和画面,告诉上海人民他们的劳模如何以自己的智慧和胆略,创新开拓,迅速扭转了一个企业的被动局面,如何让一个企业朝着国际第三代港口的战略目标稳步发展，又如何打造了上海港国有企业大中企业内第一个经过资产界定的规范化股份合作制企业……就在上海千家万户的电视荧屏里闪现着包起帆身影的时候，包起帆却正在人民大会堂为普通职工说话，并由此演绎了他管理创新的精神及其这种精神的内涵和意义。

1998年3月初的一天，已是全国政协委员的包起帆出席全国政协九届一次会议。在会议分组讨论中，他呼吁要保护职工的合法权益。他说："我来自生产第一线，就要替普通职工说话。现在有些中外合资企业和民营企业钻法律不健全的空子，不与职工建立必要的劳动关系，逃避为职工购置社会保障金，让工人在无保障的情况下劳作。由于法律没有规定最低工资限额，有的企业就采取试用工的方法，在临近试用期满的时候将工人辞掉，以达到用非常微薄的工资来榨取工人劳动力的目的。也有些企业，工作环境和条件非常恶劣，却不为工人提供应有的劳动保护和措施……诸如此类的问题，使得很多工人的合法利益得不到保障。我们应该尽快依据《劳动法》制定保护职工权益的实施细则，就最低工资标准、劳动关系、劳动保护等问题做出明确规定。"那天包起帆说这些话的时候很是激动。他还建议成立劳动法庭，让职工有地方评理，有地方说话。他还建议改进对企业经营者的考评方法，除了考评经营者的企业效益外，还应把吸纳劳动就业者情况作为考评内容。他说，把多余职工一概推到社会是不成的，一个成功的企业家应该更多地吸纳劳动就业者，这才符合中国国情。

1999年3月初的一天，包起帆在全国政协九届二次会议分组讨论会上发言的第一点是关于"厂务公开"的问题。他说："要通过'厂务公开'等形式，进一步把党的全心全意依靠工人阶级办好企业的方针落到实处。

过去职工对企业的劳动人事分配经营决策等问题都不知道，这对于职工主人翁精神的发挥肯定会有挫伤。实行'厂务公开'，有利于加强职工参与管理，制止腐败，强化职工在工厂企业的主人翁地位。有些厂长经理听说要'厂务公开'，就不顺心，我认为这很不好。只要心中没有鬼，就没有什么见不得人的东西，就没有什么秘密不可以公开。"

2000年3月初的一天，包起帆在全国政协九届三次会议分组讨论会上，以"向主人报告还要讲条件吗"为题，再次就"厂务公开"问题说："有一次，我办公室起草的职代会年度报告上写'在条件成熟的时候推行港务公开'，我毫不犹豫改为'从现在起'！我们是国有企业，难道向主人报告情况还要讲条件吗？"他说，"现在很多国企负责人常常以救世主和施舍主的身份面对职工。因而厂务不公开，凡事由他们说了算，职工甚至连知晓的权利都没有。我呼吁国企要有厂务公开制。有什么不可以跟工人公开呢？什么是条件成熟呢？除非还有什么东西怕职工知道。愿不愿意公开厂务，就看你是否真正地把职工当成了企业的主人，并真正地信任他们。企业领导干部要心中坦荡。心中坦荡了，就会无私。无私就会无畏，达到这种境界再搞厂务公开，就没有什么障碍了。所以，应当无条件地公开厂务。除了企业客户名单和价格需要保密的，其他的厂务什么都可以公开。公开厂务，让所有的职工知道自己企业的情况，从而关心关注自己的企业，这不是很好的一件事吗？"

2001年3月初的一天，包起帆在全国政协九届四次会议分组讨论会上呼吁完善平等协商和职代会制度。他说："我们的国企能够发展到今天，平等协商制度和职代会制度发挥了积极的作用。职代会制度和平等协商制度是企业员工实行民主管理的基本形式，是我国社会主义市场经济发展过程中协调劳务关系的一项重要机制，也是世界上市场经济国家普遍采用的协调劳务关系的机制，是我们搞好国企的关键之一。

职代会制度和平等协商制度是我国几十年企业建设的成功经验，企业生产经营中遇到的许多问题都可以通过职代会，通过平等协商等形式得到妥善的解决，使广大职工了解并积极投身于企业的建设之中，为国企改革取得成功奠定了扎实的基础。我们建立现代企业制度，绝不能在现代企业制度建立过程中把职代会制度和平等协商的制度抛弃。面对新的挑战，我们要立足于新的起点，更好地紧密地依靠广大职工群众，将这两项制度做得更细致，更扎实。"

2002年3月初的一天，已是上海港务局副局长的包起帆在全国政协九届五次会议分组讨论会上提出，在新的社会形势下应强化国企当家人与职工的血肉关系。他说："国企当家人，别离职工远了。现在很多国企当家人以老板自居，远离职工。这些所谓的老板，他们忘了自己曾经也是一名普通劳动者，也来自职工队伍，甚至都忘了他们与职工本是一根藤上的两只瓜，是职工的施舍，才使他们坐上了当家人的交椅。所以不应该是职工感恩他们，而应该是他们感恩职工。不仅感恩，他们更应该强化与职工的血肉联系，清醒自己为谁当家、给谁当家。

国企当家人应德才兼备。应具有先天下之忧而忧，后天下之乐而乐的胸怀。应摆正自己和职工的关系。德与才，德更重要。它首先应表现为正。其身正，不令而行。其身不正，虽令不从。所以国企当家人只有保持清正廉洁，保持一身正气，以德润身，以德律己，以德服人，职工才有可能与你保持密切的血肉关系。

作为一个国企当家人，应当具有身怀爱民之心，恪守为民之责，善谋富民之策，多办利民之事的精神。国企当家人还应当具有高尚的道德品质和人格魅力，使其在职工中形成巨大的内聚力和信赖度。一个国企单位的内聚力首先体现在职工对国企当家人的信赖上。党群关系和干群关系的密切，只有靠心服口服的信赖感才能把国企当家人的心与职工的心连在一起。"

在这次发言中,包起帆还特别强调地说:"我绝不容许职工叫我老板。"

从政协九届一次会议到九届五次会议,包起帆连续五次的发言重点都没有离开工人阶级。龙吴港的职工至今还记得,每次他们从报上读到包起帆的发言,心里总是如沐春光似的温暖。他们说,其实当包起帆在人民大会堂呼吁要保护职工的合法权益的时候,他们就明白了包起帆说管理创新的内涵和实质是什么了。他把国企的管理创新提到了一个新的层面和新的高度。那时我们嘴上没说什么,但心里都特别地感动。无论是产业创新,还是机制创新,还是管理创新,他每一个创新的动力都是为我们这些普通的职工。无论何时何地,无论身份怎样地变化,他的心都没有变。他从没有忘记自己曾是一名装卸工人,他也从没有把我们职工当外人。

职工们由此想起来了,不允许叫老板,是包起帆1996年上任伊始立下的一条不成文的规定。那时他这样说:谁也不准叫我老板。龙吴没有老板。

老板,这个被当时社会不分场合不分身份地频频使用以至它的本意被淡化被曲解甚至都没了色彩的一个词儿,包起帆他何以如此反感呢?

"我,一个国企的负责人,应该和职工心贴心。职工和我,我和职工,那是平等的关系。更何况我是一名共产党员。我们是国企,不是私企;我不是老板,职工也不是伙计。所以怎么能让职工叫我老板呢?叫老板,绝不合适,绝不行。如果国企当家人以老板自居,久而久之,就会把职工丢在脑后。而职工叫惯了老板,也会把自己主人翁的意识抛弃。"

这就让人释疑了。包起帆何以大胆地"从现在起"推行"港务

* "港务公开，从现在起"。

公开"！

　　就在包起帆毫不犹豫地将"在条件成熟的时候推行港务公开"改为"从现在起"后不久，龙吴港就有了一套完善的"港务公开"制度。制度的每一条条文都是经过职工代表大会讨论通过的。这成了龙吴港的传统，任何一件大事都必须经过职代会的讨论通过。

　　对出台后的港务公开制度，包起帆说了这么一句话："制度在具体的操作中要坚持拷贝不走样、企业得发展、职工得实惠的原则。"

　　几年后，港务公开制度仍然是龙吴人引以为自豪和骄傲的管理创新。他们至今还在不断津津乐道的，是龙吴港每年两次的港情报告会。他们说："何曾见过，一家企业的报告会，竟然千人空厂，竟然上至干部领导下至一线工人甚至门卫一个不落，全都集结在大礼堂，以至每次都有很多人因为没有位子而站在礼堂的两侧！何曾见过，100多名上夜班的职工，清晨下班不回家，干等到8点的港情报告会！更何曾见过，一家企业的当家人，却更像一个管家似的，恭恭敬敬地把家底一一向主人作交待！这些我们见过。我们龙吴港的港情报告会就是这样。每次包起帆站在讲台上，面对台下乌泱泱的职工，市场经营，成本效益，分配奖励……凡是职工关心的每一件事，无论大小，他都如实地详细地毫无保留地从不避重就轻地公开。更让人叫好的是，报告会不光是包起帆一言堂，我们职工也能讲话。报告会专门为职工留有时间，让职工提问。就像召开记者招待会似的，我们有疑问当场就可以提问，包起帆当场就做出回答，有问必答，全在明处。"

其实，龙吴职代会有个管理小组，有实实在在的监督权，企业的财务、人事、分配等情况，对于他们是没有什么秘密而言的，连厂长的招待费如何花的，他们也可以追根刨底地问个明白。但包起帆坚持要在港情报告会上回答职工的提问。又其实，职工最关心什么，包起帆的心里一清二楚。他说自己就是从一线职工过来的，他知道职工的所思所想。但他不掉以轻心，报告会前他请党委、行政和工会兵分三路，深入到职工中征求意见，掌握热点和焦点……为什么？就为让职工知情、释疑、解惑，就为让他们放心。这样的港情报告会自然大受职工的欢迎。所以每次报告会从上午8点开始一直开到中午12点，还欲罢不能。偌大的会场，一两千人，却静得出奇，没一个人打瞌睡，没一个人中途退场。

不止港情报告会，还有每星期三领导干部接待日的管理创新。接待日就如同社会上的信访日，规范化制度化，决不搞形式摆花架子。每到这天，领导干部的工作再忙，也要值班接待。职工或有建议，或有疑问，或有不满，总之任何想法都可以在接待日里向领导反映和倾诉。所以，普通职工伸"冤"也好诉"苦"也罢，在龙吴港都是一件非常容易的事儿。而任何职工的任何一条建议都会得到回应。这也是龙吴职工很感骄傲的一点："阿拉提的建议，有一半以上被公司采纳的。"但领导干部也不仅仅停留在接待和回应上。他们还根据实际情况，适时适当地引导职工如何发挥和承担主人翁的作用和责任。这就让职工们开阔了胸怀，看问题想问题的视角和起点有了很大的变化和提高。比如刚推行港务公开时,职工反映的问题多集中在改善生产生活条件方面:浴室食堂劳防用品等。随着港务公开的不断深化,职工开始关注公司物流仓储航线的开辟、集装箱的发展措施等战略性的重大问题。这一变化说明了什么呢?包起帆说:"职工的教育也需要引导,干群关系也要经常修补,港务公开正是这引导和修补的不但有效果而且有人情味的渠道。另一方面,说明职工在市场经济日益发展的今天,与企业命运的联系,比以往任何时候都更为紧密。渴求了解企业,参与企业的发展,这是领导与职工双向的需求。"

龙吴港务的公开,使得龙吴职工的主人翁意识愈发地强烈了。他们时常以龙吴港为自己的家。他们时常会为这个"家"出谋划策。家和万事兴。龙吴港和和睦睦,"家"人开开心心。

龙吴港大门口有家饭店,饭店门口常常停着龙吴领导的车子。而职工一见这样的场面就高兴。这让很多外单位的领导奇怪:我们的职工一见领导上馆子,就气不打一处来,就说企业是被我们吃穷的。怎么你们龙吴港的职工不这样?龙吴港的职工说:"这有什么奇怪的?我'家'家长请客忙,那说明我'家'人缘好关系多,这一多不就带来业务旺了吗?若连自家饭店的门口都冷冷清清无人光顾,那岂不是'家'门不幸吗?'家'里不见炊烟,不就是'家'里揭不开锅了吗?那样我们不都得饿肚子了吗?真那样,我们就该怨'家长'没本事了。"

有一件事,是包起帆什么时候想起什么时候感动的。故事发生在1996年12月中旬的一天。那天龙吴港来了6艘总计1.2万吨香蕉的外轮。当时上海的气温已经在零摄氏度上下转圈。而偏偏香蕉娇气十足,非得在15摄氏度左右的环境里才肯保持它那金灿灿的光色。这下包起帆难了：龙吴港没有恒温仓库。

这可怎么办？零摄氏度的气温不要说香蕉，连人都冷得缩手缩脚连喊吃不消了。再则，谁不晓得上海的冬天是湿答答潮汲汲连空气都能挤出水来的。这样的环境下，那香蕉要不了几天就变黑成了冰冻香蕉。

外商急得团团转。包起帆也坐立不安、焦急万分。

职工们很快知道"家"里遇到了棘手的难事。他们跟着焦急了起来。他们捋起袖子却发现那不是出力能解决的事儿。这可怎么办呢？不是十斤百斤，上万吨的香蕉，上哪儿去寻找那么大的避风塘、保温室？

关键时候工会召开了工会领导小组会议，决定立即发动党员团员捐献棉被。

哪里想到。何止党团员，职工们都纷纷响应起来。他们说，龙吴是我家，我爱我家，只要保住香蕉，别说一条被子，就是让我们睡水泥地都没问题。

第二天一早，职工们或抱着或扛着或骑着或推着被子上班，一长溜的花花绿绿惹得路人纳闷儿：龙吴今朝啥事体啦？

千余条棉被：从床上抽出来还带着温热的，从壁橱取出来还散发着樟脑味儿的，从商店里买来还带着商品标签的，还有亲戚朋友赞助的；七八成新，全新的；最叫人感动的，是一对新婚夫妇竟捐出了新婚的棉被……龙吴港码头平地升起一座山，棉被山。全中国，全世界，这都是一道绝无仅有的码头风景。

工会原本计算，按龙吴党团员的人数，最多也只能筹集到两三百条被子。不想，竟然收到一千好几百条被子。龙吴港除却生病外出的，几乎人人都参加了捐献。

外商感动了："能和这样的企业打交道，能有这样的优质服务，我们还有什么不放心的呢？我们投资150万美元，给龙吴建一个冷库。今后的水果船就全部靠到龙吴来。"

职工的心里乐开了花。但职工的话挺实在:"一条被子一颗心,为龙吴,我们掏心了。再说,香蕉保住了,货主就满意。货主满意了,货源就会源源不断。货源不断,那我们'家'的饭碗就不会朝天空。所以我们既为大家,也为小家。"

包起帆更感动。"什么是齐心协力!有这样的职工,还有什么不能克服的困难?对这样的职工,还有什么理由不相信他们,提防他们?所以我还是这句话,什么时候都别忘了依靠我们的职工。离开了他们,我们将一事无成。"

问职工何以如此信服包起帆,除了他的管理创新,还有别的吗?

当然有啦,太多了。职工们说:最重要的是他的人品。为公不谋私,身居商海一尘不染,把一代又一代共产党人关爱人民、无私奉献的品质发扬光大等等,我们不说这些大道理大理论,我们就用那句话——"其身正,不令而行"涵盖了我们为什么信服包起帆。

早在上世纪八九十年代,包起帆就是出了名的摇不倒的摇钱树。

那时候有人用重金要他转让抓斗技术,若他点头,一夜之间就成万元户。他拒绝。说:"我是党和人民一手培养起来的技术人员,不能见利忘义,不义之财只能满足个人的物质欲望,共产党员绝不能因此玷污自己的灵魂。"

他的一个老同学,掖着一叠人民币上门要他脚踩两只船,保证只有天知地知。他拒绝。说:"觉悟不容许我'第二职业',我该把全部时间和精力交给上海港的建设。"

江苏省一家企业厂长亲自出马,带着科长一班人,日夜兼程找到他。"2 000元,要你的抓斗图纸。你知我知。"他摇头,虽然2 000元抵他当时一年的工资。"再加每月200元的顾问费?"他还是摇头。"那你说要什么,你说什么就是什么。"他依旧摇头。到最后他说:"我兼任四家公司的要职,都不拿一分津贴奖金,难道会为2 000元折腰?"

加拿大一客商请他出任独资企业法人代表总经理,作为交换代价,一张支票,5万还是10万美金由他填,全归他私人所有。10万美金,当时折合人民币近90万元,即便在十几年后的现在,它仍然是一笔不小的财富,如果接受,那他一夜之间就成为百万富翁。可他没动心。说:"我不要你一分钱。要办企业,请与我们上海港合作。"

香港一客商欲与上海港合作办公司,为拉拢他,将一笔业务委托于他。港商问他要多少回扣?他摇头:"我要合作信誉,回扣一分不要。"

一教授受人之托,对他说有个美籍商人看中了你,想和你合作,在中国投资一千万美元。前提条件,是和你合作办私人企业,不与单位发生关系。他说:"这哪行,我不能抛开培养我支持我的企业和同事。"

不领市面,不通人情,送上门的大闸蟹鸡鱼河虾拒收,大把钞票交换图纸不干,高薪聘用当技术顾问不领情,礼不要,美元不要,三室一厅的房子也打不动他……类似的事情太多太多,举不胜举。

想想,当初他的发明技术和成果被传媒深度报道后,哪里是一国皆知呀。尤其是后来他的发明成果在海内外几百个港口铁路林场建筑等企业推广应用、使这些企业的经济效益几亿几亿地增创后,他更是让全世界红了眼。精明的商人都明白,包起帆的技术一旦转化为生产力,那就是巨大的无可估量的财富呀。这样的摇钱树谁不想。想他的,多了,海内海外,都有。可他说什么,哼,想打我包起帆的主意,哪里能成!

有人说他傻,可我们说他聪明透顶。中国人历来讲究美德。说富贵不能淫贫贱不能移威武不能屈。在精神财富与物质财富个人得与失的天平上,他掂量出了轻与重,他摆正了无私奉献与个人致富的关系,他把共同富裕看成改革开放的根本目的,他把党和人民的利益放在前面。他哪里是傻。他是大美大德。这种美德源于他堂堂正正做人的情操。

再说他连续五年五次在全国政协会议上为我们职工群众利益说话。我们感动的不仅仅是他为我们说话,而是感动他心里一直把职工群众放在一个主要的位置。就他呼吁"国企当家人要强化与职工的血肉联系"那年,他是带着左脚痛风去北京开会的。其间病情突然加重,疼痛难忍。中医大夫为他做刺血疗法后叮嘱他不能走路。可他揣着止痛药硬是一瘸一拐地走进会场。他说,这么好的机会我怎么能放弃。能将平时了解到的职工群众的各种想法和要求带到大会上,尤其可以当面向中央领导同志讲讲心里话,反映我们对如何维护职工群众利益的建议,脚疼算什么。

他与我们,那真是有着血肉之情。他凡事总是以职工利益为先为重。当初他连我们给他办公室装空调都不答应,一定要等到后勤部门为三班调度室、机械司机休息室、装卸承包工候工室安装好空调后才让考虑他。他总这么说,要保证生产第一线职工吃好睡好。

龙吴有658名农民承包工。1996年他上任的第一年,龙吴实现了安全年,他专门拨款特制了658只纪念表赠送给每名承包工,勉励他们视安全为生命,在安全生产中再创佳绩。1997年中秋节他因为要赴京开会,所以走之前他就把月饼送到承包工手里;在京期间他还不忘打电话问中秋节承包工联欢会的情况。1998年年初,贵州40多名承包工到港区报到,竟没有1人带上棉被,见状他要求工会当夜将崭新的棉被送到每一名贵州籍承包工的手中,他说农民承包工是我们的同胞兄弟,到龙吴就是龙吴的职工。

企业机制创新使龙吴274名职工离开了原来的岗位。他没有将富余员工向社会上 推了之,而是通过积极拓展对内对外业务,增加工作岗位

*"你们辛苦了。"包起帆慰问农民工

来安排他们上岗。他提出,在龙吴,只要你愿意好好工作,我们就一定为你安排岗位。他管理毫不含糊十分严格,但他却是菩萨心肠。他善待下岗转岗职工,说下岗转岗职工都是公司一员,要扶上马,送一程。他让公司开办富余人员上岗培训学习班,工资照发。他通过兴办多元产业的方法安置分流下岗转岗职工。他不主张职工把自己定位在一个职业上不动,他说一个成功是由许多因素决定的,能开好饭店的不一定能管理好一个工厂,反之亦然,所以他鼓励职工做多种尝试,要接受市场的选择。他说职业化不等于终身化……总之在龙吴,他爱职工,职工爱他,龙吴的干部和职工心贴心。

这就使得多年后,当年的龙吴人只要提及和包起帆一起走过龙吴、一起创新龙吴的年年月月,他们依然会充满钦佩地说:"包起帆,了不得。他让所有当初置疑他能否管理好一个企业的人都心服口服:何止企业家,他分明就是大上海的海上之龙。"

千年之梦

包起帆语录：

创新最重要的一点是敢于置疑，没有置疑就没有创新。

码头就像我的家，我的目光始终不能离开它。

不入虎穴，焉得虎子。不到第一线，哪里能出好的项目，哪里能拿到好的奖项？

金牌不算什么，但可以证明一点，就是普通的劳动者一样能创造自己的精彩人生。

一

　　进入新世纪,上海市委市政府出台上海新的城市总体规划,决定综合开发黄浦江两岸。中央批准了上海新的城市的总体规划,明确上海要建成社会主义现代化国际大都市,建成国际经济、金融贸易和航运中心,特别是要加快国际金融中心和航运中心的建设,努力发挥经济中心城市配置资源的集聚和辐射作用。

　　得知这个决定,包起帆脱口就是三个"好"字。

　　对应三个"好"字,是他当天日记里的三句话:这是一项对接上海综合发展战略的重大决策。这是一项载入史册的伟大决策。这是一项令上海港人仰天高歌"我来了"的英明决策。

　　我来了。包起帆在写下这三个字的时候,大有喝令三山五岳开道的雄心。他感觉到了自己的激动。他敏锐地意识到,重大决策必定带来重大的任务。随着上海向国际经济、金融、贸易、航运中心目标的挺进,曾经对上海经济发展起过重要推进作用的上海港老港区会日显老态和落后:港区腹地狭小已无发展余地;水深条件跟不上船舶大型化发展;码头设施和装卸条件与周围环境格格不入……老港区的变身势在必行了。

　　果然不久,上海港有了全面调整黄浦江沿线老港区的功能布局,特别是杨浦大桥至南浦大桥间总长8.7公里区域,原有64个港区码头的装卸功能将逐步消失,取而代之的将是一系列融休闲娱乐购物亲水性为一体的滨水景观的宏伟规划。

　　消息传出,申城的电视、报纸、杂志纷纷出击,摄像机照相机噼里啪啦、喊里喀喳地忙了个不亦乐乎。

　　老百姓们更是。老百姓们也扛起摄像机也拿着照相机向黄浦江两岸挺进。他们说,黄浦江是上海的魂脉,他们要把这个魂脉的今天留下,将来好跟子孙后代说:从前呀,黄浦江两岸是这样子的啦……他们说,在记忆今天的故事的时候,他们会给黄浦江以明天的祝福,祝福她明天更美丽,更迷人。他们还说,新千年,新梦想。阿拉上海真是越来越不得了了呀。

黄浦江满载着申城的喜悦和祝福滔滔东去的时候,包起帆却出奇地冷静。他说:"上海港面临的是一项十分艰巨的任务。"

只是,包起帆在预言这个任务的艰巨性的时候,他没有预料到因为老港区的变身,他自己也将变身了。

二

2001年7月,包起帆被任命为上海港务局副局长。

让他更料想不到的是,他分管的恰恰是这个艰巨任务中的两桥间的老港区改造开发的工作。

不说别人,连他自己都倒吸了一口冷气。行吗?

改造开发杨浦大桥和南浦大桥之间的老港区,这对他而言,可是一个

* 上任上海港务局副局长时的包起帆。2003年,包起帆任改制后的上海国际港务(集团)股份有限公司担任集团公司副总裁

全新的、陌生的领域。

包起帆感到了从未有过的压力和挑战。

他清楚,老港区改造开发的成功与否,将关系到上海城市整体形象改造和城市发展这一重大工程的成败。

他更清楚,横亘在他面前的首先是两大难题。一是这一位于"两桥"之间185万平方米的"黄金地段"如何较快较好地完成改造,如何以"百年大计"的要求将它打造成"世纪精品",如何上对得起委以他重任给予他信任的各级领导,下对得起"新千年,新梦想,阿拉上海真是越来越不得了了呀"的申城老百姓?二是一旦工程开始,那么因此带来的产业结构的调整将使18 000名的码头工人没有了岗位,如何妥善地安置他们?

那时,包起帆已拥有33年的港龄。33年,他走过"抓斗",走过"龙吴",他精彩地演绎了"抓斗大王"和"物流大王"的角色,他还能担当新的角色吗?33年,从装卸工到发明家再到企业家,他成功地实现了上海港的百年之梦,他还能实现上海港的千年之梦吗?

某夜。空中无月,星稀。包起帆再次站在了黄浦江边。

灯火璀璨,如梦如幻。黄浦江和上海城被一种童话般的充满幻觉的光晕笼罩着。这真是少见的奇景。这个东方最大的不夜城,一条江水似水晶,又如丝如绸。它是上海的眼睛,见证了新老上海的今天和过去。它又是多少人梦开始的地方,它又演绎了多少个让这座不夜城永生怀念的故事。

那夜,包起帆环顾黄浦江两岸的万国建筑博览群和东方明珠塔,感慨无限。他说,当深夜的末班车和凌晨的始发车衔接起来的时候,也就是上海的黑夜和黎明链接起来的时候。上海人民就是用这样的日夜不息的劳动,制造了一个日夜不息的上海。而上海港,这个我国最大吞吐量的不冻港,这个鸦片战争以后灾难深重的旧中国的缩影,这个1949年以后新中国经济中心的主动脉,也正是用这样的链接日夜不息地磨练了她的智慧、她的精神和她日新月异的技术,而创造了她的科技化的劳动,谱写了她的最新最美的赞歌,赢得了中外人民对她的尊重和爱戴……

那夜,黄浦江的浪花轻轻地、不断地簇拥在包起帆的脚下,那么真实地亲近着包起帆。有风吹来,包起帆深呼吸,说,我闻到了老码头、大吊车、抓斗和集装箱的味儿,这是黄浦江特有的味儿,闻惯了……

三

都知道对64个走进新世纪却已完成历史使命又即将走下上海城市舞台的老码头,包起帆的心情有点儿复杂。

刚上任的那些日子里,包起帆几乎天天在下面跑。从这个港区到那个港区,包起帆要把老港区的每一处都深刻在心里似的,总是一处不漏地看了又看。好多次,望着那些熟识的吊臂,望着曾经繁忙而今萧条冷落的港区,他这个曾经的码头工人总是长久无语,长久默然。

2002年年初的一天,包起帆站在东昌路码头,像是自言自语,又像是对前去采访他的记者说:"64个老码头。百年的风霜雨雪,百年的沧海桑田,老码头承载了上海的百年之梦。而对今天的新千年之梦,它们承载不了了,它们只能脱胎换骨了:高阳港区将建成上海国际客运中心及高档办公商住区域;东昌汇山港区及南栈、老白渡码头正分头推进功能转化和综合利用,其中要开发不少高档公寓式办公楼和景观住宅;而远近闻名的十六铺码头也将卸去它的客运功能……这东昌路码头,再过半年,它就得'卸甲归田'了。"

包起帆说完这些,又是长时间的沉默。

谁都听出来了,包起帆有点儿舍不得这些老码头。但谁都不知道,那一刻包起帆还想到了什么。

那一刻包起帆忽然想道:33年前,17岁的他正是从这里走进上海港,成为上港人,开始了他的梦想。那天父亲对他说,上世纪30年代的某年某天,一个14岁的男孩,提着一个竹箱,只身闯荡上海滩,那是什么样的勇气? 那又是什么样的胆略? 而他,当时看着父亲,说,我会好好干。他记得父亲在他说完这句话后,挺意味深长地看了他好长时间,然后重重地点了下头。后来包起帆琢磨过父亲为什么要重重地点头,他觉得自己的"好好干"有点儿答非所问,但怎么个答非所问,或者说,父亲究竟想告诉自己什么,他还是不能体会⋯⋯但这天,这天站在东昌路梦开始的地方,重新回味父亲的话,包起帆顿悟:父亲选择那天那时告诉自己"勇气"和"胆略",就像在他呱呱落地的时候,把"起帆"赋予他一样,寓意深厚啊。

那天想到这些,包起帆也意味深长地放眼东昌路码头。他清楚地记得虽也在上个世纪但仿佛就在昨天,这里还是一派商船云集、货运繁忙的热闹景象。当然他更记得的是,随着集装箱运输的兴起,适合散货船停靠的东昌路码头日渐衰落,最后变得灰头土脸,直到没有什么船光顾。

"所以不改是不行了。鸟枪换炮势在必行。"

十六铺码头停航的那天,包起帆来向这个老码头告别。

那天当最后一艘轮船驶离十六铺、当浪花追赶着渐行渐远的轮船的时候,包起帆的心情无可名状。

十六铺码头应该是上海最早的码头之一吧。140多年的历史。晚清、民国期间,这里已经发展为远东第一港口,是全国的交通和贸易中心。它承载了老上海的历史文化,见证了一个小渔村变成一个大都市的每一天。

而今，它将完成历史使命，淡出水上客运的历史舞台，消失在上海百姓的生活里。几年后，它将以集旅游、休闲、商业于一体的新景观向世人惊艳亮相。到上海世博会前夕，它更将以上海最新最美的地标，成为饱览浦江两岸美景的最佳视角，把陆家嘴，把万国建筑博览群，把浦江南北的一切一"眼"打尽。

那天来跟十六铺码头告别的人很多，熟悉的、陌生的、年轻的、年老的，从那一张张黝黑的脸膛看出，他们多半是码头工人。因为有那么多美好的未来可期待，所以他们的表情兴奋而激动。可不知为什么，包起帆从他们的眼神里，却读到了更多的内容。那一刻，包起帆听到自己的心轻轻地抽了一下。

那天夜里回到家，包起帆眼前久久不去的是十六铺码头工人的眼神。那眼神，分明是惜惜又惜惜、惶惶又惶惶。几乎不用琢磨，他就读懂了这内容：十六铺码头没有了，我们怎么办？

包起帆想起7年前。7年前他走马上任龙吴港务公司经理的第一天，他对工人们说："我是从装卸工开始发奋努力的，当时我只想有朝一日我能为上海港的工友、为上海港做贡献，做一个有出息的工人。而今我当了经理，但我不会忘记我是工人阶级的一分子，所以我会和你们一起努力。"

由7年前他又想起了这一天。这天他对十六铺码头工人说："十六铺码头没有了，但上海港在。我们负责任地告诉大家，上海港不会抛弃你们。"

2009年初冬的一个午后，包起帆提及往事时说："当然任重道远啦。那个时候，我们面临的最大困难是18 000名码头工人的安置问题。老港区的搬迁，意味着18 000名码头工人失去岗位。这些码头工人都曾为上海港和上海城市的发展做过奉献，不说他们早已把码头看成了自己生命的一部分，就是我们也早已把他们和码头看成了一体。码头要搬了，要离他们而去了，他们在感情上当然接受不了的。但他们都是好样的。为上海港区的改造开发，他们明大义，顾大局，不管期间有没有过犹豫，但最终他们都牺牲了自身的利益，都与上海港同舟共济。所以，作为领导，我们不能熟视无睹他们的利益受损，生活不安。我们不能把所有的风险都推给他们去承受。我们不能亏待他们。上海港也绝不能抛弃他们。

  18 000多名码头工人，意味着18 000个家庭的幸福和安宁。那天送走十六铺码头后，我们立即排摸失岗码头工人的情况。这个排摸让我心事重重。情况比我预料的还要严重。如何妥善地安置他们呢？这是一个回避不了的现实。其实从领受港区改造开发任务的那天起，我就在思考这个问题。我最看不得码头工人受苦。所以我的目标是不让一个码头工人没着落，当然这也是上海港领导的要求。当时我是这么盘算的，年龄合适的，先安排物业管理、房产维修、设备保管等岗位；年龄过大的，暂且待岗，但要给他们一定的补偿……"

四

  那些日子，让包起帆魂牵梦萦的还有黄浦江两岸的改造。每当脑海里虚拟出金色白玉兰造型的上海港国际客运中心，灯光、楼影、江水、蓝天交相辉映的新十六铺时，他总是有一种抑制不住的澎湃感。已经无数次地感受过这种澎湃：抓斗成功的前夜，第一条内贸标准集装箱水运航线通航的前夜……可是这次他依然激动得长时间处在兴奋甚至有点儿迫不及待之中。

  他最迫切要实现的梦想是上海港国际客运中心。他说那将是上海新世纪最为亮丽的标志性建筑之一。多少次他在心中绘制白玉兰造型的国际客运中心与对岸的金茂大厦相辉映的壮美景观。每一次的绘制都让他激动不已。他真的很急切,很想早日实现这个最亮丽的目标。他说,其实这个规划几年前就开始酝酿,设计方案也早已确定,但他还是为它能在自己手上成为现实而激动。他说,五年后在东起高阳路,西至虹口路,北沿东大名路,南至黄浦江边,将崛起一个现代建筑群,其中就有国际客运中心。旅游、商业、娱乐。想想,那将是一种怎样的充满了现代化气息的人间仙境!

十六铺也是他所爱,更是他迫在眉睫的工作。可是如何为十六铺这块风水宝地梳妆打扮,使其与欧陆风格的外滩相连接,与有着老城厢韵味的豫园相呼应,与现代风格的陆家嘴金融贸易区相辉映呢?他和上海黄浦区有关人员一起作了认真的选择,最后选定美国SOM&C3、Gensler和澳大利亚Bovis三家设计公司参加十六铺规划方案的设计工作,提出了建设上海水上门户的设想。在老外的方案里,包起帆看到的是一个世界级的滨水胜地。

面对这番美景,当年的小诗人不禁诗兴大作:"千帆竞发,百舸争流,将来这里可能就是舟楫海上画,鸥鹭水上歌的景象。如梦如幻,海市蜃楼,将来这里的建筑也可能似海轮,像风帆,随波荡漾,随风摇曳。相信所有站在这里的人,都会产生上海这座城市海里生海里长的联想,都会临风而诗、临江而歌地享受上海、记忆上海和印象上海。"

那些日子,包起帆老是这样兴致勃勃地跟人诗兴。他甚至有些不厌其烦,滔滔不绝。他甚至让人怀疑他出神入化于老港区的改造,要不他怎么张口闭口地国际客运中心和十六铺?要不他怎么唯上海港而言非上海港而不言?而不管是不厌其烦也好,是出神入化也罢,现实是,包起帆每一次的滔滔,都无不感染每一名倾听者,都无不叫人跟着他兴奋跟着他激情澎湃跟着他迫不及待。

从港口建设到旅游、商业、娱乐设施的规划改造,这意味着与抓斗、物流、船舶打了二三十年交道的包起帆从此要和土地转让、房产开发、建筑施工打交道了。本来就有着要么不做、要做就做世界一流理念的包起帆,因为这个"交道"还关系到18 000名职工的工作、生活、家庭的安宁和幸福,所以他更是在战略上、战术上,都给予这个"交道"以十二分的重视。

十二分的重视让包起帆空前地忙碌不说,还让他"临老学吹打"。

2002年11月中旬的一个阳光明媚的上午,8点30分。有记者应约准时来到坐落在外滩上海港务局包起帆的办公室。但包办门锁紧闭。记者轻叩几下,没有回音。他还在从家到单位的路上?记者正这么猜测着,走廊的另一头有了脚步声。记者回头,竟是包起帆。脚步匆匆,目光也匆匆,他正边走边看着手上的一份文件。一抬头,包起帆看见了记者。一脸抱歉的笑,包起帆说:"对不起,正好有事要处理,走开了一会儿。"

包办没有想象中的大。很简单。办公桌原本挺宽大,一台电脑没占多少地儿,倒是那一摞摞的文件,让桌面显得狭窄。比较特别的,是一边文件架上那整齐一排列的文件夹,上面分别标着十六铺地块、国际客运中心、东昌地块……

彼时包起帆已与房地产打了4个月的交道。这4个月,打得这位劳模感触多多。"我是临老学吹打。入了这一行,才真正明白什么叫隔行如隔山。房地产,我何曾料到自己有一天要跟它打交道?外滩改造,那么多那么大的工程,不管是改建,还是新建,都碰到地块问题。我哪里懂这些?可是没办法,这是我的工作。工作逼着我不但要懂得房地产,认识房地产,还得跟房地产打交道……不打不相识。我也学到了很多东西。"

那天,深秋的阳光很快升到了包办的窗前。透过玻璃,阳光温柔地洒在了包起帆的身上。侧面看去,包起帆仿佛是一幅剪影,轮廓鲜明、神态柔和。他就在那幅剪影里告诉记者,几个月来他真正是马不停蹄。

他说,以前在龙吴港觉得自己的工作节奏够快的了,可跟现在比,真有点儿小巫见大巫的意思。随便拿一天来说:上午到郊区跟一家房产公司谈判,路上电话遥控回复了几个工作请示。谈判中午结束,午饭都没来得及吃,又赶回市里参加一个会议,会上要汇报工作进展情况。原本想利用路途的时间思考汇报的思路,可好几个需要马上表态的电话打来……汇报会开到天黑,中饭晚饭合并,匆匆两口,然后丢下饭碗又赶一个关于地块谈判问题的会议,路上工作电话又没断过。会议结束已近晚上十一点,申城早已万家灯火万家美梦。

说起谈判,那可是包起帆那些日子最为频繁的工作内容之一。谈判桌上的试探、争夺,彼时对包起帆而言已是家常便饭。就拿前面"小巫见大巫"提及的那场谈判来说吧,包起帆和开发商为了一块土地的价格相持不下。具体怎么个相持法,包起帆没有详细说。这就让人有了很多的想象。寸土必争?据理力争?不卑不亢?斗智斗勇?包起帆只轻描淡写地做了个比喻:"甘蔗不能两头甜。让房产商得益一分,就意味着国有资产损失一分,这可是我们海港工人的血汗钱。房地产生意风险很大。我谈判的那个地块,做得好可得利润上百亿,做得不好就会摊上一身官司。摊上一身官司,我个人的损失是小事,工人的利益可是大事啊。那样我就对不起上万名下岗职工了。为什么谈得那么难?为利益呀。知道不,那块地的交易价格是按美元结算的。这就让我不得不计较到毫厘。锱铢必铰,就这意思。"

那天正说着,包办响起几下敲门声。有人进来道:"包局长,有个细节问题……"包起帆起身出门。差不多同时,他办公桌上的电话铃响了。又响了。再响了。好一会儿,包起帆才回到办公室。进门他叫来秘书,然后轻声交代秘书什么事儿。正这时，电话铃再次响了。包起帆不得不匆匆停止交代……

包起帆重新"剪影"了没一会儿，又来人敲门，包起帆又不得不出去，办公桌上的电话又嘀铃铃……

然后又好一会儿，包起帆回来。这次是他打电话给别人。好像是一件突发的事情。包起帆的语气果断、神情严肃："别听他们瞎说，这些房产商向来是这样能拖就拖的，这点你还看不明白吗？我告诉你，你要做的就是要和他们敲定付款进度，一定要按我们的要求付款，不要被他们牵着鼻子走……"

包起帆还在叮嘱电话那头的什么人如何如何地不要被房产商牵着鼻子走，如何如何地咬定青山不放松的时候，记者已被他那胸有成竹、稳操胜券的神态，已被他那丝丝入扣、句句得理的言辞深深吸引。记者看得听得一愣一愣的：这哪里还是传统概念里的劳模形象，这分明就是一个精明睿智的与时俱进的商人，分明就是谈判桌上一个不留给对方丝毫空子的谈判高手。这让记者不得不佩服包起帆：房地产领域的名堂那么多，政策法规也多如牛毛，而且瞬息万变。可包起帆竟那么熟悉。他刚才在电话中谈到的房地产政策是才公布不久的，他竟然已了如指掌！4个月，才4个月，他就让房产商拿他没脾气！

记者再次把目光投向包起帆的办公桌，发现除了文件还有很多房地产方面的书籍。记者顺手拿起一本，翻开，竟看到里面的好多页上都密密麻麻地做着笔记。记者于是释然。

包起帆放下电话，见记者正盯着他的笔记，便说，其实除了书本，他还有一招，就是借脑。借房地产专家的脑。

让包起帆印象深刻的是一次与房地产界20多位专家的全天候的跟随。"那天我用车将这些专家接到各个地块考察，请他们为地块估个价，再出出主意。刚一碰面，一些专家对我干上这一行很是惊讶：你不是搞抓斗的吗，怎么也涉足房地产了？我说：木头生铁钢材要抓，土地也要抓。抓得越多不越好吗？专家们笑了，说，那好，抓斗听你的，房地产，你得听我们的。那天的全天候让我收获很大。原先我感觉自己手上有这么多好地块，就好像是捧了一盘珍珠，只恨自己的时间精力有限，不能一下子全把它们擦亮。那天专家们告诉我，珍珠要一颗一颗地擦，先亮一颗。有了经验，再亮第二颗。第二颗肯定擦得比第一颗顺手，比第一颗亮堂。因为你有经验了。然后再第三颗，第四颗……一颗比一颗顺手，一颗比一颗亮堂。专家就是专家，我当时就有种豁然开朗、大彻大悟的感觉。那天专家们对地块进行估价时，我就竖着耳朵仔细听。多好的学习机会。他们所说的一切对我而言都是新知识，是我当时迫切需要的新知识。所以我连眼睛都不敢眨一下，就怕漏听了关键的东西。尽管专家们各有各的考虑，各有各的道理。有的是从市场需求量、市场消费能力考虑的，有的是从土地供应量分析的，还有的是看重未来前景的。意见虽然有分歧，但我是受益匪浅的。借脑这一招有时候真的很灵的。我常用，念大学的时候就开始了。咳，不管是老来学吹打，还是借他人脑，我目的就是一个，不辱上海港老码头建设和改造的使命。虽然辛苦，虽然艰难，但我很自信。我相信自己的意志。给我三五年，我相信自己可以为上海留下精彩的一笔。"

五

就在包起帆的"吹打"开始像模像样、信心也与日俱增的时候，上海市成立了专门的部门，黄浦江两桥间的改造与开发，统一由这个部门实施。包起帆因此回到了技术岗位，又一门心思地搞起了他的科技创新。

其实像当初一只脚在海里,一只脚在岸上差不多,包起帆在搞建设谈地块的同时,也没放松过发明创新的本业。他一直把发明创新看做是自己不可或缺的事业。他为此总是将自己分成了几份,为的是,无论自己身兼几职,都得保证有一份是属于本业的。他还总是把自己的脑细胞也掰成了几份,让一份脑细胞专门为本业服务。所以他是建设着并发明着,他一点儿没有耽误自己科技创新的那些事儿。

但还是有很多人为包起帆担心。准确点说,港务局副局长的交椅让很多人担心。诠释这个担心,就是"抓斗大王"分管了老港区的改造开发,那么多的事情摊在他身上,所以即便他有心,即便他有精力,他也没有时间搞发明创新呀。

这样的情景,早在1996年时就有过。那年包起帆就任龙吴港务公司的经理。用当时的流行语说,包起帆下海了。包起帆当老板了。

那时工友们有点儿着急地问:"当了经理,你还会帮阿拉搞抓斗吗?"

"当然搞咯。我哪能会停下来?"包起帆说。

工友们半信半疑:"就算你想,可要管那么多人的吃喝拉撒,你哪里还有时间?"

于是包起帆不再对工友说"当然搞咯"。他换了词儿,说:"我会分身术的。"

当时多半工友把"会分身术"当成玩笑话儿听。

可还没等工友们消化完这个玩笑,包起帆就把一个又一个新的发明奖给他们领了回来。

工友们于是放了心。说:"到底是抓斗大王。"

一个"到底",涵盖了很多内容。

可这次不同了。上海港务局的副局长,责任更多更大了,担子更重更沉了。用上海话形容，他的腔势越来越浓了。

这么大的腔势，他还会在意"抓斗"？

所以那段日子，关于包起帆是否还能有时间和精力搞发明创新的担心，以超越1996年的势头前赴后继地塞满了包起帆的手机。

有这个担心的人不局限在上海港。也不局限在上海。全国各地都有。或熟悉或认识或了解包起帆的人都或多或少有这个担心。

那些天，北京，天津，青岛，广州，武汉……南腔北调，那么多的人希望包起帆把"抓斗大王"进行到底。

那些天，包起帆几乎天天接到"进行到底"的电话。每接一个，他心里就温暖、感动一次。

每次包起帆总是很明确地毫不迟疑地这么回答："放心好了，我肯定继续发明创新下去的。""当然能搞。以前怎样搞，以后还怎样搞。"

每每这么回答后，包起帆还总是特意说声"谢谢"。

"说实话，每次接这类电话，我是心存感激的。担心就是关心。小时候我放学回家晚了，姆妈会担心；成家后我哪天头疼脑热了，妻子会担心；发明遇到困难了，工友会担心；创新卡壳了，领导会担心……没有关心，哪来担心？我怎能不感激？所以我不能辜负大家，我会不断创新，力争出成果。所以无论什么岗位，我都不会脱离发明创新的思维方式：创新是第一要务。"

"话是这么说，但那时候毕竟有担心的。如果包起帆不再继续搞发明创新，那多遗憾啊。现在好了。现在包起帆改'邪'归正了，这下他是彻底回到发明创新上来了。"有人在得知市里成立了专门的部门负责两桥间的改造开发的消息后，释然了，说："这就对了嘛，包起帆怎么可以离开他的发明创新！"

而更多的人说,包起帆当然不能离开他的发明创新。往大处说,创新是一个民族进步的灵魂,是国家兴旺发达的不竭动力。往小处说,那是包起帆生命意义和价值的所在。离了它,包起帆还是包起帆吗?

于是所有的人把祝福送给包起帆。祝福他新岗位新气象。祝福他再发明创新几个大奖。

祝福之后是等待,是期待。

等待,期待什么呢?

有关抓斗的那些事儿,包起帆已经给了人们无数次的惊喜了。他再拿什么让人们喜出望外呢?

"新作为,新超越,这是我的新千年之梦。"包起帆说,"我将以新岗位为新起点,以创新精神继续在岗位尽职,为事业奉献。过去的荣誉已成为过去,面对新的挑战和机遇,我将带领大家迎难而上,再接再厉,走出一条新路。"

人们咬文嚼字,品读包起帆的话,滋味儿就来了:他这是要在创新中寻找永恒啊。

六

其实早在上任上海港务局副局长角色的最初,包起帆心里就有了谱——建设和技术,两手抓,两手都要硬。

包起帆说:"要使港口的技术进步与港口的整体发展相协调,并达到国际先进水平,再像我早期发明抓斗那样,单枪匹马地闯,显然是行不通的。尤其是面对新形势新要求新发展,港口的技术进步和创新会有很多很多的工作要做。因此就要有创新的理念来指导我们的工作。比如鼓励更多的技术人员投身其中，比如给技术人员一个发挥聪明才智的平台等等。一句话，一定要壮大技术力量。"

是包起帆的倡导，上海港务局成立了技术中心。

包起帆的麾下，终于有了一支技术创新的"正规军"。16个研究室，近200名的技术人员。装备齐全，兵力雄厚，包起帆为大帅，"军衔"叫中心主任。

包起帆说得实在："实际上我早就有成立技术中心的想法。只是以前条件不成熟，我自己也还在摸索中。到新千年，我已经积累了很多成功的案例和经验，再说不少项目都是靠集体的智慧成功的，大家之间也已经有了很好的合作基础，所以我可以'招兵买马'了。另一方面，也是时势需要。我一直说，是上海港发展的需要把我推到了这么高的一个创新舞台上，这就让我有了责任感。我的责任就是要带领这支队伍一起搞发明搞创新。"

这是一支精锐之师。进攻数字化、智能化、自动化，提高上海港的核心竞争力，是他们的作战目的。

包起帆的作战动员令这么说："新世纪的港口发展即将从机械化时代迈向数字化、智能化、自动化时代。在历史的转折点上，谁抓住这个'化'的先机，谁就能赢得未来。上海港码头从人工扛大包到机械化作业走过了近百年，难道我们还要花上同样的时间来完成下一个蜕变？"

时光穿梭。站在2010年的门槛回首。

包起帆当年的动员令余音犹在，但这支队伍却早已战功累累勋章枚枚地打下了一个又一个战役。这些战役中的无论哪一个，都是那么的辉煌、那么的灿烂、那么的精彩。而这支精锐之师也因为这些的"多么"而多么的纵横驰骋、所向披靡在现代化科技的战场上。

七

话说荣获2003年第14届全国发明展览会金奖和发明者协会国际联合会所设的惟一IFIA大奖的"上海港集装箱智能化管理成套创新技术"。

包起帆在新千年门槛说要有"新作为,新超越"的时候,他的脑子里已经在盘算着新作为新超越的新方向。那时他就想到了集装箱的码头智能化生产。

这个想法的形成,缘于当时集装箱装卸卡车空驶率太高的状态。

细解释这个"空驶率":装卸的卡车从一个堆场空车驶到码头,装上集装箱后驶回堆场,卸货。然后又空车回到码头装货,再驶回堆场,再空车驶到码头。如此反复。这个过程中,空驶与满驶一半对一半。

这太浪费能源。所以包起帆早就琢磨:如果让卡车在各个环节中尽量满载,就是"降低设备空驶率",那该多好。

有了技术中心,包起帆认为时机可以了。于是他领头成立了"上海港集装箱智能化管理成套创新技术"课题组,并与上海海事大学合作。他自己担任项目负责人。

有人对包起帆说:"你说你这是何必呢。你能改变'空驶率'?那可是世界性的一个大难题!那么发达的国家都拿它没办法,你好好地当你的'大王'就是,又何苦折腾自己搞什么'空驶率'呢?"

确实很难。"大王"也知道,降低空驶率,不只是一辆两辆三辆车的小打小闹。是上百辆车的大战役。这么多的卡车要有条不紊地调度和指挥,让它们乖乖就位,谈何容易?在世界港口装卸行业中,它确实是一道属于顶级的难题。

但包起帆不言难,他说单枪匹马的时候他就想挑战这个"难",更别说现在了。现在他有精锐之师了。他说要有明知山有虎偏向虎山行的勇气,伟大领袖毛泽东同志不早就教导我们"世上无难事只要肯登攀"吗?他还说这个"难"他是非攻不可了。

于是每天早上六点多离家,直到晚上十点多甚至半夜才着家,连节假日都搭进去又成了包起帆的日常工作状态。他是总指挥,但有时候他必须扛起冲锋枪亲临前线参加战斗。当然,比之以前,那时包起帆不用再像过去那样,回家就伏案画设计图,还把家贴得到处都是'卡车'和'集装箱'了。设计中心的年轻人说:"哪能再让包局长画设计图?这些活儿已经由我们干了。他更多的是出点子、出思路,指导我们。但出'点子'和'思路'这活更累。累就累在创新上。所以包局长常跟我们开玩笑,说'这个点子杀了我不少的脑细胞,都快把我的脑汁绞尽啦'。让包局长绞尽脑汁的就是卡车到达指定位置卸货后,能否马上接到指令到另一个较近的地方装货,而不是空车返回。"

为了这个"不空车",差不多一年,包起帆陷于其中。他一边指挥他的技术中心,一边杀伤脑细胞,还一边汲取新知识营养自己。包起帆说:"降低空驶率,必须依靠智能化调度。这是毫无争议的。但这个'智能'有点儿难。好多信息化知识我不懂,于是就学,就请教。没别的办法,只有逼着自己学习。不过,有时候临阵磨枪也能有点作用的。"

一个又一个难关,一次又一次实验,三个春夏秋冬过去,包起帆和他的技术中心终于成功了。包起帆终于实现了码头运输从机械化到数字化、智能化飞跃的愿望。

这是一个出色的成果:装卸的卡车从一个堆场满车驶到码头,卸下车上的集装箱,又装上码头的集装箱,然后驶回堆场。卸下车上的集装箱于堆场,又装上堆场的集装箱,再又驶回码头,重复卸装,重复来回……装卸速度提高了20%,装卸能力几乎提高了一倍!

哈哈。包起帆乐开了怀:智能化、数字化真是个好东西噢,它真让卡车的空驶率降低了。好呀好。真是世上无难事只要肯登攀啊。

国家权威机构跟着也乐了:集装箱智能化管理成套创新技术水平达到了国际先进、部分技术领先国际水平。包起帆他用智能化数字化领跑了世界港口码头的装卸。

八

2004年2月10日,《人民日报》刊登《包起帆:永不停步的发明家》一文,在罗列包起帆获得15项国家专利,3项国家发明奖,1项国家科技进步奖,14项省部级科技进步奖,11项国际发明博览会金奖之后,说包起帆走上上海港务局的领导岗位,却没有停止发明。不但没有,而且发明的起点更高了:带领工程技术人员刻苦钻研国内外先进的港口技术,充分运用信息技术,先后开展了集装箱智能化成套技术的开发与应用、超大型集装箱码头建造的关键技术等专题科研项目的研究和攻关,逐步改变了原来码头粗放型、体力型的管理模式,同时通过对已立项项目的落实,使得一批科技含量高,实际应用效果明显的课题项目研究取得了良好的成果,对技术进步起到了推动作用……从那,提包起帆,就有"永不停步",提发明家,还是少不了"永不停步",所有有关包起帆的文字或音像,都格外认可这个概括并不约而同地一次又一次地引用了这句话。

于是"永不停步的发明家"就这么成了包起帆的另一个专用名,和

"抓斗大王"一样,好记,朗朗上口。"包起帆?哪能不晓得?就是那个'永不停步'嘛。"就这么顺嘴,入耳。

九

"永不停步的发明家",《人民日报》说这话才过九天,传来了特大喜讯。包起帆在第95届巴黎国际发明展上独中三元。

巴黎国际发明展,圈内人也称它为"列宾竞赛",创始于1902年,因为公正、公平,它赢得了极好的声誉和国际性的权威。它是世界所有发明家寄予希望、渴望成功和体现价值的地方。因而每一届,各国参赛者都十分踊跃。这一届,参赛项目就近千个。包起帆带去三个,即由他主持开发的"上海港集装箱智能化管理成套创新技术"和"遥控电动液压抓斗"、"电缆卷筒"。

所有参赛者事先都知道,这届组委会为这届参赛者设立的金奖只有24个。于是大家既怀有悬念,又怀有希望:谁能得到这24金中的一金呢?

没想到!评委会主席在宣布金奖得主时,竟连续三次让"上海国际港务集团的发明者包起帆"响彻会场。

全场鸦雀。肃静。只有目光在惊诧:3金?一人得3金!

几秒之后,仅仅几秒。全场突然掌声爆发,雷动,经久不息。

国际评委会后激动地说,一位发明家在同一届发明展上同时得到3块金牌,这是世界发明展览史上绝无仅有的第一次。

当时,我国驻巴黎法国大使馆的官员带着惊喜快步走到中国代表团的席位前:这不仅仅是上海国际港务集团公司的荣誉,也是上海市的荣

* 包起帆在95届巴黎国际发明展上独中三元

誉,更是中国的骄傲。上海港为中国争光了。

独中三元,这也是中国发明协会自1988年组团出国参加国际发明展以来的第一次。上海人民那叫一个心里美啊。可还没等上海人民从喜悦中平静下来,好消息又来了。"上海港集装箱智能化管理成套创新技术"获得全国首次职工技术创新成果评选惟一的一个一等奖。

几天后,包起帆代表上海工人阶级进京参加全国职工技术创新成果表彰大会。又几天后,2004年5月18日,三尊金光闪闪的奖杯和三枚同样金光闪闪的奖牌从巴黎抵达上海,到了包起帆的手里。

记者闻讯第一时间赶到包起帆身边。说点什么?包起帆笑了:"说什么呢?你们把镜头给了我,可荣誉不仅仅属于我。还属于我的技术中心的同事们。所以在这,我想代表他们说一句话,那就是:作为上海科技工作者的一分子,能为上海城市建设、科教事业的发展作贡献,我们感到非常骄傲;作为上海工人阶级的一员,能为全中国工人弟兄们争光,我们感到无比自豪。然后,我再代表上海港的码头工人说一句话,谢谢改革开放的好政策。"

十

"3金"之后的一天,包起帆跟朋友说了这么一个故事。

是2003年夏天的某一天。这天浦东外高桥码头来了一批艺术家。其中有当年演《海港的早晨》女一号的筱文艳。

一晃40年过去。当年的"方海珍"已八十又三。这天"方海珍"带了好些夏令慰问品。她说当年为演《海港的早晨》,她来码头体验生活,所以她记得夏天码头装卸工人都热煞咯,都辛苦得不得了的。

可是"方海珍"带着一班人马转了大半个码头,才见着一名工人。可这名工人穿戴挺括让"方海珍"以为是领导或是技术人员。"哪能搞的啦?""方海珍"拉着包起帆的手问:"装卸工人呢?哪能勿看到伊拉?"包起帆说:"现在码头装卸实行机械化、信息化管理,不用人工操作了。""方海珍"一听,连说"乖乖不得了"。然后她很是感慨地告诉包起帆:"40年前我在海港演戏,一个坐1 000人的大礼堂,竟塞了1 500人还要多。连走道都站满了人。那时候码头装卸工人苦得来,都是肩扛手搬,吃力煞哉。阿拉来演戏,伊拉开心得不得了,从头到尾拍手就没有停下来过。我记得演出结束以后,好多装卸工人拉牢我的手,说'谢谢侬唱阿拉装卸工人'。从那以后我就把海港当做娘家。今朝我是回娘家看亲人来了。可我没想到娘家的变化大得真是没得话说。真咯是'轻轻地一抓'啦。阿拉的海港工人幸福啊。"

包起帆说完这个故事后说:"筱文艳的话虽然朴素,却是事实。海港工人的幸福,当年我发明抓斗是为这,现在我得'3金'是为这,将来我所做的一切,也肯定少不了这。"

十一

2005年7月28日。

这天上海雷阵雨。轰隆隆,哗啦啦,让炎热的上海气温骤降了几度。人们终于感到了一丝凉风。

傍晚,申城的千家万户拿起《新民晚报》,他们被头版的一条消息吸引:包起帆上午展示集装箱实时跟踪新技术——门有"安全锁",行凭"身份证"。

集装箱实时跟踪,什么意思?那天很多人不明白什么是集装箱实时跟踪,但很多人注意到了这条消息。

包起帆,上海老百姓太熟悉的人物,所以只一眼,就记住了这事儿跟他有关系。"看呀,抓斗大王又搞出新名堂了。""晓得吧,说不定这趟又要帮阿拉上海捞几只大奖啦。"

消息说,这天上午,抓斗大王包起帆和他的课题组,在上海港龙吴公司向国内港口专家展示最新科研成果:每只集装箱被从道口运到岸边、装上船,或从船上卸下、进堆场、上卡车离港,一路的情况都由一张"身份证"跟踪并报告。

这个"身份证"又是什么东西啦?很多人还是弄不明白。

消息于是解释,说"身份证"正式名称叫电子标签,样子像门铃。但里面有个装置,像公交IC卡。卡中的芯片储存着集装箱的有关信息,包括箱里的货物名称,件数,起运港,目的港,还有码头吊运记录。这些信息用一种被叫做读写器的东西一读就一清二楚。而这个读写器就安装在港区进出道口、堆场龙门吊和岸边桥吊或门机上。

*集装箱电子标签系统

消息还告诉老百姓,说集装箱门上还有一把安全锁,它的大名叫电子封条。集装箱装上它,途中被开过几次门,什么时候开的,开了多长时间,也都一清二楚。还有,有了电子封条,谁想走私,谁想偷换货物玩狸猫换太子的把戏,那可就难了。

老百姓于是懂了:"谁动了我的箱子?说的不就是这个嘛。""好呀好,阿拉就晓得包起帆要么不出手,出手就不凡,上海水平嘛,总是乓乓响的。""包起帆这是要'包'集装箱安全啊。"

原来以前集装箱运输记录都靠一张"货单"。"货单"是人工填写,因为是人工填写,因此它的安全系数就低,名称、重量、目的港填错的情况时有发生,甚至连箱里究竟装的什么东西都没有办法弄清。再则,由于集装箱自身不载有信息,所以在运输过程中,对集装箱的流向和识别只能人工操作,这大大地影响了港口运输和装卸效率,集装箱在运输途中被更改名称、调换货物的事故也因此时有发生。这是海内外港口共同的难题。也就是说集装箱码头的信息化水平的落后已经成为制约当今集装箱运输发展的瓶颈之一。

如果能消灭这个瓶颈就好了。包起帆一闪念。

而真正促使他付闪念于行动,或者说给闪念以灵感和启发的,却是一盒月饼。

是新千年后某一年中秋前夕。这天包起帆去邮局给远在国外的儿子寄月饼。那天他看着营业员用邮局的专用盒将他的月饼包装好送进待发的邮件堆里,心里很是安慰。他很认真地看了一眼邮件堆,确信无疑自己的邮件就在其中,然后转身离去。走出邮局的时候,他忽然为自己刚才的那一眼感到可笑:有什么不放心的,谁会半道吃了月饼不成? 但他同时又觉得自己的担心合情合理:那里面哪里只是月饼,分明还装着父爱一片呢。这么想着,他仿佛看见儿子大口嚼着月饼的高兴样儿。那是杏花楼的月饼,上海老字号的,儿子最喜欢的。于是包起帆开始盘算儿子收到月饼的日子。盘着盘着,竟盘出了担心:月饼邮途能否顺利? 月饼能否如期送到? 月饼能否完好无损? 顺着这份担心,包起帆想,如果能有一种仪器跟着月饼,到哪里了,是否安全,有没有人动过,这种仪器都能监控到,都能告诉我,那该多好。想着想着,包起帆就想到了集装箱:假如集装箱能随时随地地处于监控之中……

蓦然,包起帆想起一个词儿,信息化新载体——电子标签。

电子标签问世已有十多年的历史了,人们现在到处在用的各种IC卡,就是它的一种形式。把这个载体的原理移植过来,加以特殊的天线和读写器,安装在集装箱箱体上,就能像地铁进出口处的检票闸机一样,扫描"卡"上的信息，传送给管理系统。又因为"卡"里装有温度、湿度和光度传感器，所以箱子是否安全是否受到侵害等信息就都会被随时收集并记录在"卡"。通俗解释是：集装箱门开了几次，什么时候开的，开了多少时间；集装箱停了几次，什么时候停的，停了多少时间等等，一切都既清楚又精确。再因为它和GPS全球定位系统联通，系统又可以随时通过卫星知道某个集装箱的去向和情况……这就是包起帆他们发明创新的电子卡，它的名字叫"集装箱电子标签"。

上海港发明创新了"集装箱电子标签"的消息让某某公司惊呆了。

某某公司也在研究这个。他们知道在美伊战争中，SAVI公司在美国国防部的军品集装箱运输中采用电子标签获得了较好的应用实验效果，但由于其产品和系统昂贵的价格使其仅局限在美国军队应用；他们知道为了适应国际防恐的安全需要，美国和欧盟纷纷提出了集装箱运输安全锁的概念，并先后提出了许多解决方案，但因技术和成本的原因，其方案还处于实验阶段；他们偏偏不知道包起帆也在研究这个，偏偏不知道包起帆竟然在他们闷着脑袋研究的时候已经抢了他们的先。

这个打击实在是猛了点。某某惊呆之后有点儿郁闷。

郁闷之后是清醒。某某立马摆出姿态，说愿意跟上海合作，共同在亚洲和欧洲推广和完善集装箱电子标签系统。

而那时，包起帆已将"集装箱电子标签示范系统及标准"项目一口气申报了五项国家发明专利，一项著作权登记，还完成了三个标准草案。

之所以有这个"一口气"，是因为包起帆又有了新梦想：他想抢占"国际标准"。他不满足于"上海标准"。

但包起帆心里明白，为了这个国际标准，当下他们赶紧要做的，就是尽快实现"上海标准"将"两港一航"系统连贯起来并能成功通航的

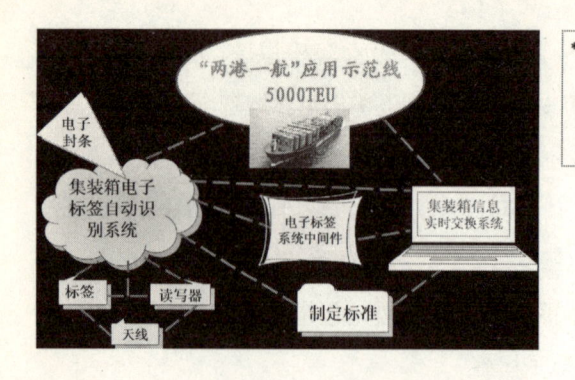

* "两港一航"应用示范线

创新。

于是,包起帆开始北上南下地奔波。

2005年10月,在交通部的鼎力支持下,上海港终于得到了烟台港和南青船务公司的大力支持,共同筹备开通商业营运的带有电子标签的集装箱班轮航线。这年12月,包起帆派了课题组的十多位技术人员去烟台,准备"两港一航"通航的试验。

然而天有不测风云。偏偏这个时候烟台遭遇了50年不遇的暴风雪。偏偏十多位技术人员全都是南方人,积雪一米多深和滴水成冰的工作及生活环境让他们极为不适,出门不是摔倒就是摔伤,天天有人挂彩。还偏偏就在这个关键的时候,包起帆发起了高烧。39.4度,额头灼人嘴角燎泡,医生强迫他住院治疗。

身在"曹营"心在"汉"。平日很少看电视的包起帆,那几天天天不让电视机休息,天天守着山东电视台不眨眼。烟台的天气让他忧心忡忡,心急如焚。他担心试验夭折在这天灾之中,他担心大家几年的辛苦全部付给了这个"50年不遇"。

顾不上自己了。他心一横牙一咬,拔掉输液管,去烟台。"你不要命了!"医生坚决反对。包起帆央求医生说:"我的兵在烟台鏖战,我这个指挥官却躺在上海观战。我一定要去烟台。那边需要我。"

医生最终没能拗得过包起帆，无可奈何地答应了。于是包起帆一分钟都不愿耽搁，他立即脱去病号服，连家都没顾上回，提起医生给他配的药，直奔机场而去……

那天烟台依旧大雪纷飞、积雪深深，那天烟台依旧寒风烈烈、冰冻三尺。当包起帆深一脚浅一脚地突然出现在烟台港试验现场的时候，所有在场的上港人都惊呆了。以为是幻觉，包总？然后大家欣喜地奔到包起帆身边，将他团团围住。这个拉胳膊，那个拽衣服："您不是病了吗？"再然后大家不约而同却齐刷刷地说道："包总你好！"

"包总你好"，虽然朴素却满怀深情的问候让包起帆鼻子发酸，他一一握过大家的手，然后动情地说："对不起，我来晚了。你们吃苦了。感谢你们在这样的天气里仍然坚守岗位，坚持工作。"

重新回忆这段经历，当时在场的一位高级工程师说："包总在那么冷的天气里，带着病到烟台，去看望我们，去为我们鼓劲，我们能不备受鼓舞吗？与天斗，其乐无穷。有了这精神，试航能不成功吗？我们很骄傲，我们的'两港一航'就诞生在那'50年不遇'中。连烟台的同行都说，'这就不难理解你们为什么会有那么多的成功。有包起帆这样的领导，是你们的福气。包起帆，是上海港的福星呐。'"

2006年1月12日。雨水淅淅沥沥，这是这年上海入冬以来最湿冷的一天。但这天包起帆的脸上却带着春天阳光般的笑容。不止包起帆，整个上海港都分明洋溢着春天般的喜悦。

这天，是上海——烟台电子标签集装箱航线首航的日子。这天，是包起帆及其课题组四年"磨"一航——世界第一条电子标签集装箱航线终于诞生的日子。

* 世界上第一条装有电子标签的集装箱航线

这天上午。上海港务集团龙吴码头。交通部、科技部、国家标准局和上海市的专家、领导亲临现场。

雨雾中,但见载着集装箱的大卡车驶进龙吴码头。道口、堆场、上船……再不用人工填写货单,再不用熄火等待,只需几秒,几秒的停留,卡车两侧的探头——读写器就会自动读写,将所有的信息包括货物名称、件数、起运港、目的港、船公司、货主等,存储到电子标签上。然后起航,出发,开往烟台,途中开了几次门,什么时候开的,在哪里开的……电子标签一路跟踪,一处不漏,全部"报告"给了监控中心的电脑,煞煞清爽。

"两港一航",向世界宣布,中国成功了。

这回轮到美国SAVI公司拍脑袋傻愣。

中国上海港电子标签首航了？SAVI公司瞪着蓝眼珠置疑。

他们车马劳顿地赶到上海港。眼见为实。"very good!"别说SAVI公司，上帝都哑口无言。

更让SAVI公司眩晕的是，中国不仅有了电子标签和"两港一航"，她还拥有了电子标签所有技术和产品的自主知识产权，她还要变"上海标准"为"国际标准"！

"是。成为'国际标准'。抢占国际集装箱标准话语权。"两港一航"的成功让包起帆底气十足。为了稳操"抢占"的胜券，凭着"包起帆"的名牌效应，包起帆开始把电子标签从国内推向国际。

* 中美首条上海－萨瓦那集装箱电子标签国际航线开通仪式

2008年3月10日,世界航运史将记住这一天。

这一天,世界上首条投入运营的集装箱电子标签国际航线在上海外高桥码头正式开航。一个月后,中国创造的电子标签将抵达美国第4大集装箱港——莎瓦那港。

对于这一天,上海乃至全球航运界期待已久。

为了这一天,包起帆和他的科研团队在2006年年初还抓电子标签上了网,开发了一个名为"中国集装箱电子标签"的专用网站。中英文页面。登录这个网站,只要在查询页面上输入箱号,该集装箱的所有信息包括该箱的货重、危险品等级、温度、联合国编号等,都能一目了然。同时,该箱何时进港装船,何时卸船出港等动态信息也能在网上清晰显示。而尤为"科技"的是,在整个物流过程中,任何一点意外,网页都会出现红色报警信号!

这就又叫人瞠目:"中国集装箱电子标签系统"网站,网你没商量!

2008年1月,日本发生了一件大事儿:老百姓食用了中国生产的饺子,竟中毒了。中毒源,竟是农药。日方怀疑是中国方面的问题。中方坚持说自己没有问题。事件闹得沸沸扬扬。要澄清事实,惟有查。

事情非同小可。如果真是中国的问题,那不仅是中国生产饺子的厂家,也不仅是中国的食品企业,整个中国都得受牵连!

更严重的是,它将直接影响中日两国的关系。

实话说,中方尽管坚持"没问题"说,但也不能不紧张,心也跟着提到了嗓子眼。

很快,中日双方联合调查了中国饺子的生产厂家。结果:厂家不存在任何安全问题。也就是说,厂家在取料、配料、制作、包装等整个生产过程中,措施到位、防备严密不给饺子任何的污染机会,更别说农药的侵入。

既然生产没漏洞,那会不会是运输过程中的问题,否则饺子怎么会沾染农药的呢？日方食品专家又提出了疑问，会不会是在漫长的运输过程中出的问题呢？

幸亏电子标签。

是电子标签，最后给了饺子一个说法，还了饺子一个清白。

中国的电子标签显神威，这叫世界航运界怎样地欣喜怎样地欢心啊。

所以当世界上首条投入运营的集装箱电子标签航线准确准时安全到达莎瓦那港时，美方同行向包起帆报以长时间的掌声。那刻，莎瓦那港主席想起2006年包起帆第一次和他谈开辟中美电子标签航线时自己半信半疑的态度，便竖起大拇指，半是歉意半是钦佩地对包起帆说，OK，中国的集装箱电子标签让物流过程更加透明、更加可控、更加安全。中国很了不起。

就此，"中国标准"因为这世界第一条电子标签示范的成功而美名飞扬、远扬。而包起帆，起锚于黄浦江，扬帆在五大洋。加拿大，日本，马来西亚……世界各地的港口开始接二连三地寻到中国，寻到上海，寻到包起帆，说："你是'标签大王'，我们要跟你合作。"

"其实电子标签发明的意义也不仅仅体现在世界航运界，它还辐射到世界各国的其他的很多行业。"包起帆说，"对船舶公司而言，过去由于无法对每个集装箱实时监控，企业既要承担运输过程中的风险，又无法缩短物流周期以减少风险。而有了电子标签就不一样了，货物安全有了保障，物流过程也变得透明、可控，这大大地降低了物流企业的成本，从而提升整个行业的服务能级。而对货主来说，流通领域的变革势必影响到生产领域。既然物流过程的每个细节都可以了然于胸，那生产计划便能安排得更紧凑、更合理，资金利用率也就能大幅度地提高。除此之外，对海关边防检验检疫等国家职能部门来说，电子标签的运用

Photos by Carl Elmore/Savannah Morning News

The Crescent Towing tug Savannah sprays water over the Savannah River on Tuesday morning as Bao Qifan, executive vice president of the Shanghai International Port Group, speaks.

The Savannah-Shanghai connection

Ports launch E-tag cargo-tracking project

BY MARY CARR MAYLE
912-652-0324 • mary.mayle@savannahnow.com

The fastest-growing port in the country has teamed up with the fastest-growing port in the world to develop an innovative container tag that will allow them to track and monitor cargo as it is shipped overseas.

Georgia Ports Authority and the Shanghai International Port Group on Tuesday commemorated the launch of a one-of-a-kind E-tag cargo-tracking project that uses Radio Frequency Identification — or RFID — to follow cargo movements from their point of origin to their destination.

Not only will the electronic tags allow customers to monitor their containers' progress and make real-time decisions on cargo delivery, but the system also has the capability to alert the Department of Homeland Security if a cargo seal is tampered with or removed, port officials said.

"The threat against terrorism, stowaways and food

SEE **CONNECTION**, BACK PAGE

These E-tags will allow shippers to track cargo around the world.

* 美国莎瓦那报纸刊登起帆电子标签成功的消息

也使其有机会改进监管手段,在提升监管效率、更有效地发现违法行为的同时,进一步提高通关速度,为企业提供优质服务。所以这一连串的变革使得集装箱电子标签备受世人瞩目,也让其成为一项具有世界级影响力的发明。"

至此,国内外许多专家终于相信了电子标签运用的影响有多深远多么远大,也终于明白了2006年巴黎国际发明展览会评委主席为什么说包起帆的电子标签是"改变人类运输方式的革命"。

十二

世界第一条国际集装箱电子标签航线成功后,包起帆转身就盯上了他梦寐以求的"国际标准"中国的话语权。

他一天都不想再等了。

国际集装箱标准话语权,包起帆念念不忘的所想所要啊。

其实早在2005年岁末,提及当时一口气申报了五项国家发明专利、一项著作权登记,还完成了三个标准草案的事儿,包起帆就解释说:

"集装箱电子标签系统,这个项目我2001年就瞄准的。一方面是为了提高上海港集装箱运输的管理水平和信息化程度,另一方面因为这是国际前沿的课题。它有着极大的创新空间。这对我而言太具有挑战性和刺激性。我说过,上海港的千年之梦:要做就要做世界一流的。2004年这个项目被列入上海市重大科技攻关计划项目。上海市科委计划要求这个项目在2005年年底完成。我们课题组经过一年多的攻关,终于将梦想转化为现实。专家们认为,我们这个项目的总体技术达到国际先进水平,部分技术处于国家领先。

　　但我们不满足。我们有紧迫感。这个紧迫感就是这个项目的创新空间带来的。当时国际上还没有统一的集装箱电子标签标准。这就给了我们机会。我们需要并且有能力实现这个'国际标准'：上海港是世界第一大港，越来越巨大的吞吐量需要科技的支撑；国际港口间的应用还未见成功先例，而我们上海港已经有了近4000个标准箱的实船试验，这是世界同行多年来想做而没能做成的事。所以我们的共识是，要力争让'中国标准'成为'国际标准'，为中国在国际集装箱运输标准中夺得话语权。

　　要争朝夕。这个'国际标准'是各国同行的必争。所以我们要抢占。

　　一环扣一环。这是我们的策略，也是当时形势所迫。面对激烈的国际竞争，上海港唯有抢占，才能实现建设国际航运中心的目标。"

　　之后2006年1月的"两港一航"，2008年4月的"上海——莎瓦那"，包起帆果然如他所说，一环扣一环地紧紧盯着"国际标准"。

　　"我是盯住这个国际标准不达目的不罢休了。中国是集装箱港口吞吐量世界第一大国，集装箱运量世界第一大国，集装箱制造量世界第一大国，但在这些第一的背后还没有一个国际标准是中国领衔制定的。在世界航运界，欧美国家长期把持着国际标准制定权的'游戏规则'。现有的几十种国际标准，清一色的都是欧美国家制定的。标准集装箱为什么叫20英尺而不叫6公尺，就充分说明了这一点。凭什么都让老外说了算？不是说三流企业卖产品，二流企业卖专利，一流企业卖标准吗？"

　　为了这个"国际标准"，包起帆代表中国国家标准化委员会向国际标准化组织提交了有关制定集装箱电子标签国际标准的提案。然而，国际标准化组织是一个非常严密严谨的机构，制定国际标准有着相当规范的程序和要求。包起帆提案的集装箱电子标签归入国际标准ISO/TC104

工作组。该工作组有一大批资深专家,他们各自代表着不同国家的利益,因而每次在讨论制定国际标准时,都要争得面红耳赤,有时甚至还会拍案怒起,相持不下。这样的场面,显然对包起帆这样的准国际标准制定者很是不利。而按规定,一个制定国际标准的提案需要该工作组一半以上成员国同意,同时至少要有5个以上国家愿意共同参与才能通过。这点,对第一次参加提案的包起帆来说,更是知之甚少。

2008年9月,国际标准ISO/TC104工作组讨论包起帆的提案,尽管有一半成员国同意,但因为只有两个国家愿意参与,所以包起帆的提案最终没能通过。

消息传来,遗憾惋惜是免不了的。但包起帆并不因此灰心,他鼓励大家:"路是人走出来的。遭受点曲折,不是坏事。调整状态,继续努力。"

之后包起帆把ISO国际标准工作小组的各国代表请到了上海。他说:"或许这些资深专家并不资深了解中国了解上海,那咱们就把他们请来,让他们开开眼、全面地深透地考察考察上海港到底是个怎么样的港,上海港的电子标签又是个怎样的系统。"

见多识广的蓝眼睛金头发们,那天从踏上上海港的那一刻开始,他们震惊的表情、诧异的眼神就再也没有收敛过。他们显然吃惊得厉害,没想到中国的港口竟然这么这么地了不得……

2009年2月,包起帆代表中国又向国际标准化组织提交了一份新的有关制定集装箱电子标签国际标准的提案。这次ISO重视了。他们开启了"投票窗口",要求全体成员国对中国提出的制定集装箱电子标签国际标准的提案再次进行为期3个月的投票。5月10日,投票结果公布,包括美国、法国、德国、俄罗斯、英国、日本、丹麦等国在内的14个国家同意该提案,其中法国、德国、美国等8个国家还表示愿意与中国一起参与标准制定。

2009年5月底,在国际标准化组织巴黎会议上,国际标准化组织确认了中国集装箱电子标签国际标准提案的投票结果。同时,国际标准化组织还在会上宣布,任命包起帆负责领导由9个国家专家组成的工作组编写集装箱电子标签国际标准。到6月初,ISO秘书处又传来信息,电子标签国际标准草案的国际编号为ISO/NP18186。

包起帆拿到这个传真忍不住笑了,这个从不迷信吉祥数的"大王",那天那刻也煞有介事地说道:"18186,好数字呀。大家记住呵,它可是我们上海港为中国突破航运国际标准零纪录的吉祥数啊。"

包起帆于是不无感慨地说:"'国际标准'让我们的眼光由中国级变成世界级。从这点说,'国际标准'既是我们的目的又是我们的起点。我们已经做和将要做的事情,就是要在世界上建立起我们中国的自主创新的体系、自主创新的品牌、自主创新的标准。所以这次'中国标准'的真正意义,就在于通过它说明中国已经拥有了自主知识产权的技术,并正在以王者风范走向世界,标准化世界的港口运输,登上从'中国制造'走向'中国创造'的巅峰。"

十三

在创新电子标签的同时,包起帆和他的课题组还和振华港机、交通大学合作研制"自动化码头无人堆场"。这是2004年上海市重大科技攻关项目"现代集装箱物流与装备集成技术研究与应用示范"中的另一项重要内容。

都知道这是一场成者为王、败者为寇的"恶战"。

但包起帆决意要打这一仗。

彼时上海港码头年货物吞吐量连创新高,一个现实而严峻的问题已经摆在了上海港大发展的道路上:码头的运能跟不上进港货物的增长。换言之,就是上海码头"吃"不下"新高"了。

包起帆说,这仗是非打不可了。

怎么打?

创新"集装箱自动化堆场"。包起帆凭着对国际港口业整体发展趋势的了解和分析说:"这是世界集装箱码头研究的最高端的课题,不容易攻下,但必须攻下。一旦攻下,我们就又领先了一步:实现码头操控无人化,提升码头效率能级。还是那句话,要做就做世界一流的。"

世界上第一个集装箱自动化堆场建于1993年的荷兰鹿特丹港,2002年德国汉堡哈拉码头也建成了集装箱自动化堆场……包起帆找来了这些堆场的最新研究成果,带着课题组一头扎了进去。一段日子后,一套上海式的集装箱自动化堆场的设计图形成。但就在那时包起帆发现,荷兰和德国的集装箱自动化堆场的龙门吊根本无法识别规格不一、形态不同的各种各样的集装箱卡车,国际上所谓的集装箱自动化堆场在这个环节上依然采用人工操作。这也就是说,包起帆科研组设计的上海式的集装箱自动化堆场的龙门吊也患着这个国际性的疑难杂症。

显然,这又是一个世界级的难题。

龙门吊不能识别规格不一、形态各异的集卡,这还能算自动化?包起帆的眉头皱成了个"川"字。他被难住了。

这个难题刁难了包起帆他们整整一年。2005年7月前后,经过千锤百炼依然没有跨越这道难题的课题组灰心丧气得几乎要放弃这个项目。

包起帆不同意。他说:"创新本来就是一件不容易成功的事情。如果轻而易举,那还能叫创新吗?"

包起帆跟大家说,创新就跟种果树一样,要图收获。为什么有些树"春天种,夏天黄,秋天死,冬天进炉膛"?主人没有精心费力地照料它培育它呀。小树苗种下去,你得精心培育它。它哪儿有病了,你得给它治疗;它哪儿先天不足,你得想办法调理它改变它甚至嫁接它。要有不见硕果不罢休的精神。

不见硕果不罢休。换言之,要有锲而不舍的精神。锲而不舍,这是包起帆创新精神内涵的一部分,也是课题组的努力方向之一。于是在包起帆的带领下,课题组开始集中力量攻克这个难题。

那些日子里,包起帆只要有时间,就一定到码头去走走。每次,他总是仔细地反复地观察龙门吊运作的每一个环节。然后他就召集课题组开会,把自己观察的心得和发现跟大家沟通。然后课题组就一次次地改进、完善、优化方案。

揣着不见硕果不罢休的誓言,仗着锲而不舍的精神,课题组经过一次又一次的攻关,一次又一次的试验,终于攻出了一个3D激光扫描加图像处理的新技术。

有了这两个新技术,世界级的难题不就化解了吗?

百般难,千般难,难乎其难呐,这两个新技术!

为它们,整整一年多,课题组天天枪上膛,剑出鞘,鏖战"集装箱自动化堆场"。

好一场漂亮的持久战。其毅力,其精神,感动得黄浦江水也欢腾。

课题组更高兴。3D激光扫描加图象处理,似一针兴奋剂,让他们情绪激昂、信心陡增,让他们摩拳擦掌地进入了决战状态。

很快，决战告捷。一套全新的"高低架轨道龙门吊和缓冲区相结合的接力式堆场装卸工艺系统"闪亮登场。包起帆和课题组栽下的"集装箱自动化堆场"这棵树终于枝干挺直枝叶茂密了起来。

深呼吸，给紧绷了一年多的神经放假。课题组说，怎么从来没发现，原来黄浦江的味儿是甜的？

包起帆于是笑哈哈地说：黄浦江水何止是甜的，她还分明有股神奇的力量。这力量，让我们成功地培植了"缓冲区"。接下来我们要做的事情，就是要不断地修正它，完善它，给它提供最先进最科学的营养，要不了多久，它就会结出硕大的果子回报我们了。

2006年4月23日。上午。外高桥二期码头。

集卡。集装箱。龙门吊。

无人驾驶。无人指挥。却能行驶。却能吊卸。却能堆放。却一切井然。

这就是包起帆和他课题组"浴血奋战"一年多打下的集装箱自动化堆场！

这就是我国的第一个集装箱自动化堆场！

好大的一个果子。

不再累赘凡是创新必然会经历的种种难关和坎坷，也不再重复创新者必然会遭遇的前所未有的压力和挑战。简单说，在包起帆他们的"堆场装卸工艺系统"闪亮登场后，集装箱自动化堆场就在摸索和调整中开始了试运营，2006年4月23日这天的示范运营，那是上海正式向世界宣告中国的又一个"第一"诞生了。

2006年10月的某一天。

这天上海市科委组织国内专家现场鉴定这个"第一"的完整版：第15 146个标准箱的运行。

一辆集卡进道口。道口有"眼睛"。只需10秒，"眼睛"就读出集卡的车号和集装箱号，并立即将它的信息传输到两公里外的码头作业中央控制室。系统随即指定集卡的卸箱位置，并将位置打印在一张小票上交给集卡司机。然后集卡就方向很明确地驶到它的目的地，停下。

接着一架轨道式龙门吊开了过来。这架龙门吊高约17米，无人驾驶。无人驾驶的它却能将集卡上的集装箱吊起来，平移卸放在缓冲区的平台上。再接着，一架更高的约有34米的龙门吊开了过来。更高的龙门吊也无人驾驶。"更高的"迅速地将缓冲区平台上的集装箱吊起，稳稳地准确地放在了堆场上。

"更高的"力大无比，可以同时吊起4个20英尺的标准箱，而且能将8

* 包起帆和国内专家们探讨自动化堆场

个集装箱像搭积木一样码在一起。8个标准箱叠起来足有20米高，像座多层房子。可令人匪夷所思的是，8个箱子码放得十分整齐——顶部和底部的箱子之间垂直误差累计不超过5毫米。更绝的是，"更高的"吊着第9个集装箱竟能从8个集装箱20米高的"多层房子"上一跃而过……而整个过程只见集卡进进出出，龙门吊上上下下，却不见人影，也不闻人声。

尽管见闻广博，但专家们还是惊讶了：奇迹啊。

那么这个奇迹是怎么创造的呢？

当"集装箱自动化堆场"这棵树终于枝干挺直枝叶茂密起来的时候，包起帆说"我们接下来的事情就是要不断地修正它，完善它，给它提供最先进最科学的'营养'"，那么他究竟如何修正、完善和营养它的呢？

原来2005年7月，包起帆和课题组在创新出"高低架轨道龙门吊和缓冲区相结合的接力式堆场装卸工艺系统"之后，就将高科技——种基于光电技术的目标定位和精确图像处理的纠偏技术运用到其中。他们创新地将GPS定位数据和无线网络技术以及数据库技术，集成应用于集装箱大型机械设备的远程实时监控和时效预警。

传统的集装箱堆场通常是堆4过5，自动化无人集装箱堆场可以做到堆8过9；20米集装箱上下误差不超过5毫米；还有每台高低龙门吊都有6个摄像机，每个摄像机上有两个焦距不同的摄像头，它们摄入的信息经过处理输入定位传感系统，定位传感系统指挥吊具灵活移动，使吊具能够准确抓起和码放集装箱，实现了精确定位，等等。

包起帆说："这些全有赖于纠偏技术这个高科技，以及GPS和无线网络和数据库技术等对纠偏技术的创新使用……整整两年，从开发研制这个创新，到15 146个标准箱的工业性生产试验运行，现在我可以说，集装箱自动化堆场，我们成功了。

'集装箱自动化堆场'由于分工明确,装卸作业和堆场作业分开,垂直作业和水平作业分开,集卡也不必进入堆放区,因此它节省了大量的人力资源。又由于它的生产不受天气条件的影响,所以它的装卸安全性和装卸效率几乎是目前国家平均水平的翻番,而且它创新的高低龙门吊、集卡全自动定位落箱等技术都是前人没有做过的。

　　上海港寸土寸金,这项工艺系统很有现实意义,可以最大限度地利用空间。像洋山深水港,港区内堆场面积有限,那么就可运用这个工艺系统向上要空间。既能大大提高堆场的装卸效率,又能大大降低集卡运输的成本。所以'集装箱自动化堆场'才开始运营就已经承接了码头近五分之一的空箱运转任务。连韩国和西班牙等国都闻风而来,纷纷向我们下了这个全自动设备和系统的订单。所以可以毫不谦虚地说,这绝对是世界一流的全自动无人码头集装箱堆场。这个一流,使得上海港迅速地走到了世界港口的最前列。"

　　这天来鉴定这个"第一"的专家有30多位。来自全国各地。30多位专家在现场观摩并惊讶了之后,无不喜悦无不钦佩。他们说,"第一"有几大创新点:高低龙门吊的接力装卸,高低架轨道龙门吊、集卡全自动定位落箱,GPS定位数据和无线网络技术以及数据库技术⋯⋯这真是一个值得中国骄傲的发明创新。这之前,随着世界集装箱运输量激增和船舶日趋大型化的趋势,对码头装卸效率的要求以空前的标准在提高。中国集装箱机械的制造量虽已达到全球第一,可是在集装箱运输的自动化方面却未如人意。国外大港口虽然在世纪末纷纷建设了自动化集装箱码头,但他们的自动化也还存在着很多的局限性⋯⋯包起帆大智慧。他清楚上海港要雄踞世界港口前列,就必须创新技术,包括码头运输技术。现在他成功地创新了"集装箱自动化堆场"。毫无疑问,他的这一创新,不仅改写了中国集装箱运输自动化空白的历史,而且让中国集装箱港口运

* 集装箱自动化无人堆场

输技术从上海走向世界,并走在了世界的前列。上海港要雄踞世界港口,指日可待。

十四

集装箱自动化堆场正式运行后,包起帆飞离上海港。

他首次作为团长率领中国代表团参加第97届巴黎国际发明展览会。

2006年4月28日,飞机在巴黎机场降落。包起帆走下舷梯,看到熟悉的机场,他忽然发觉自己的此行更像赶赴一场约会。

包起帆和巴黎有缘。

1989年,第80届巴黎国际发明展览会。包起帆首次巴黎行。凭"异步启闭废钢块料抓斗"抓了一个金奖。

1992年,第83届巴黎国际发明展览会。"无损破袋物手钩",钩得一个荣誉奖;"半剪式散货抓斗",抓了一个铜奖。

2004年,第95届巴黎国家发明展览会。"上海港集装箱智能化管理成套创新技术""遥控电动液压抓斗""电缆卷筒",抓斗大王一举卷走三个金奖,创造了巴黎发明展览史上惊人的纪录。

这一次,第97届巴黎国际发明展览会,包起帆带来了22个参展项目,12位技术精英。

22个项目里,包起帆的项目有4个:"集装箱电子标签装置""用于集装箱电子标签与电子封条的连接方式""集装箱自动化堆场新工艺"和"一种用于集装箱作业的安全扣"。

应该在北京时间2006年5月8日清晨,这届国际发明展览会的各类奖项就会奖牌有主。

这之前,很多人去游览巴黎的名胜古迹。

巴黎圣母院、塞纳河、卢浮宫、迪士尼乐园、凡尔赛宫、凯旋门,早在中学时代包起帆就向往的名胜,即便去过,何妨再去?

可包起帆不。他整天穿梭在展览会的展馆间。

他看到不少老面孔,也看到很多新笑脸。

"老面孔"见到包起帆,眼神立即生动起来,"Hi,hello,包先生,你又来了?"

"新笑脸"就弄不清包起帆的身份了。官员?不太像。老板?不确定。更多的人猜测他是随团记者,因为老见他脖子上挂着一架相机。于是当包起帆的镜头对着他们的时候,他们会说:How do you do!

"来自世界各国参展的发明家共带来500多项发明成果。都是选送国家好中选好,优中选优,精中选精的。都是这些选送国乃至世界最棒的发明。没有一个是弱项。都是有备而来。都要在巴黎较量,比拼,看谁能夺奖。尽管奖项不多,但谁都盯着,都想要。"包起帆说:"而我,把这看成一次难得的学习机会。那么多好项目我得看个透。还有那么多的发明家,认识的不认识的,我都要和他们交流。因为团长的身份,我这次比以前更有机会了解到国外发明家的一些幕后故事。"

那次中国展台的对面,是一个法国农民展馆。农民发明的"房屋测量装置"让很多专家赞不绝口。包起帆也惊讶这个发明。他将那个"装置"里外看了个透,又跟"装置"的农民做了一番深度交流,发现,农民发明家的那个创新灵感,竟来自于农民省钱造房子的精打细算……

这让包起帆想起了红绿灯、黑白相间的警棍和能发光的马甲。是巴黎国际发明展览会的创始人列宾的发明。列宾曾是巴黎市的警察局局长。是一次偶然的行动给了他发明红绿灯、黑白相间的警棍和能发光的马甲的灵感……

"发明源于生活，成于生活。"那天包起帆对自己说了一句有哲理、有深度、有意蕴的话。

包起帆说那天他为"发明源于生活，成于生活"这个项目外的收获而感到高兴。"那天我发现，因为生活中的某个细节或某个发现而成就一个发明一个创新的例子太多太多。很多人以为发明有多少奥秘，有多么的了不得。其实不然。那天我更证实了自己先前的见识：只要具备两点就可以搞发明创新，一是热爱工作，二是不满足现状。农民是，警长也是。他们的发明创新都来自于他们的生活和工作，又都因为他们肯动脑筋，又善于动脑筋。破旧立新，就这意思。破旧立新就是创新。我们是这样，国外也是这样。农民不是科学家，警长也不是。但这并不影响他们发明创新。所以我一直说创新不是科学家的专利。人人都可以。我不就是很好的例子吗？装卸工的经历让一个初中生成了一个发明者。所以发明源于生活，成于生活。创新就在每个人的身边。"

后来包起帆无数次地跟人说"创新，人人都有机会"，无数次地告诉别人法国农民和警察的发明故事，还无数次地回忆当时的心情，说自己很轻松，希望再次得金奖，给上海再带块金牌回去，但其实得不得金牌对他而言已经不是第一追求，真的不那么重要了……包起帆说那次他就带着这样的心情等到了颁奖的那刻。

那一刻，500多个项目，都有了决一雌雄的气势。

那一刻，在中国上海，在上海国际港务公司，很多很多上港人在等待消息。上港人无不骄傲地说：包起帆是上港人，他带去的4个项目是上港的；包起帆的荣誉，就是上港的荣誉。

那一刻，巴黎颁奖会现场突然安静。

最期待的时刻到了。金奖得主即将揭晓。

当评委会主席第一次报出"包起帆，中国"的时候，全场鼓掌。"老面孔"交头接耳，说，料到的，这家伙只要参展，必定有金奖。

掌声未平，第二个"包起帆，中国"又来了。全场"哦"声一片。"新笑脸"议论纷纷，说，原来他就是闻名遐迩的"抓斗大王"啊！

"哦"声未息，"包起帆，中国"第三次出来。这回全场沉寂了。"老面孔"想到2004年的情景，不禁倒吸一口惊气：他竟重演集三金于一身的奇迹！"新笑脸"呆了：中国人这么厉害！

评委会主席这时停了下来，抬眼扫视了全场一圈，然后很绅士味儿地耸耸肩，笑笑。全场于是轻声呼气，慢慢地松弛了下来。掌声又响起。

都以为包起帆复制了2004年的那一幕，都以为包起帆打平了第95届巴黎国家发明展览会一人夺"三金"的纪录。

却不料！

却不料，就那时评委会主席运足了气韵似的大声宣读："包起帆，中国！"

全场闷了。

所有的人都定格在了一种表情上：目瞪口呆，张嘴结舌。

连空气都凝固了……

世界公认的发明家，不多！

巴黎国际发明展览会的评委把四张选票投给一个人的纪录从来没有过。

世界为这个黑头发黄皮肤的发明家惊叹了！

"在具有105年历史的巴黎国际发明展上，这样难以令人置信的佳绩

* 包起帆在97届巴黎国际发明展上独揽"四金"

* 97届巴黎国际发明展包起帆金奖证书

还是第一次出现"！包起帆"将引发一场改变人类运输方式的革命"！巴黎国家发明展评委会主席由衷地赞叹。

全球几十家媒体在第一时间里把颁奖会上"中国、中国"的欢呼声和给予一个中国人的掌声传遍了世界！

包起帆一次又一次走上领奖台。4枚熠熠闪光的金牌。一脸中国式的骄傲！

一场改变人类运输方式的革命。

天方夜谭，世界神话，是中国创造！

消息传到上海。那是个月亮走星儿闪的晚上。外滩，石库门，总之申城的街头巷尾，老百姓拿着报纸看着电视，说，迪个包起帆，神奇，三天两头给阿拉惊喜；说，哪能回事体，伊获奖，怎么跟白相一样的啦，说拿奖就拿奖？说，上趟3块金牌，这趟4块金牌，外国人亦脚也追不上阿拉中国哉，还说，应该再给包起帆一个王冠：金牌大王。

这就让人们想起来了："抓斗大王"当初当上海港务局副局长的时候，很多人担心当"官"了的包起帆还能不能像以前那样隔三差五地让人们为他的创新成果而惊喜，而包起帆为了消除很多人的担心，不是豪情万丈地说"新作为，新超越，这是我的新千年之梦"吗？

于是人们终于信然："新作为，新超越"，包起帆果然没有辜负很多人，包起帆用事实证明了上海人的聪明才智。果然好样的，包起帆。

十五

让全世界惊呼的"4金"刚抖尽风尘和喧哗，刚在包起帆的书橱里安静下来,包起帆这边的"三项"已鸣枪在即——建成国内第一、世界一流的现代散货码头,研制世界第一台自动抓斗卸船机、自动装船机,研制具有自主知识产权的自动斗轮式堆取料机。

一时间,媒体又聚焦在了包起帆自主创新的新起点上。

到那时,人们忽然发现,相貌敦厚的包起帆,骨子里却有着敢上九天揽月,敢下五洋捉鳖的气势。他是一个极具挑战性的人。他刚把集装箱码头"摆平",掉头就要"收拾"散杂货码头。他要散杂货码头像集装箱码头一样,实现自动化和智能化控制。他给这个"实现"起了名,叫"散货码头装卸新工艺"。

他说之所以瞄上了"散货码头装卸新工艺",是因为那时全世界在这方面的竞争已经异常激烈。谁敢于创新,谁就能获得先机。另一方面,世界第一吞吐量中的40%为干散货。也就是说,上海港在发展外高桥一期到五期以及后来的洋山港集装箱码头的同时,码头散货的装卸压力已经越来越大。到2010年,我国港口散杂货总吞吐量将达30亿吨。不进则退。上海港迫切需要高效率智能化的散杂货装卸系统。

决心下定,上海罗泾二期散杂货码头成为包起帆又一次冲击自主创新巅峰的基地。

罗泾二期散杂货码头位于上海北部,长江入海口以南,岸线2 720米,彼时岸线已被华能电厂堆放粉煤灰,原规划要将岸线一分为二,由宝钢和上海港各自建立码头,电厂的粉煤灰堆场另辟新址。可包起帆又有了新想法。

可不可以换个做法呢?

包起帆说,我国港口深水岸线资源和近岸土地非常紧缺,没有更多的资源和土地让我们大手大脚地使用或挥霍,我们得精打细算这点"家底"。所以我们何不从节约资源和保护环境的理念出发,创新建设罗泾二期散杂货码头呢?

顺着这个"何不以",包起帆提出了上港集团与宝钢集团、华能集团在罗泾港区开展优化资源配置合作的全新理念。

为了这个新理念,包起帆几次沟通宝钢和华能,他说:"2 720米间,我上港一个码头,你宝钢一个码头,他华能另辟新址,既劳命伤财,又浪费资源,还污染长江,傻不傻呀。咱们何不就共用一条岸线?我出钱出力建,你们享用。实现'一线三用'。一线三用,即一条岸线,上港、宝钢和华能共用,既省钱,又省地,多好的事儿,咱们何乐而不为呢?"

宝钢和华能起先有顾虑:"你建码头,那码头不就姓"上港"了吗?那怎么保证我们的利益?到时万一你耍心眼,拿捏我们,怎么办?"尤其宝钢:"炼炉对物料精细化配送的要求很高,稍有不慎就会导致生产停滞,损失将以亿元计,公共码头的物流配送靠得住吗?"

包起帆说:"怎么姓'上港'?姓'公共'。不放心?那我跟你们签协议。我承诺你们三点:一是到我们码头来装卸货物,价格永远不比别人高;第二,宝钢的船永远可以优先靠泊;第三,配送料100%到位,如果物流配送出现问题,给钢铁厂造成损失,我们承担责任。这是君子一言。"

于是,三家欢欢喜喜把手牵。

有记者闻风前去采访,问,何故您有如此高明的计策?

包起帆说:"这不是谁高不高明的问题。我们不是天天在讲科学发展观吗?这是我们三家共同践行科学发展观的创新。要说何故,那缘于上海港现代化建设的飞速。飞速之下,码头变革是必然的,散杂货码头跨出简单装卸向大型物流配送发展并朝现代服务业转型也是必然的。"

"一线三用"一确定,包起帆即为"散杂货码头装卸新工艺"的研发而鸣锣开道。

"散杂货码头装卸新工艺"由上港集团、港机重工、上海交通大学和同济大学共同合作,包起帆担任项目课题负责人。具体任务:带领上港集团科研团队建成国内第一个全自动散杂货码头。如若成功,罗泾二期散杂货码头将率先应用。也就是说,上海港散杂货处理能力达到世界先进水平到那时就能成为事实,罗泾二期也就因此成为世界最大最先进的散杂货港区。

包起帆说:"这也就是黄浦江两岸星罗棋布的64座散杂货小码头将要大搬迁的原因之一,当然这更是上海城市总体发展规划及2010年世博会的要求。而罗泾二期要成为世界最大最先进的散杂货港区,就不仅要整合这64座散货小码头,而且还将取代它们的运输功能,超过它们吞吐能力之和,并使黄浦江水域不再有煤炭矿石等货运码头的身影,把水清岸绿还给上海人民的母亲河。"

一年后。2007年6月1日。罗泾二期散杂货码头。巨型抓斗,无人操控也可以运作自如;整个堆场无需现场操作,远在一公里以外的中央控制室对一切了如指掌;破除一村一店式的重复布局,卸下的原料直接送进隔街的钢厂……世界上最先进的散杂货码头——罗泾二期矿石码头正式建成投产。

6月2日,《解放日报》头版高调报道了这个令人兴奋的消息。说,上港集团与宝钢集团联手在罗泾构筑现代物流基地。码头与钢厂无缝衔接,原料从料场直送高炉,成品从工厂直接装船,这是罗泾的首创,也是上海港发展史上的里程碑。

于是人们恍然大悟,为什么包起帆执意要"一线三用"?原来为那一墙之隔,为"前港后厂"的创新呐。

工人们说,包起帆绝顶聪明呐。宝钢罗泾钢铁厂成了罗泾二期的专属用户,卸、装,都在第一时间里,而生产原料和出厂成品均由计算机统一管理和配送……快速物流、专业配送,码头和工厂,双利,双赢!

又一年后。2008年7月14日。还是罗泾二期散货码头。世界上第一台自动化散杂货装船机和卸船机和取料机——正在电脑的控制下日夜运作。

世界第一台全自动的装船机,采用船舱位置和物料分布的自动检测技术,实现了装船作业的无人自动化操作。无需人上船勘察,就能掌握船舱和物料分布的位置,随后很自觉地依据测定结果来"盘算"路线图,很快就对最佳装船路径"心知肚明"了。

世界上第一台全自动的卸船机,通过对物料流量及船舱内物料高度的实时检测,实现装船作业的自动均匀配载。其奥秘,用三维激光扫描仪找落点,将实时扫描图像传至电脑后台进行分析,然后准确判定取料点。

至于国内首创的自动斗轮堆取料机,只需输入物料的相关参数,即可获得堆料的最佳方案,并在操作过程自动复查,将水平与垂直误差分别控制在0.5米和0.2米以内。

三项,给罗泾二期装上了"慧眼"。三大自动化装备的联合"出手",又使它的综合作业能力至少比人工提高了5%。而与此同时,在码头前沿建设了供华能电厂粉煤灰存放的岸堤,待粉煤灰堆满、平整后即可被码头利用成为堆场。

至此,由新建矿石码头、钢杂码头和改扩建煤炭码头组成的,设计年装卸量4 380万吨、面积144.9万平方米、拥有33个泊位,其中9个万吨级泊位和24个中转泊位的,实现了"一线三用"的上海港罗泾散杂货码头工程通过国家验收,并正式投入使用。

包起帆梦中的场景终于在上海罗泾二期散杂货码头成了现实。

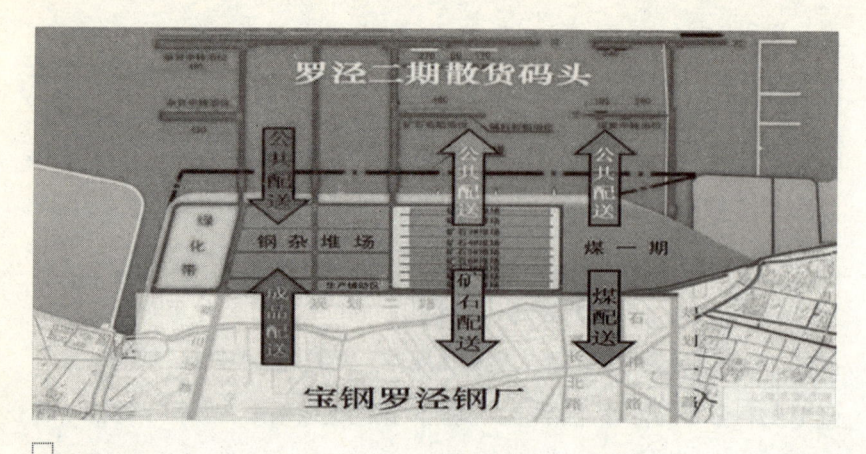

* 罗泾二期散货码头

2009年5月10日，包起帆及其团队研发的"散货自动化卸船系统"和"散货自动化装船系统"，在第108届巴黎国际发明展览会上一举摘得两枚金奖……

2009年11月9日，包起帆从科威特载誉归来：捧回2009年度世界工程组织联合会（WFEO）的"优秀工程建设奖"。

凭着上海罗泾散杂货码头"一线三用"，以161分的最高分赢得的"优秀工程建设奖"，是我国工程界首次获此殊荣。

报载：在我国港口深水岸线资源和近岸土地紧缺的情况下，包起帆提出上港集团与宝钢集团、华能集团开展优化资源配置合作，在世界上首次实现了公共散杂货码头与大型钢铁企业的无缝隙物流配送管理新模式。公共码头在为社会服务的同时也为钢厂提供定制化服务；钢厂不再建造自用码头和堆场，生产所需的铁矿石和煤炭等原料和出厂的成品钢材，全部由公共码头负责装卸、堆存和配送；在码头前沿建设了供华能电厂粉煤灰存放的岸堤，待粉煤灰堆满，平整后可被码头利用成为堆场。创

* 包起帆荣获世界工程组织联合会"萨巴格优秀工程建设奖"

新的举措实现了港口向现代服务业转型的要求,成为在工程建设中实践科学发展观的典范,得到了国际工程界的充分肯定和褒奖……在节能减排方面,包起帆还发明了一种将集装箱轮胎吊由柴油提供动力改为高架滑触线供电的方式,节约能耗50%、节约费用77%,杜绝了柴油机排出的废气污染,真正做到了绿色环保。

据介绍,世界工程组织联合会于1968年3月4日成立于巴黎,是世界上最大的非政府工程组织,目前拥有近90个国家会员、20个国际组织会员。

世界工程组织联合会一共设立四个奖项:优秀工程教育奖、优秀工程奖和两个优秀工程建设奖,每两年评选一次,每个奖项只奖励一人。此次包起帆获得了其中的"阿西布·莎巴格优秀工程建设奖"。

*2009年11月包起帆在科威特展示和讲解获奖成果

……

包起帆,在2009年脚步声渐行渐远的时候,在2010年世博会的掌声越来越近的时候,又给了上海人民一个惊喜。

工友之情

包起帆语录：

我和他们，共同装卸了那段人生。

我得了很多奖，但并不是我一个人的荣誉，那里面凝聚着我周围同志的心血。

奖金分给他们，哪怕让他们笑一笑，我都会欣慰，觉得自己值。

领导用一分热情关心员工，员工回报领导的就是对工作的三分热情和积极性。

一

1998年8月21日早晨,包起帆像往日一样赶往单位,半道却突然接到上海市政府办公厅的电话,要他立即飞往北京参加当晚在人民大会堂举行的《携手筑长城》赈灾文艺晚会,并代表上海人民登台捐款。

几个小时后,包起帆走出首都机场,又几个小时后,包起帆登上了人民大会堂的舞台……

为何选派包起帆赴京捐款?

2009年岁末,有记者采访上海港工友,问及当年的这个"为何"。

上海港工友说了很多个有关"为何"的故事后,说:"派他代表上海人民捐款最合适。"

记者这才知道,除了抓斗大王、物流大王、标签大王外,包起帆还有一个封号——慈善大王。

从1981年开始,不管是国家级的、省部级的、市级的,还是局级的,凡是属于包起帆个人所得的各类发明成果奖金和国务院专家津贴,他全部捐献给企业伤残职工和困难职工。快30年了,他一直这样。

曾经有人问他这样做到底为啥?

他却问人家知不知道甘肃的酒泉?

他于是说了这样一个故事:汉朝的时候有个霍大将军,有一天霍大将军打了一场大胜仗,汉武帝为此犒劳他,赏赐了他一坛美酒。但将军一口没喝,他把美酒全倒进了当地的泉水潭里。将军说,胜仗不是他个人的功劳,他要让所有参战的无论健壮还是伤残的将士都能与他共享这美酒……从此,泉水潭改名为酒泉。

包起帆说,他去过酒泉。那天他在那儿伫立了好久,他想了很多。他

*有一个美丽的故事叫"酒泉"

特别想象了当年霍大将军倾倒美酒时的心情,几分自豪?几分悲壮?他说他能肯定的是霍大将军一定还有几分感激,对英勇作战将士的感激……

很多人记住了这个故事。他们说:积德行善,人间大爱。这是一个美丽的传说。真实的传说。

很多人感动酒泉的故事被包起帆演绎得如此美丽。

很多人说:向包起帆同志学习。

每每听到"向包起帆同志学习",包起帆总这么说:雷锋精神左右了几代人的人生价值观。榜样的力量是无穷的。过去是,现在是,将来也是。为了这个"左右",我将继续榜样。

有人劝包起帆,说,都这么多年了,你的心里一直为伤残工友留着位置,你感动了上海,也感动了中国。可以了。差不多了。你该给自个儿留点了。

包起帆说,恐怕不能。我不能放下他们!都是我曾经的工友。我永远不能忘记他们渴望、期待的目光。这目光成了我的牵挂,也成了我的责任。生命不息,我们就不离不弃。

"毛泽东曾经说过:一个人做点好事并不难,难的是一辈子做好事。包起帆真是不易。他是非一辈子做好事不可了。活菩萨啊。"伤残工友这么说。

这么说的时候,他们嘴角微颤,眼角湿润,情绪激动。

曾经的汉子,说起即便都已过去了几十年的往事,依旧情切切,泪涟涟。

二

话说从前。

是1984年1月。有一天,因工高位截瘫在家休养的装卸工周振天收到一张10元人民币的汇款单。汇款人署名"四区一职工"。周振天愣了:四区一职工,谁呢?谁会给我寄钞票?会不会寄错了人?

再细看,周振天看到了附言。附言说:新春佳节,寄上人民币拾元,请收下。祝早日恢复健康!

恢复健康?知道我是病人?这么说没有寄错人。周振天疑惑满腹。

几乎同时间,也是因公受伤的装卸工王伟民也收到类似的一张汇款单。他也奇怪：四区那么多的职工，啥人呢？

周振天当晚几乎一夜没有睡着，他太激动：1976年瘫痪至今已有8年，居然还有人惦记着我？

王伟民也是，他反反复复琢磨，是谁这么好，寄上10元给我过春节？

10元钱，在25年前，不仅对周振天和王伟民来说是一笔不少的钱，就是对所有普通工人来说它都是一笔可观的数字，差不多占据了工资的四分之一。当时一般工人的工资收入也就几十元，周振天和王伟民是36元钱。

收下？两家的经济状况都不好，这钱无疑可派大用处，可是不知道对方是谁，怎么好就这么收下呢。

退回？没有具体姓名，怎么退。

权衡再三，周振天和王伟民都做出这样的决定：暂且收下这笔款子，等哪天知道"一职工"是谁后再当面感谢。

转眼到了1986年。某一天，周振天又收到了一张汇款单，这回是100元，署名为"木材装卸公司一名共产党员"，也有附言：一名共产党员对因公致残的工友表示关心和慰问。祝早日健康。

周振天这回决心找到这个好人。于是他给木材装卸公司党委写了一封信，将"一职工"和"一名共产党员的善举"一一叙述，请求公司党委无论如何找到这个好人。

公司党委收到这封信很是意外，谁是这名"共产党员"呢？

几天后，公司党委又收到王伟民的感谢信，叙述的事情几乎一模一样。

"做好事不留名，"木材装卸公司党委来了劲，"港务局党委不是要求全局年内要实现党风根本好转吗？这不，来了个好典型。快找这名共产党员。即便翻遍上海港，也一定要找出这个典型来。"

面对"翻遍上海港"的攻势，包起帆他哪里还有躲藏的地儿。很快，他被找了出来。

当初受那么大的苦遭那么大的难都没有流泪的周振天和王伟民，在得知这名共产党员叫包起帆，而他们之间却互不相识后，禁不住泪流满面。王伟民怀着感激的心情连夜给《新民晚报》编辑部写了一封信，说了这个感动的故事。

故事已昭然，包起帆只得实话实说。

"咳，我没想让大家知道这事。这次我是把交通部优秀科技成果奖的500元分送给伤残工友们了。为什么不写名字？'共产党员'就是我的名字啊。我现在终于成为一名共产党员了，这是我多年的愿望啊。我感到很光荣。晓得吧，我很早以前就想入党，可是那时候讲家庭成分。现在我搞革新发明，党组织支持我，我成功了。

拿到第一笔奖金的时候，我就想这钱不能用在我自己身上。那么该用在哪里呢。这样我就想到了受伤的工友。我到工会了解过的，周振天是驾驶铲车作业时，被一个重200公斤的进口羊毛包砸伤的，断了脊椎骨，那年他只有27岁，是机械队副队长。一个原本生龙活虎的青年就这样一下子瘫痪在床上。还有王伟民，出事的时候他才22岁，是装卸队长和党支部书记，本来是前途无量的。他们年纪轻轻地就做出这么大的牺牲，不都是为我们上海港的现代化建设和发展吗？我们不能忘记他们。

我知道他们的生活和处境很不好之后，就想帮帮他们。其实我那点钱是解决不了他们经济拮据的状况的。我是想给他们更多的精神上的安慰，让他们能够感受到一点人间的真情。第一次给周振天和王伟民寄钱后，我心里忽然有了踏实感，觉得自己做了一件应该做的、有意义的事情。

是的，我与他们素不相识，但这有什么关系呢。我们都是上海港的职工，是一家人，是兄弟姐妹。大家庭里，互相友爱，互相帮助是应该的。谁没有难处？连小孩子都知道助人为乐，何况我。

三

谜底公开了,包起帆也暴露了。凡是收过包起帆汇款的人都找上了门,感谢信更是一下子就来了好几封。大伙儿吃惊,怎么,还不止周振天和王伟民,包起帆还帮助过其他人?

这就引出了包起帆第一次拿"外快"请客的故事。1981年,包起帆搞革新获得10元人民币奖金。拿着10元,包起帆高兴得都不晓得怎么享用这笔"巨款"才好。他掰着手指,盘算着。"给谁5元,给谁5元,10元这就没了,不够分呀。那么谁两元,谁两元……凡是参与和帮助我搞发明的人都要有……算来算去10元总归是不够分的。包起帆难煞了。有人说,包起帆,侬当那真是巨款了。好了,侬啥人都不要分了,自己留着吧。包起帆说,勿来三的,大家都辛苦的,大家分享就对了。算到最后,包起帆索性全部买了香烟和糖果。这下终于"共产主义"了,人人有份,就连看大门的老工人都没漏。所以那天那个时间段里就有了这一出戏:凡是抽烟的,同时腾云驾雾成神仙,说,阿拉今朝吃"包起帆"牌,交关惬意哟。

这当然属于轻喜剧,听着就让人开怀,让人笑哈哈。但更多的故事是叫人想笑却不能,换言之,笑未出声泪先流。

四

"一名共产党员"事件后,包起帆顺势做出一个决定,以后属于他的发明奖奖金,统统交给公司安置科,由安置科分给残疾职工。这么一来,包起帆不拿发明奖奖金,奖金分发给伤残职工就成了约定俗成的事儿。后来包起帆享受每月100元的特殊津贴,也统统交给工会,补助最困难的职工。于是那些年里,在大家都不富裕的岁月里,包起帆的奖金常常成了雪中之炭,让好多个家庭过了好多个舒心年。于是,上港人都知道了——有一个好人叫包起帆。

好人包起帆关心帮助上海港伤残工友和困难职工的故事很多,真说不过来。

找个代表,就说周振天吧。

自从知道了包起帆就是"一职工"和"一名共产党员",周振天就老是琢磨这个包起帆长得啥样子。因为1976年受伤后,他就再也没有去过单位,所以他最终还是不能确定哪个是包起帆。于是他请人转告包起帆,说自己很想当面感谢他。

包起帆得知后,给周振天写了一封信。信上说:尊敬的周振天同志,这些钱是光明正大的,它是我的技革成果奖……我个人虽然目前还很不富裕,但与你们相比,我每月的工资不少,还有为数不少的奖金,因此从各方面的条件来看都比你们好得多……

菩萨啊。读罢,周振天感动了好半天还是平静不下来,他下决心一定要去看看这个叫包起帆的。

这年12月底的一天上午,北风呼呼地把树上仅有的几张叶子都卷了下来,街上的行人也几乎都缩着脖子哈着热气袖着手。天冷了。周振天就在这样的天气里坐着轮椅出现在包起帆办公大楼前。他手里举着一面锦旗,上面写着:无私奉献,春满人间。有人问他找谁?他说,我找好人包起帆,我要亲手把这面锦旗送到他手里。那天正巧著名导演赵焕章在现场拍摄纪录片《我心目中的共产党员》。见到这一幕,并得知了事情的缘由,赵焕章喜出望外,说:找都找不到的好素材,赶紧拍下来,回去剪辑,一定要加上这段。

五

1992年春节,大年初二,上午九点左右,周振天和王伟民在家人的陪同下,摇着轮椅来到包起帆家的楼下。瘫痪十几年来,别说平时,即便过年过节,他俩也从不走亲访友,甚至连亲戚家都不去。但这年他俩早早就约好了,一定要给包起帆拜年。

包起帆听说是他俩来了,赶紧奔下楼:哎呀呀,我正打算去给你俩拜年的。这么冷的天,你俩怎么可以出门,万一感冒了怎么好?

轮椅无法上台阶,包起帆就先将周振天背进电梯,再背王伟民,然后再一一背进家门……包起帆的妻子端出桂圆煮蛋请周振天和王伟民尝尝,但怎么劝他俩就是不吃一口。

原来他俩是担心吃了东西要上厕所。为了不上厕所,他俩连早饭也没有吃。从早上七点多开始,他俩摇着轮椅,摆渡过江,从浦西一直到浦东,几个小时一滴水也不喝,一粒米也不吃,饿着,渴着,就是因为上厕所困难。

包起帆听罢动情了,说:既然这样,那就更不应该跑我这来,应该我去才是啊。

两人说:这么多年了,你一直关心着我们。我们从心里感到你就是雷锋。这些事情讲给人听,有的人还不相信,说这年头哪有这样的好人。就是有嘛,你,包起帆就是这个好人。我们因为残疾连父母那里都不去,可一定要到你这里来。

两人的话湿了包起帆的眼睛。他了解工友弟兄,不是情到深处,他们不会如此动情。他说:"我们的职工太记情了。过去我对困难职工的关心不是多了,而是还不够,只要我还在工作,我就要继续努力帮助这些人。"

2006年2月4日,大年初二,《解放日报》春节特刊大篇幅地刊登了一张照片,标题《16次相约年初二》。包起帆家的客厅,一盆水仙,一丛文竹,一簇蝴蝶兰,十几尾火红的热带鱼还有三家人的其乐融融。这是包起帆第16次邀请周振天与王伟民及其家人到他家做客的纪录。

六

周振天有个记事本。本子的封面都卷边了,但他舍不得换新的。他不止一次地跟人说:"我拿它当宝贝的。包起帆探望我和捐款给我的次数都记在里厢。都25年了。"而每说一次,他就会把这本记事本拿出来,翻开,指着那一串串数字和日期说:"看看,1984年1月27日,就那天开始,一直到现在,50多次钞票,70多次望我,一年没断,甚至一年几次啊。五一,国庆,春节,他必定会来的。哦,还有轮椅,伊还帮我买轮椅。对了,还有我家的房子,老多的事体,都是伊关心解决的。"

那就说说这轮椅的事儿。

有一年春节,天奇冷,包起帆却在年初二的一清早出现在周振天的家里。

"老周,新年好哇。"包起帆进门握着周振天的手就问寒问暖,"缺什么吗?还需要些什么?有困难跟我说。"

周振天一个劲地摇手："困难？没有。有侬的关心，我哪里存得下困难。"

包起帆打量周振天，新衣服，新鞋子，脸上喜洋洋，是过年的样子。包起帆于是笑了，坐下和周振天聊起了家常。

过了一会儿，包起帆起身说："老周，看你气色蛮好，我也就放心了。祝你新年新气象，保重身体。我呢，还有点事，这就告辞了。"

周振天尽管很想再跟包起帆聊聊，但他知道包起帆忙，于是摇着轮椅想送包起帆。就在那时，包起帆发现周振天的轮椅不太灵光，便弯下身体查看："这轮椅用了多少年了？"

周振天说："差不多有八年了，时间长了，难免不太灵光了。"

包起帆听后似有似无，但又声色不露地点了点头，走出了门。几天后，有人将一辆新轮椅送到周振天家。周振天很惊奇，问谁让送的。答，是包起帆。周振天顿时明白了，跟着眼泪就刷刷地就落了下来："怪不得他那天特意问我轮椅的事。他真是个有心人哪。'奥托博克'，这个牌子我晓得的，我老早看中的，就是买不起，要4 000多元人民币啊。老包对我真是太好了！"

那以后的每年大年初二，周振天都把自己收拾得清清爽爽，然后早早地坐在轮椅上。那时周振天已经知道，初二这天，包起帆肯定要给伤残工友拜年的，这是包起帆定下的规矩。

如此年复一年，新千年也都几个大年初二了，周振天都是坐着轮椅等候包起帆的到来。可是有一年初二，包起帆却发现周振天没有坐在轮椅上，而是躺在床上。

包起帆有些担心地问："哪能回事体，侬的轮椅呢？"

"咳，轮椅坏了，还没有去修。"周振天说。

包起帆愣了愣，然后什么都没说，笑呵呵地坐在床头边，跟周振天聊

183

*"该我谢你们才是。你们是我发明抓斗的动力。"包起帆慰问伤残职工

家事国事天下事。然后依然祝周振天新年新气象。然后告辞。几天后,包起帆又来到了周振天的家,还没等周振天问"侬哪能又来哉",包起帆已掏出一个信封递到周振天的手里,说:"里厢是我刚刚拿到的奖金,5000元,去买辆轮椅。我明天要外出,没空去商场,周师傅您让家人去买,要买好的。"

顺着轮椅再说说首日封和"特邀代表"的事儿。

1997年9月里的一天,周振天收到一封发自人民大会堂的十五大首日封。是包起帆寄的。连包起帆也没想到的,一张首日封竟给周振天几个整天的振奋和激动。周振天说:"伊是十五大代表,在北京开会,多少忙啊。但是伊还是想着我呢。"那时包起帆已调任龙吴港务公司担任总经理。周振天说:"老实讲,先头听到伊调走的消息,我真的有些担心。伊到新单位当领导后,还会像以前那样想着我吗?还会得来看我吗?现在我放心了。后来我还知道,龙吴港集邮协会70多名会员都收到伊寄的'十五大'首日封。大家多少激动呀。'十五大'代表每人每次限购20张首日封。这说明伊至少要排四次队,才能弄到70多只首日封的。所以大家都说,无论怎么变,伊都不会忘记我们这些人的。"

2000年6月底,包起帆请周振天参加龙吴港务公司纪念中国共产党建党79周年的座谈会。周振天爽快地答应了。这让了解周振天的人有点儿意外。自被砸伤后,周振天一直视码头为伤心地,再也不愿意踏上码头一步。"这趟不一样。包起帆请我当纪念建党79周年活动的'特邀代表'。这是很有意义的,我也很光荣的。所以我一定要去的。"第二天一大早,龙吴公司派车接周振天。可让周振天奇怪的是,车子没有直接去公司,而是朝相反方向驶上了南浦大桥,往浦东驶去。"这是怎么回事?"周振天问。接他的人说:"是包总关照的。包总说你出次门不容易,要先带你去看看浦东的新面貌,再绕道徐浦大桥去龙吴码头。"周振天哽咽了:内环线就建在他的家门口,但通车这么多年了,他却从没有体验过车子行驶在高架的感受。

然后顺带说说"车棚、工作和房子"的事儿。

1999年春节前的一天,包起帆去周振天家。他惦念着周振天的残疾车车棚。原来周振天因为住房面积小,残疾车没地方放,他于是就贴着屋墙边搭建了一间残疾车车棚。但后来街道因为整顿小区环境而通知周振天拆除车棚。周振天万般无奈下向包起帆求援。包起帆知道如果拆除棚对周振天意味着什么。他于是给周振天所属区的领导说明情况,请求在不影响周边环境的前提下为周振天开个"绿灯"。这天包起帆除了探望周振天,还为这事,他不放心事情的结果。当听到周振天说"幸亏了你啊"时,他心里的石头落了地。

2005年早春的一天傍晚,王伟民家里响起了轻轻的敲门声。这熟悉的敲门声,就连王伟民的妻子也听出来了:是包起帆来了。开门,果然是。包起帆走进屋子,握着王伟民的手,说:"老王,告诉你一个好消息,你儿子的工作找到了。"王伟民夫妇当即就喜呆了。真的吗?原来王伟民的儿子中专毕业后到处找工作却一直没有结果。情急之中王伟民求助于包起帆。包起帆知道，凭一张中专文凭求职，确实难。但王伟民家的情况摆在那儿，包起帆于是点头答应了下来。可谁料，现实情况比包起帆预料的还困难。"中专毕业生？学历太低了，没有合适的岗位。"很多单位就这么直接地拒绝了。到后来，包起帆只得实话实说，将王伟民的情况以及自己为何要帮王伟民的原委一一明说，这才落实了王伟民儿子的工作。

2007年，周振天所住的房子面临动迁，因此带来了很多既繁琐又复杂的问题，而有关的很多政策周振天根本就不了解。他于是很着急，情急之中他又想到了包起帆：包起帆一定会帮这个忙。但周振天又有犹豫，自己

* 包起帆和同事们同乐

已经给他添了那么多的麻烦，怎么好意思再……可是不麻烦他又能托给谁呢？周振天最信任最放心的人就是包起帆。包起帆知道情况后安慰周振天说，你放心，结果怎么样我不能知道也无法给你承诺，但我会尽力的。于是为了给周振天争取到较为理想的房源，那么忙的包起帆，愣是挤时间跑有关部门，单单动迁办他就跑了五六次。

七

曾经有人说包起帆工作那么忙事情那么多，看望工人的事何苦每次亲力亲为？也有人说包起帆有点儿傻，出了钱不说，还搭上了时间和精力，值吗？

包起帆说，值呀。我从不因为他们残废而忽视他们，曾经他们个个都是体魄健壮的人，那时候我的力气还比不上他们呢。再说他们中不少人曾经也帮助过我的。要记住别人对自己的好，哪怕只在我踉跄的时候伸手扶我一把的好。我不能因为有了名气有了光环就忘了他们。我总是想，是装卸工的命运让我下定决心搞技术革新的，是领导和工友的鼓励支持我才发明出木材抓斗的。我现在如果因为技术进步了、职务变化了，就把他们忘记了，那怎么可以。那样不好。说轻点是不够情义，说重点就是忘恩负义。我认为做人还是不能少了真诚和淳朴。人是不可以忘本的。单单为这点，即便付出再多我也愿意，也觉得值，更何况我用有限的钱换来的却是他们对我们的国家，对我们的党，对当今社会的无限的信任和热爱，太值了。

再说啦，我热爱我的工友，为他们着想是发自我内心的。1990年我去日本考察，那是个出国必带回几大件的年头。同去的人彩电录音机等等买了好多件。在日本买这些东西比在国内买便宜,东西也正宗。我也买了两大件。但不是彩电之类的。两大件里的东西没有一样是为我自家买的……有工友听说我也带回两大件,便很肯定地说:"包起帆买回的东西一定跟装卸工有关。"这话真是老感动我的,工友们太了解我了,不枉我们曾经肩并肩一块儿当过装卸工。一点不错,我花掉所有的外币带回了两大包东西,一包是日本产的化纤吊带和日本装卸用的最新的工索具,还有一大包是带塑齿的各式袋装货搬运用的手套。为什么这样做?很简单,看到我的左手了吧,疤痕,装卸工时留下的。这疤痕永远是我发明的动力。每当看到这个伤疤,我总是想,要不是组织上鼓励我搞技术革新,要不是和大家一起发明出木材抓斗,周振天的故事就有可能落到我身上。所以我舍得几样电器,换回的却是工友的安全,你说值不值?

我对生活没有太多的要求,有吃有穿家庭略有节余就满足了。小时候家境不好,父母都很节约,精打细算地花费每一分钱。受他们的影响,我从小就养成了不乱花钱的好习惯,不该用的钱从不用,但该用的,或者说值得用的,我会毫不犹豫地用……

媒体说,从1981年开始,包起帆先是把自己的革新奖金"共产主义",后来是寄给了伤残工友,再后来有了集体发明的奖金,他就把绝大部分分给团队的同志,属于他个人的奖金不管多少还是统统送给伤残职工和困难职工。远的不说,就2006年他们团队获得了全国职工技术创新一等奖的那次,奖金20万元,包起帆把18万元分给了同事们,属于他个人的两万元给了两名瘫痪在家的工友。有一年,由包起帆主持开展的一个项目荣获国家科技进步二等奖,他拿到了所得奖金中属于他个人的一万元,老规矩,帮困。当时适逢党的生日来临,龙吴公司党委召开纪念"七一"座谈会,会上专门安排了一个"帮困献爱心"的仪式,包起帆把奖金分给了两

* 包起帆资助失学儿童

名党员。一名叫徐向明,他行走不便,长病假;一名叫陈金才,他妻子因病丧失了工作能力。还有帮困来自外省的农民承包工。大家说,包起帆心里就是惦记着病困的工友,他常常是今天拿到奖金,明天就捐了出去。咳,骨子里他就是对上海港的工友有感情啊……

媒体还说,若问包起帆这么多年来到底捐了多少钱,他肯定说不知道。他确实不知道,因为他从来不做统计。他就没想着统计。对他而言,献爱心,才是最重要的。都知道上海港不少伤残工人得到过他的帮助。其实他还资助宁夏的失学儿童上学,还联合部分全国劳模出资帮助山区贫困地区办学,各类的社会公益活动,他更是积极参加的。不是说好人有好报嘛?包起帆说他也希望有好报,比如让他拥有健康的身体和充沛的精力,那样他就可以多些发明多些革新,还多多奉献爱心……

八

确实,除了伤残工友,还有不少人得到过包起帆的帮助和关心。

1996年5月,包起帆刚调任上海港龙吴港务公司经理不久,就请公司工会给他提供困难职工情况。工会挺纳闷儿:包经理啥体急着了解困难职工?

原来包起帆想给困难职工送温暖。

一个名叫姜浩的24岁的青工成了包起帆的帮扶对象。

姜浩的父亲和两个哥哥在那几年里相继因病去世,而他自己又患重病长病假在家,与母亲相依为命。接连失去亲人的巨大悲痛和疾病的折磨,让姜浩的精神状态糟糕到了极点。

有一天,包起帆带上刚发的500元奖金来到了姜浩的病榻边。病怏怏的姜浩看了一眼包起帆,没有任何表情地低下了头。

同去的工会干部说:"小姜,这是新来的包经理,他来看望你。"

姜浩仿佛没听见似的,一动不动。

工会干部又说:"小姜,领导来看你来了。"

姜浩依旧像尊雕塑似的,不做任何反应。

工会干部还想说什么的时候,包起帆摆了摆手,示意工会干部别着急。沉默几秒后,包起帆自己搬了把椅子,在姜浩的床前坐下,说:小姜,我得知了你家的不幸,我理解你现在的心情,但请你相信,你不是孤独的,你还有龙吴。龙吴是一个大家庭,你是大家庭里的一员,龙吴不会放弃你。这个大家庭里的每一个人都关心着你,都盼着你早日康复,所以你一定要打起精神,配合治疗,早点回家。

那天包起帆宽慰姜浩的话说了好半天,可姜浩就是不开口,一句话都不说。时间一分一秒地过去，不一会儿半小时过去了。工会干部着急了起来：包起帆还有个会议要参加，公司还有事情等他回去处理。于是工会干部暗示包起帆：该走了。可这回轮到包起帆"雕塑"，他像根本不理会工会干部的暗示似的，陪着姜浩静坐。

其实包起帆心里也着急。他怎能不着急。那时他心牵两头，那头是会议，这头是姜浩，不走不行，走又放心不下……那刻他看着姜浩联想到了一个词：绝望。姜浩当时给包起帆的感觉，就是对生活失去了信心，没了指望。包起帆担心了起来，他下意识地站起了身。而就在那刹那，包起帆察觉到姜浩的身子微微地颤抖了一下。

包起帆重新坐下。他希望姜浩能开口对他说点什么，哪怕一句话。但没有。

这当中工会干部又几次暗示包起帆走吧。可包起帆还是不理会，还是陪坐。

又过去了好一会儿。包起帆终于站起身，他把500元钱放在姜浩的床头，然后拉起姜浩的手，说：我应该早点来看你。姜浩你抬起头来，让我看看你……

哪知这次包起帆的话还没说完，姜浩突然把脸埋在了被子里，在大家还没明白是怎么回事儿的时候，他哭了。先是呜呜地哭，继而放声地哭，最后嚎啕地哭，姜浩把压抑了几年的泪水，奔泻在了包起帆的面前。

一段时间后包起帆又去看姜浩。让他惊喜的是，姜浩的精神状态好多了，简直跟第一次见到的判若两人。

而姜浩，当包起帆一进门，他就露出了笑脸。他主动拉着包起帆的手，说：包总谢谢您，当初我绝望得都没了活下去的勇气，是您的一番话让我打消了这念头。那天尽管我没说话，但我心里已经对您说了好些的话。

我感激您,您那么忙,却在我这里待了那么长的时间。之后单位又多次来人关心我。知道吗,是您让我振作起来的。现在我考取了黄浦区业余大学就读市场信息专业。

姜浩的变化让包起帆高兴极了。他说:等你取得大专文凭身体又允许的话,就到公司上班吧,我们会安排合适的工作给你。

姜浩一听跳了起来,他很激动,说:真的吗?我太想工作了。可我担心单位是否还要我?如果我能重新上班,我一定会好好工作。

从此包起帆再去探望姜浩,除了把他专家津贴或奖金带些给姜浩外,他还会特意买上一些读书用品。而每次他总对姜浩说,好好养病,好好读书,我们等着你。

1997年的一天,公司有人给姜浩送去500元,说,这是公司奖励你勇敢面对生活、努力学习的。姜浩还真以为是公司拿出的钱,便很是得意地跟邻居说:我要尽快上班,报答单位。后来当知道那500元是包起帆获得"全国优秀共产党员"称号的奖金时,连邻居们都感动了,说,侬老幸运的,碰到这样的领导。

其实姜浩邻居也认识包起帆。那是有一年春节前夕的事儿。那次包起帆带着工会干部慰问困难职工。到姜浩家,望着又窄又暗的小木楼梯,大家还在那儿想怎么才能把慰问品搬上去的时候,包起帆已经一把抓起大米袋子,往自己的肩上一扛,噔噔噔,就上去了。邻居们挺感动,说,迪个领导一点没架子。当知道这个领导叫包起帆后,他们还不太相信:啥,就是那个抓斗大王?抓斗大王亲自为一个小青工送慰问品?看伊扛米袋的样子老像装卸工咯。包起帆听到后说,我本来就是装卸工呀……

转眼到了1998年,姜浩康复了。这年的7月1日,党的生日,姜浩到公司的经营部上班了。这天他很激动,眼里含着泪对包起帆说了这么一番话:包总,我会记住今天。从您身上我感受到了组织的温暖。我长期病假,对公司没有什么贡献,可您却给了我无微不至的关心。谢谢您。您不仅是劳模,是发明家,是企业家,您还是一名慈善家。

九

都说包起帆好人。

都说包起帆是个很重感情的人。

都说包起帆就是个活雷锋。

包起帆说,做好人好事,这是有意义的事。我很快乐。

包起帆还说,曾经有位伤残工友这么说:包起帆这么做有个人目的吗?我看没有!因为我们除了带给他麻烦,还能回报他什么呢?什么也回报不了。这话说得不完全对。我怎么会没有目的呢?我做任何事情都是有目的的。帮助他们,我的目的就是看到他们紧锁的眉头能舒展开来,忧愁的脸上能轻松起来,能笑着说,人间有真情,社会主义中国好,中国共产党好。这也是我最大的满足。

劳模风采

包起帆语录

我躲在被窝里，听着焦裕禄的事迹落泪。我默默地下了决心，长大也要成为一个像焦裕禄那样的人。

我的成长经历，就是千千万万个中国工人在改革开放旗帜下成长起来的一个缩影。

我完成了很多技术革新和发明创造项目，党和人民给了我很多荣誉，但这已经成为过去，技术在不断进步，劳模也要与时俱进。

温家宝总理说："一个民族有一些关注天空的人，他们才有希望；一个民族只是关心脚下的事情，那是没有未来的。"我要做关注天空的人。

一

1989年。这年包起帆获得全国劳动模范称号。第一次。

之前他已连续多次荣获上海市劳动模范称号。

这年包起帆38岁。是上海港木材装卸公司科技工艺科科长,高级工程师。彼时他已完成了50多项技术革新和科研项目,两次荣获国家发明奖,5次荣获日内瓦、巴黎等国际发明展览会金奖和银奖。

是这年的9月28日,北京刚经过一场秋雨,气爽怡人。

这天人民大会堂外彩旗飘飘,喜气洋洋。全国劳模表彰大会的开幕式将在里面召开。

这是改革开放以后第一次的全国劳模表彰大会。

第一届全国劳模表彰大会是在1950年9月25日至10月2日。那时新中国刚刚成立一年。那届不叫"全国劳模表彰大会"叫"全国工农兵劳动模范代表会议"。

从1950年到1989年,期间1956年全国先进生产者代表会议,1959年全国群英会,1960年全国文教群英会,1977年全国工业学大庆会议,1978年全国科学大会和全国财贸学大庆学大寨会议,1979年国务院表彰工业交通、基本建设战线全国先进企业和全国劳动模范大会、国务院表彰农业、财贸、教育、卫生、科研战线全国先进单位和全国劳动模范大会……一直到1989年。

因为是改革开放后的第一次全国劳模表彰大会,又因为是包起帆第一次获得全国劳模这个称号,所以这天包起帆很激动。激动让他有些语无伦次。他试图让自己平静,因为记者的采访话筒已经伸到了他面前。"不好意思,我太高兴了。"他有些歉意地对记者笑笑,然后他调整了自己的站姿,整理好胸前的全国劳模表彰大会的出席证,然后很上海风度地说

"可以了"。

一声"可以了"后,是开了闸的水流,包起帆"哗啦啦"了起来。

他说,第一次全国劳模大会的时候,他还没有出生。来到人世后,还在懵懂不晓的时候,他就知道劳动光荣,工人伟大。帮母亲扫地,帮邻居奶奶拎篮子,他奶声奶气地说这是劳动,光荣的。后来读书了,识文断字的他知道了英雄和劳模。于是他崇拜方志敏、江姐、董存瑞。他觉得他们都是了不起的人,都是他学习的好榜样。后来他成了一名少先队员。他的少年,不像现在的学生有丰富多彩的课余活动。但他们那时有劳模和英雄事迹宣传。雷锋、孟泰、王进喜……正是在这些英模身上,他学到了很多。他现在仍然会记得那些场景,印象最深的是鞠躬尽瘁的焦裕禄。焦裕禄成了他一生的偶像。为了收听广播,没有收音机,他就一副线圈,一个可变电容,一个检波器,一个固定电容和一副耳机组装了一部"矿石机"。那时候他就爱捣鼓,用现在的话说就是爱发明。有了矿石机后,他就每天晚上躺在被窝里,通过这个矿石机,收听焦裕禄的事迹。他一边听一边感动得流眼泪。究竟还是小,所以他证明自己爱党、爱人民、爱祖国的最简单最直接的方式,就是组织同学们到校门口扫马路,帮烈士家属做家务活。

1968年成为码头装卸工人后,他更是心中有英模。遇到再大再难的事儿,他都不慌张。他总是面对困难自问:如果王进喜遇到这事儿他会怎样?如果焦裕禄活着他会退却吗?是英模给了他底气和勇气,所以他相信没有他克服不了的困难。他说也许他这种底气和勇气的产生在现在看来有点儿缥缈,但这是历史,真实的。他那代人当年就是这么虔诚地崇拜英模。那时他最大的愿望是成为一个有出息的工人。因此他走上了发明之路。靠着英模给予他的底气和勇气,当然还有他的雄心和毅力,他成功了。

从1981年他第一次获得上海市劳动模范称号之后,他就没有间断过这样或那样的荣誉称号。他的奖状奖杯证书一年一年地往上摞,老多老多,都塞得橱柜关不上门了。他说要对得起党和人民给了自己这么多的荣誉。他不能辜负了这些荣誉。他唯有贡献更多更多、发明更多更多。

他说这么做,不是为荣誉而荣誉。当初发明抓斗,吃那么多苦受那么多难他也不退缩,非要弄出名堂来不可,那不是为荣誉。真的没想着会有荣誉。他说他把荣誉当成了工作的动力,他不满足不松懈不放弃。于是跟着荣誉而来的是更多的发明成果。发明奖一个连着一个,好多好多。他高兴。他说除了上海港发展加快的收获,这么多的奖励也是他的收获,是他个人价值的收获。所以他很珍惜。现在他获得全国劳动模范的荣誉称号。这又不是他刻意追求的。但他欢欣鼓舞。他说这不完全代表他个人,这代表了上海港的所有工友们,代表了上海工人阶级。所以他很自豪很光荣。他还百感交集……

这天"哗啦啦"之后,包起帆跟记者摆摆手说"谢谢",然后转身向人民大会堂走去。

一阵秋风来,吹起他胸前的全国劳模表彰大会的出席证。出席证一个腾跃,扑到了包起帆的脸上。包起帆把这个腾跃看成是秋风的致意。秋风以这样的方式向他致意。这使他觉得愉悦。于是他没有将出席证复原到胸前,就让它上下欢快着。

那天包起帆就带着这份愉悦走进了人民大会堂。

二

1992年,包起帆进京参加"五一"表彰大会。

4月29日,北京春光明媚。下午,时任党和国家领导人的李鹏、姚依林、李瑞环等同志在人民大会堂会见了与会的全国劳模和荣获"五一"劳动奖章、奖状的代表。

合影的时候,包起帆被安排坐在李鹏和姚依林的中间。

多大的荣耀呐这是。

摄像机就对着他。那镜头,亮闪闪明晃晃地对着他。

那刻包起帆只知道笑,合不拢嘴地笑。他想笑得上镜些,帅气些,代表上海工人阶级嘛。可他实在拿捏不住自己。其实那刻他早幸福得"傻"了。他在心里一遍遍地说,我坐在国家领导人的身边,这是多大的荣幸呀。还其实那刻他有点儿紧张。他手心里渗满了汗水。他在摄像师布局后几排队伍的时候,双手悄悄地蹭了下膝盖。"把汗擦去。拍得好一点。这份荣耀不属于我一个人的。我代表上海。"他这么想。

"上海"让他反应了过来。于是他侧身对李鹏说:"总理您好。我代表上海工人向您问好。"李鹏笑道:"也请转达我对上海工人老大哥的问候。"包起帆于是又替上海工人老大哥们幸福,又替他们说:"谢谢总理。"然后他还想再说点儿什么,可千言万语他又不知说什么才好。那刻他幸福得无以言表。那刻他只会使劲地点头。

直到表彰大会开始,直到李鹏讲话,包起帆还沉浸在幸福之中。

幸福之中,他听到李鹏在强调,要全心全意依靠工人阶级,充实发挥知识和科学技术的作用,努力把我国经济推向依靠科技进步提高劳动者素质的轨道上来,加快工人阶级知识化的进程。

那瞬间,他眼前闪过一件往事。20年前,有工友说,工人要文化有什么用?大老粗了几十年,不照样当老大哥嘛。包起帆不同意这观点,他当时说了这么一句话,随着社会的发展,工人还以大老粗自居自傲肯定不行啦。随后他又想起自己为了有文化而不顾一切地、再苦再累地、孜孜不倦地读大学、学知识的点点滴滴。倏地,他有了一丝冲动。

坐在李鹏总理身边的荣耀和李鹏"加快工人阶级知识化的进程"的讲话,这都是上海港的喜讯,也是上海工人阶级的喜讯。他急于让人分享,急于让人与他一起激动。为了这个急于,他甚至有点儿按捺不住自己。

大会结束。包起帆迫不及待地找到电话亭。因为激动,他忘了加拨地区号。他的手有些慌乱,好几次把数字按错。当终于听到黄浦江的涛声,终于听到工友同事们为他而幸福而激动的时候,他却出奇地镇静下来。他说,科技发展,正逢好时节。

他说这话的时候,天安门广场的五星红旗正迎风飘扬,北京的天空湛蓝湛蓝。

第二天。4月30日上午。北京全总礼堂,掌声阵阵,热烈。是全国劳模事迹报告会。包起帆在台上,用他的上海普通话,说自己从一名木材装卸工人到一名高级工程师再到一名国家级专家的每一步。掌声让他很亢奋,以至他滔滔不绝、声情并茂地向与会者畅抒心志:我们工人再不能以大老粗为荣了。改革与建设需要实干,更需要知识。

他的上海普通话老被掌声打断,他老是不得不停下。掌声是爆发出来的,雷鸣。他的心激动得差点蹦出来。他不得不用上海腔重复着"谢谢"。然后他也会鼓掌。他带着感激的笑容,啪啪地鼓掌,回报台下的热烈。台下掌声于是慢慢平息,安静。包起帆再继续滔滔。那天他报告的题目是《理想 追求 渴望》。

那天包起帆用自己的理想追求和渴望感染了整个礼堂,所有人沉醉其中。而后的一天,即5月1日,包起帆匆匆收拾行囊,登机离京,飞赴巴黎,带着他4个发明成果,参加第83届巴黎国际发明展览会。

三

1994年。北京。二月。春寒料峭。包起帆奉命进京。那时他是上海港南浦港务公司技术副经理。

交通部领导会见包起帆:"小包,这次全国要宣传一批先进典型,你是其中之一。请你进京,就是为这。你要有思想准备噢,你的报告会会很多。"

包起帆有点儿紧张:"就怕讲不好,我只会搞抓斗。"

领导们笑了:"不要紧张,实事求是地讲嘛。"

包起帆点头:"好。一定实事求是。"

包起帆点头说"好"的时候,全国新闻媒介正在蓄势,为几天后全面地、大力地、深度地、透彻地宣传包起帆而摩拳擦掌。

几天后,3月1日,包起帆"在岗尽职,为事业奉献"的先进事迹展在首都军事博物馆隆重开幕。这是新中国成立以来,国家第二次为个人举办的英模事迹展览。而同时,包起帆是中宣部在全国推出的第一个新时期的创业典型。

3月3日,由中宣部和交通部联合举办的包起帆"新时期创业精神报告会"开幕。开幕式的地点在中南海礼堂,首场报告会的主持人是时任中宣部副部长的刘云山,包起帆的心情便可想而知了。那天,他就在激动万分中作了首场报告:《我的理想、信念和追求》。

同一天,《人民日报》刊发长篇通讯《专家原是码头工》和本报评论员文章《扬风起帆催新人》。

还是同一天,《光明日报》的《发明家大老板》,《经济日报》的《扬起四项的风帆》,《工人日报》的《从码头工人到发明家》,《解放日报》的《我的理想、信念和追求》,《解放军报》的《抓斗大工的攀登之路》,《中国青年

* 北京军事博物馆举办的包起帆事迹展览会

报》的《微笑的人生》,《中国交通报》的《我的理想信念和追求》,《新华每日电讯》的《抓斗大王的攀登之路》,以及包起帆娘家上海的《解放日报》《文汇报》《新民晚报》《劳动报》《上海交通报》等等,等等。

万箭齐发。包起帆横空出世。

一夜之间,包起帆走出上海,走向全国。

包起帆不再属于上海。

3月5日,全国上下掀起了学习上海市优秀共产党员、先进标兵包起帆同志先进事迹的高潮。这天,恰逢毛泽东题词"向雷锋同志学习"的日子。在这个日子里,包起帆以雷锋精神的继承者和发扬者的姿态让劳模精神历久弥新,同时,他还以新中国成立以来特别是改革开放以来上海工人阶级的代言人和领军人物的形象,告知全中国的工人阶级:从装卸工到发明家到劳模,不是神话!

包起帆成了上海工人阶级的符号。包起帆成了上海的骄傲。中共上海市委发出了《关于进一步学习包起帆同志先进事迹的通知》。上海工人阶级再次以恣意天下、舍我其谁的气势,引领了中国工人阶级。

上海倍感光荣的那些日子,包起帆在北京、天津、石家庄、秦皇岛等地作事迹报告。一连九场,场场座无虚席,场场满堂喝彩。

连主办方都惊诧,预料包起帆会受欢迎,但怎么也没料着他竟然会这么地火爆!

北京说,所有听包起帆报告的人都被感动,被倾倒。他的报告内容离我们的生活很近,没有大道理,却很入耳。他是我们时代精神的楷模。他的事迹具有深刻的现实意义。

天津说,为嘛敬佩他?为他的精神了不得。有些技术革新能人都当场拜他为师了。再说啦,这么好的事迹报告,我们多少年没有听到了。

河北会抓机遇,立即发出号召,要全省人民把包起帆的精神财富变成物质财富。

秦皇岛连呼想不到。说以往白送电影票,电影院还坐不满半个场子。包起帆的报告会都不用动员,乌泱泱地都来了。还有好些是自费从大老远坐出租赶来的。瞧瞧,报告会现场塞得像不像罐头?

总之包起帆所到之处所作报告无不激起与会者的强烈共鸣,无不掌声热烈达几十次甚至上百次之多,而当地媒体又无不在报纸电视头版头条向社会报道包起帆的报告如何动人如何感人又如何地台上台下融为一体。

十多年过去。有记者试着采访当年亲临其境的群众或领导,看能有多少记忆留下？

结果有点儿惊人。

"包起帆？不就是抓斗大王嘛。记得。上海人。嘿，他当年的事迹报告，那可叫一个火呐。振奋、鼓舞每一个听众，真这样的。"

"真不容易。从一个普通的装卸工人到高级工程师到国家级有突出贡献的专家，他不仅创造了无数个发明的奇迹，他还创造了一个个人奋斗与社会发展紧密相连的童话。"

"他是一个好人。遭那么多的罪也坚持搞发明。他不图名利，就图减少工友的伤亡，叫人佩服的思想境界。发明了抓斗，就等于救下了好多条的生命，大德啊。"

"忒感人。他年年都把自己的发明奖金分给残废的工友。都说上海人精明小气，不见得。包起帆是条汉子。有情有义的汉子。"

更绝的是，有人竟然还记得当年《人民日报》评论员的文章，并脱口秀出文章要求学习包起帆精神的四要素：远大理想和坚定信念，主人翁精神，开拓精神，无私奉献精神。这些人说："即便是今天，这四要素仍然有着极大的现实意义。包起帆不简单，不但上海，他还是中国工人阶级新时期新形象的杰出代表。"

总之，无论男的，女的，还是老年，中年，凡听过读过包起帆报告和事迹的人，都对当年的故事记忆犹新。

而对现今30岁左右、当年还在课堂念书的年轻人来说，除了先进典型和全国劳模外，他们更多的记忆是包起帆作报告的风格。

不说教，不炫耀，不标榜；语言朴实无华，口吻真诚谦逊。哪里像事迹报告，更像邻家大哥讲他历经艰难百折不挠最终获得成功的故事。有点儿"我们坐在高高的谷堆旁边，听大哥讲那过去的事情"的意境。尽管大哥的故事有点儿冒险和艰难，但真实，生动，好听。

3月8日的晚上,近10点。上海虹桥机场。包起帆载誉归来。

走下舷梯,他很激动。克制着,无言一声,我回来啦。

然后他就笑,笑得朗朗,带点旋律。哒,哒哒,连脚步都踏出了节奏。

小时候得了红五星或小红花,他就一路哒哒地笑着回家。回家就急着把红五星或小红花拿给母亲看。然后等着母亲带着一脸的满足和幸福夸他,争气,好样的。然后他心里美滋滋的。再然后他就决心再拿红五星或小红花,让母亲高兴。

那天,他就那心情。他知道上海在等他回来。备好了掌声、鲜花,还有祝贺和鼓励。

那么多的记者和摄像机让归来的出发的旅客们骤然兴奋,哪个歌星来了?

可纠瞧那架势又不像纯歌迷所为。

有不少西装革履政府官员的身影在其中。

于是猜测,是外事活动吧。只是不知迎接谁,兄弟省市的官员还是国外的官员抑或就是上海本埠出访归来的官员?

就是没有猜到劳模。

所以当包起帆走出安检,西装革履和疑似歌迷还有鲜花掌声热情而上的时候,旅客们半是惊奇半是疑惑:谁呀他,一副敦实忠厚的样子。也有认识的,说,咦,这不是抓斗大王嘛,前两天还在报上看到他的事迹呢。

气象记载这天的最低气温还不到6摄氏度,可包起帆的额头却密密麻麻地挂着一层黄豆般的汗珠。汗珠时不时地顺着他的脸颊往下淌,但他一点儿不顾及。这么些天来,他已习惯了这层"黄豆"。每一处每一场报告会都让他陷身于"火热"之中。就这天下午,临登机前,他还应邀在北京作了一场报告。他就是带着那场听众给的热情的"黄豆"登上了返沪的舷梯。没想到,才干了额头的他,刚踏进上海就又掉进了热浪里。

那么多的采访话筒挡住了包起帆的路。包起帆真的有点儿招架不住。连续这么多天的全国各地的报告和采访,他真的累了。

但他知道不能这么说。他知道彼时他已是新时期上海工人阶级的形象人,他的一言一行都关系到上海工人阶级的形象。所以他必须打起精神,必须精气神十足地面对镜头。他要给上海的工人弟兄们争光。

他于是说:"我只是个很普通的人。党和人民把荣誉给了我,可是我告诉自己,这荣誉应该属于上海的工人阶级。我能代表上海到北京参加由中宣部交通部共同举办的'新时期创业精神报告会'的活动,这是我们上海工人阶级的光荣。而我要做的是,把荣誉作为动力,继续革新发明创造,以此报答党和人民对我的培养。"

就这些?显然记者还希望他再说点什么,比如远大的理想和坚定的共产主义信念和先锋模范作用啦,等等。

包起帆读懂了记者们的表情,他笑笑,有些歉意地说,其实我不善于空谈。空谈于事无补。我是个喜欢实干的人。对国家而言,实干兴邦。对我而言,实干让我成为一个有出息的工人。我还是一个讲实际的人。改革开放给了我千载难逢的好机遇,我要对得起这个时代,要抓住时机,更加兢兢业业地为党和人民作贡献。也就是说,我的实际就是要多发明创新。创新,太重要了。这十年,我们上海港飞速发展,这是大家有目共睹的。她之所以能够跃入世界十大港之列,就是改革开放和发明创新的成果所致……

第二天上午,上海市委、市政府举行"学习包起帆同志先进事迹报告会"。

上海市党政主要领导全都到场。不同往常的是，他们没有坐主席台上。他们都坐在听众席里。

包起帆坐在台上。

包起帆神采飞扬地说着自己的故事，作报告。和在北京等地一样，他报告的题目还叫《我的理想、信念和追求》。在"家"作报告，他的普通话就更上海味儿了。还是不断地被掌声打断，他也还是不断地很上海腔地说"谢谢"。

所有的听众都投入在包起帆的报告中，跟着包起帆时空交错，岁月更替，还有继往开来。而几位领导，更是个个聚精会神，不时地把掌声献给包起帆。

其实会前，时任上海市委书记的吴邦国和时任上海市市长的黄菊等上海市主要领导已经会见了包起帆。

会见仪式随意之中有刻意。领导让包起帆坐在他们的中间。

这让包起帆有了几分不自然。虽然曾经坐在李鹏身边，但他还是为成为那天的主角而怯场。在场的摄影记者从不同的角度定格了当时，第二天在上海各大报纸刊登了。从照片看，包起帆双手抱着膝盖，确实有点儿腼腆。

那天吴邦国始终侧着身子又略微前倾地亲和地看着包起帆。这画面很让上海人民感慨，说，阿拉的"抓斗大王"不得了，领导交关尊重他哦。介么多的领导围牢伊，有点众星捧月的腔调哦。

上海人民还感慨吴邦国对包起帆说的那番话：你的先进事迹，我们是很熟悉的，最近又仔细地看了报纸上有关你的先进事迹的报道，既受感动又受教育，因为你的先进事迹和高尚精神是两个文明建设成果的生动体现，是值得全市人民学习的。

上海人民说：看看，阿拉市委书记都在学习包起帆，阿拉更加要好好交学习伊呀。

包起帆那夜无眠。
连续的报告连续的掌声和连续的鲜花使他无法平静。
推窗。天上星,亮晶晶。
晚风轻轻吹来,化作他的热血,流淌在他的胸间,滔滔又滔滔,就如黄浦江。
媒体说他具有当改革带头人的工人阶级的主人翁精神;具有勇于开拓,锐意改革,献身事业,刻苦钻研的精神;具有锲而不舍,奋发图强,努力掌握现代化科学技术文化和生产业务知识的精神;具有全心全意为人民服务,以国家人民集体利益为重,不谋个人或小团体私利的精神;还具有励精图治埋头苦干的创业精神,勤奋学习奋发向上的求知精神,立足本职无私忘我的奉献精神。
我有那么好吗?他想起装卸工的那些事儿,发明抓斗的那些事儿,获奖的那些事儿,还想起他当上海劳模、全国劳模的那些事儿……
"我真是太幸运了。"那些日子他反反复复地、不经意间地或想到或说过这句话。那晚又是。无论是第一次的刻意还是后来的无意,"我真是太幸运了"都是包起帆掏心窝的话儿。他打心眼里感激党和人民,打心眼里庆幸自己赶上了好时候。但包起帆是一个很有定力的人。他一边庆幸着一边清醒着。全国劳模,全国五一劳动奖章,全国十大杰出职工,全国优秀共产党员……他知道,拥有这么多的"全国"的同时,他也拥有了更重的担子,更大的责任。
几度风雨,几度春秋,风霜雪雨搏激流……少年壮志不言愁,这是包起帆很喜欢的一首歌,顺利的时候,困难的时候,甚至思考的时候,他都会自觉不自觉地唱上几句。他喜欢它的词和旋律。苦涩,却又舒缓洒脱;执著,却又浪漫美好。而更多的时候,他哼"几度风雨几度春秋",是给自己鼓气、壮胆。更多的时候他会随着旋律告诉自己:为了海港工人的微笑,为了大海港的发展,即使再有苦难要历尽,你也得一如既往,痴心不改。

但那晚他哼这首歌,不为鼓气,也不为壮胆,是为自己快被荣誉、鲜花和掌声淹没的处境。所以那刻他比任何时候都冷静。他嘴上哼着几度风雨,心想:"我不能沉湎在以前。'大王'是过去式,劳模是进行式。过去已过去,现在也会过去。明天要做的事情很多。从零开始吧,包起帆。还从一个装卸工开始,踏踏实实地走过每一天。"

四

1994年,包起帆究竟作过多少次报告?

《中国交通报》12月10日有文,说包起帆已为全国近30个省市17万听众作了108场报告。

有人说这年的3月是包起帆事迹报告月。那个月里,包起帆除了北京、天津、石家庄、秦皇岛、深圳等地外,他还抽空在烟台等地作报告。上海更是。上海这边早已经将他的报告日程排满。3月8日包起帆回沪,第二天上午就坐在报告席上。之后一直到月底,他在大中小学校、部队、团市委、交通系统、如联港务局、总工会、教育医卫系统、科研系统等地马不停蹄。他甚至一天上午、下午、晚上连轴,三场报告下来,他嗓子嘶哑疼痛,回到家就再不想说一句话。

更多的人说,何止3月,整个1994年,就是包起帆事迹报告年。

这年4月的日历刚翻一张,包起帆就出现在贵州,两天后又在蛇口现身。再后南京、北京、合肥、厦门、宁夏、海口、黑龙、广州、镇江、兰州、青海、新疆、内蒙古、陕西、西安……不可想象。难以想象。身兼多职的他,既要领导企业,又要发明创新,还要登上全中国各地的讲台说劳模的那些事儿。哪里是一个"劳累"所能了得。连同事们都说,交关辛苦的啦。伊哪能吃得消的啦。

"其实也不能说苦。我也得到很多。每作一次报告,我也收获了很多,比如感动。"

包起帆这话有例。

1994年11月27日包起帆到陕西。踏上三秦大地的那一刻起,包起帆就被感动着。

这天下午五点,交通部公路二局、西安公路学院、交通部第一公路勘察设计院、西安市交通局等单位的领导先后来到包起帆下榻的饭店,他们是来"抢"劳模的。

原来包起帆的计划在陕西只作一场报告。西安的人民大厦礼堂能容纳1 500人。消息出去,1 500张票子顷刻告罄。这下急坏了上述的甲乙丙丁领导,他们总共才拿到80张听讲票。

甲领导说:"我局9 000名职工等着您去作报告。"乙领导说:"大伙都盼着您。您哪怕到我们院里走一走看一看也行。"丙领导说:"我以全院7 000名在校师生的名义郑重发出邀请,请您无论如何要去给我们师生作次报告。"丁领导说:"我局人最多。有1.3万名职工。他们个个都翘首期盼见到您。"

把包起帆感动得呀。加场。

加场结束。夜已深。包起帆回酒店。宽衣解带。累。却睡不着。热烈的报告会场面挥之不去,他沉浸在其中。

就在那时，有一名出租车司机找到包起帆住的酒店，找到酒店负责人，恳求，说自己因故没能赶上包起帆的"加场"，遗憾得不行，说自己两年前跑上海长途，早就听说包起帆的事迹，早就崇拜包起帆，所以请无论如何提供方便见见包起帆，就见20分钟。

酒店负责人挺为难。打扰包起帆？似乎不妥。可司机那情真意切的眼神，又叫人不忍拒绝。左右为难了一阵，负责人抱着试试的态度拨通了包起帆房间的电话。

包起帆二话没有。见。

然后他急忙穿上衣服，开门，迎进司机。

一个上海的全国劳模，一个西安的出租司机，这就有了一次深夜朋友般的交谈。

司机见到包起帆张嘴就说："我终于见到真人了。"

显然这话让包起帆有点儿莫名其妙："怎么……"

司机解释说："以前在报上见过您。"

包起帆笑了："哦，这么说我们也算老相识了。"

包起帆于是要张罗茶水。

司机说："您别忙活，我就想见见您。不耽误您太多的时间。"

包起帆还是泡了杯茶端给司机："您暖暖手。"

司机说："几年前我在上海工作过，那时候就知道您发明的事儿，还有您把奖金全都捐给了因公致残的工友的事儿。您是好人。我佩服。我那时就暗下决心向您学习。后来回西安开出租车，我以诚信对乘客，从不多收一分钱，还好多次免费送人。别人谢我，我就跟他们说您的事儿。我说您是我的榜样。"

这番话令包起帆感动。他看着司机一时无语。屋内顿时安静，只有杯中的雾气袅袅升起，盘旋在空中。片刻之后，包起帆说："向您学习。您

* 1994年包起帆获美国国际传记中心颁发的国际杰出贡献金奖

* 1994年包起帆获英国剑桥国际传记中心颁发的20世纪杰出成就奖

知不知道,您帮助的所有人都会记得您。或许就在现在,就我和您面对面的现在,没准哪辆出租车上有个乘客就在讲述您的美德。从这点说,您是西安出租车司机两个文明建设的带头人啊。"

司机于是说:"您夸我了。我哪有那么好。但我会继续这么做。这次听说您来我们这儿了,我特高兴。本来能赶上您的报告会的。可为了帮一个乘客,误了点。但今晚我无论如何得见到您。之前知道您这些年一连获得了很多的世界荣誉,比如比利时王国'军官勋章'、20世纪杰出成就奖等等。您替咱们中国人争脸了。真为您高兴。所以今天我特别想跟您说一句话,您一定保重身体,千万别撂了发明的事。"

包起帆说:"我从今年4月开始在全国巡回作报告,到年底完成。明年就可以静下心搞科研。科研是我永远不能放弃的。"

20分钟过去。

司机说:"行了。见着了您,也说了我想说的话,我心里就踏实了。您休息吧。"

比利时王国"军官勋章"证书

1992年11月包起帆被授予比利时王国"军官勋章"

包起帆说:"回头我寄一盘'报告'给你。"

然后两人出门。包起帆执意将司机从五楼送到底楼。直到司机消失,他还站着。

北方12月的夜,很冷。寒风飕飕中,包起帆的心头涌起一股潮热。

五

站在2009年回首1989、1995、2000和2005年。

其实包起帆在成为全国劳模的同时,就以一名有出息的工人形象引起了全国人民的关注。1992年,当包起帆站在首都的讲台上用他的上海普通话跟首都人民说他的《理想 追求 渴望》的时候,他更是以给人耳目一新、眼前一亮的视觉和听觉的冲击力:原来劳模可以是这样的姿态!原来工人可以不再是"大老粗"!

这是一种崭新的、真实的、健康的新时期的劳模形象。这个劳模形象很快赢得了全国人民的欣赏和喜爱。到了1994年,全国各大媒体超强势的宣传,让包起帆更是成为"超模"迅速红遍中国的大江南北,成了家喻户晓的人物。全国开始深思包起帆现象,新时代中国式的劳模现象。

一个"老三届"初中生,一个码头装卸工人,出自平凡,来自普通,他何以成为一名不平凡不普通的全国人民学习的劳动模范?

套用"永不停步的发明家",包起帆是个永不停奖的劳模。从1981年开始,他连续获得上海劳模、全国劳动模范称号和全国"五一"劳动奖章、全国优秀共产党员、全国十大杰出职工、全国十大科技人才、全国道德模范,直至2009年的感动中国人物等荣誉称号。年年有奖,年年获奖,几十年如此,他不是瞬间劳模。何以?

※ 包起帆的全国劳动模范,全国五一劳动,全国优秀共产党员,全国道德模范等奖章

还有令包起帆没想到的是,自己的名字竟然出现在共和国总理1995年3月5日的政府工作报告中——"在改革开放和社会主义现代化建设中,各个领域各个地区都涌现出许多英雄模范人物……自学成才、有多项发明创造的工程师包起帆同志……都是学习的榜样。"那之前之后,从中央到地方,从官员到百姓,拥戴、推崇,数以万计的人成了包起帆的追随者和"超级粉丝"。换言之,他不是闪星,不是流星。又何以?

或许,中国劳模成长和发展的历程能诠释这个"何以"。

六

关于劳模,早在1934年1月,毛泽东同志就作过论述。他说,提高劳动热忱,发展生产竞赛,奖励生产战线上的成绩昭著者,是提高生产的重要方法。(见《中华苏维埃共和国中央执行委员会对第二次全国苏维埃代表大会的报告》《苏维埃中国》第296页)

1945年1月10日,毛泽东同志在一次讲话中又对劳模下了定义。他说:"你们有三种长处,起了三个作用。第一个,带头作用。这就是因为你们特别努力,有许多创造,你们的工作成了一般人的模范,提高了工作标准,引起了大家向你们学习。第二个,骨干作用。你们的大多数现在还不是干部,但是你们已经是群众中的骨干,群众中的核心,有了你们,工作就好推动了。到了将来,你们可能成为干部,你们现在是干部的后备军。第三个,桥梁作用。你们是上面的领导人员和下面的广大群众之间的桥梁,群众的意见经过你们传上来,上面的意见经过你们传下去。"(《毛泽东选集》第三卷第1014页)

1950年9月25日至10月2日,刚刚成立一年的新中国就召开了全国工农兵劳模代表会议。会议由中央人民政府主持召开。毛泽东致祝词,朱德、刘少奇、周恩来讲话。会上,中央人民政府授予464人"全国劳动模范"称号。这年的12月14日,周恩来总理签发了《关于全国工农兵劳动模范代表会议的总结报告的批示》。而正是在《关于全国工农兵劳动模范代表会议的总结报告》中,提出了要"把评选劳模形成固定的制度"。

从那时,"全国劳模"作为国家给劳动者的最高奖励和一种荣誉称号,载入中国社会主义建设和发展的史册。也因此,劳模作为引领时代潮流的先进人物而成为全国人民的学习标兵和榜样,成为社会主导性价值观和国家意志的体现者。于是,劳模特征也就随着社会主导价值观和国家意志的变化而变化。也于是,不同时代的劳模就有不同的劳模特征,不同时代的劳模就反映了不同时代的特征。

上世纪50年代,新中国的成立翻开了中国历史新的一页,工人阶级成了国家的主人,以时传祥、郝建秀、王崇伦、赵梦桃、张秉贵、王进喜为代表的一大批普通劳动者,在他们平凡的工作岗位上以不平凡的主人翁责任感和艰苦创业精神,以他们高尚的忘我的劳动热情和无私奉献精神赢得了社会的尊重,成为激励全国人民的楷模。他们的身上体现的是一种工人阶级的力量,是一种工人阶级的意志。

上世纪60年代,由于"三面红旗"的失误和三年自然灾害,中国的经济发展面临较大的困难,人心亦有一点"散"。怎样动员全国人民克服发展中的困难？怎样增强社会的凝聚力、向心力？在这个背景下出现了两个典型的英雄模范人物代表:一个是雷锋,一个是焦裕禄。毛泽东同志要求全国人民"向雷锋同志学习"。雷锋精神的生命力,既在于它的无私和伟大,也在于它的平凡和一贯。当时的社会还需要与大自然作艰苦奋斗、自我奉献的焦裕禄式的干部。因而当时的社会热情地讴歌了一大批像陈永贵、邢燕子、董加耕、侯隽那样在艰苦的农业战线上艰苦创业、顽强拼搏并取得巨大成绩的人。

上世纪七八十年代,"文化大革命"的浩劫使中国陷入崩溃的边缘,同时也将中国"逼入"了改革开放,中国社会亦从计划经济体制转向市场经济体制,与之相应的是社会的主导性价值观亦在作相应的变化,反映在劳动模范身上的时代精神亦在进行相应的"调整"。1977年5月24日,邓小平同志在一次讲话中强调了尊重知识,尊重人才的思想。他说:"一定要在党内造成一种空气:尊重知识,尊重人才。要反对不尊重知识分子的错误思想。不论脑力劳动,体力劳动,都是劳动。"(《邓小平文选》第二卷)"科学技术是第一生产力"的论断使中国迎来了科学的春天,中国的科技界涌现出了一大批以陈景润、蒋筑英、罗健夫、彭加木等为代表的知识精英。正是由于这批震撼中外科学界的优秀人物的事迹,唤起了几代人的科学梦和强国梦,激励了数以千万计的知识分子,在科学技术界迅速形成了一个为国争光、攀登科学高峰的热潮,中国的科学事业为此而获得了飞速的发展。

上世纪90年代,中国社会是一个剧烈变化的社会,飞速发展的经济让世界刮目相看。然而,社会价值观的变化亦反映到社会生活的各个层面中去。在这一时期,新的和旧的,传统的和现代的,国内的和国外的,落后的和先进的,文明的和反文明的,进步的和反动的,什么都有,什么都会出现。怎样保持社会的主导性价值观?怎样在风云变幻的社会中不迷失方向?怎样避免发展中的曲折性、盲目性?这是摆在社会面前的一个新课题。1995年4月29日,江泽民在庆祝"五一"国际劳动节暨表彰全国劳动模范和先进工作者大会上说:"各条战线的劳动模范和先进工作者,为全社会树立了光辉的榜样……榜样的力量是无穷的。"以孔繁森、吴敬琏、李素丽、李润五、包起帆、徐虎等为代表的先进模范人物,以他们平凡的、光辉的、感人的事迹和榜样的力量,较好地回答了在复杂多变的社会中如何保持清醒,如何坚定信念这一新课题。

进入新世纪后,随着社会的发展,人们对什么是劳动模范亦有了更为明确的标准,人们赋予劳模的不再仅仅是传统层面上的吃苦耐劳、无私奉献,于是新内涵新标准慢慢地潜入了人们的头脑之中。时代呼唤"知识型""开拓型""智慧型""创新型""与时俱进型"。也因此,这时期的先进模范人物呈现出两大特点:一是文化技术素质有较大提高;二是用科学带领群众致富的劳模所占比例越来越大。这时期,全国各行各业涌现出了一大批先进典型和英雄模范,向"典型"学习的浪潮又响彻神州大地,牛玉儒,任长霞,周国知,马祖光,包起帆,许振超,充分反映了中华民族的民族志气和当代文明。

纵观共和国60年的老模成长史,虽然每一个时期的老模都具有不同的特点,但他们都有一个共同点,那就是他们成长中的每一步都尽享着党和国家领导人的关心和呵护,都沐浴着党的阳光雨露。正是党和国家领导人的谆谆教导,殷殷关切,才使劳模这一群体迅速成长;正是党和国家领导人的努力倡导,才使劳模这一称号深入人心,才使劳模这一群体在社会上享有无上的荣誉,使学习劳模成为全社会永不过时的风尚。

而1994年全国那场声势浩大的学习包起帆的活动,之所以在人们心中留下那么深刻的印象,是因为那时人们处在怀念上世纪五六十年代劳模的高尚情操和寻找改革开放以后当今劳模的时代价值观之中。时代在前进,在发展,劳模评选的标准也因时代的前进和发展而打上了时代前进和发展的轨迹和烙印。过去,人们多以艰苦奋斗吃苦耐劳来作为劳模的标准。当人们疑惑那种苦干的劳模精神在现代化建设和发展的社会中还具有多少现实意义的时候,包起帆出现了。

包起帆让世人震撼:一个新时期工人阶级的劳模,一个新时代深得人心的劳模;一个物质文明建设和精神文明建设过得硬的劳模;一个有理想有道德有文化有纪律的劳模;一个在新的历史条件下极好地继承和发扬了雷锋精神的劳模;一个具有丰富精神内涵的劳模。

包起帆让世人感动:具有优秀的职业道德和爱岗敬业精神;具有一般人不能及的实干精神,诚实无私、踏实肯干,人格品格高尚、完美;在自己行业、领域、部门中产生重大影响,并能成为"一群人"或"一代人"学习的榜样;在他身上体现出一种强烈的开拓创新和锐意进取精神;具有强烈的爱国意识和高度主人翁责任感;能为社会留下巨大的物质财富和精神财富;不求私欲名利,只求付出和奉献……包起帆集中国不同时代的劳模特征于一身,他就是2004年"五一"前夕胡锦涛所说的"以强烈的主人翁责任感,立足本职,忘我劳动,积极进取,争创一流,集中展示了当代中国工人阶级的时代风貌和崇高品格,不愧为民族的精英、国家的栋梁、社会的楷模。

法国著名社会学家塔尔德说:"社会就是模仿。"人们在为包起帆感动和震撼之后,从无意识的、不自觉的、外在的、表面的、短暂的"模仿"到有意识的、自觉的、内在的、深刻的、永恒的"模仿",包起帆,他当之无愧地成为中国劳模史册上最绚丽最耀眼的恒星之一。

七

2005年，胡锦涛在全国劳动模范和先进工作者表彰大会上的重要讲话中强调，要在全社会广泛宣传劳动模范和先进工作者的先进事迹、优秀品质、高尚精神，给他们以应有的光荣和地位，推动全社会进一步尊重劳模、关心劳模、学习劳模、争当劳模，让劳模精神不断发扬光大。

2006年8月30日，时隔包起帆一人夺得巴黎国际发明展4金、创下巴黎国际发明展105年历史之最、赢得"改变人类运输方式的革命"的赞叹三个多月，他第二次登上共和国最高讲台，第二次成为全国重点宣传的典型——中共中央宣传部，中华全国总工会，科技部，交通部和上海市委联合主办了包起帆科技创新先进事迹报告会。

12年前的1994年3月2日，包起帆第一次登上共和国最高讲台。在中宣部、交通部于北京中南海举行的"新时期创业精神报告会"上，包起帆以《我的理想、事业和追求》为题，展示了他立足岗位艰苦创业的崇高精神。

12年后的这一次，他作为新时期知识型、创新型职工的杰出代表，在首都人民大会堂向人们讲述他投身科技创新的先进事迹。他报告的题目

*2006年8月30日包起帆在大会堂"包起帆科技创新先进事迹报告会"上作报告

是《岗位是我创新的土壤》。中共中央政治局委员、全国人大常委会副委员长、中华全国总会主席王兆国、陈至立等国家领导亲临报告会现场并亲切接见了包起帆。

12年前全国掀起学习包起帆的热潮。12年后，全总、科技部、交通部联合做出在全国职工中开展向包起帆同志学习的决定，中华大地再次刮起学习包起帆的旋风。

跟12年前一样，《人民日报》《工人日报》《中国交通报》《解放日报》《文汇报》《新民晚报》等全国各大媒体纷纷作了报道。

还是跟12年前一样，包起帆报告会的现场掌声雷动，群情激奋。

◆ 2006年8月30日，人民大会堂包起帆科技创新先进事迹报告会现场

跟12年前不同的是，这次包起帆先进事迹报告会有一个报告团。报告团主要成员有上海国际港务（集团）股份有限公司孙美英和上海文广新闻传媒集团倪既新等同志。孙美英和倪既新，一位是与包起帆共事了很多年的上港集团的干部，一位是无数次采写包起帆先进事迹的记者。他俩在报告会上分别以《永攀科技创新高峰的领军人》《是帆，就要远航》为题，从不同的角度，用生动的事例讲述了包起帆情系职工、报效祖国，不懈追求、不断创新的先进事迹，为人们展现了一位老劳模淡泊名利、锐意进取、永葆先进的精神境界和人格魅力……

这天站在人民大会堂讲台上的包起帆，依旧是上海腔的普通话，依旧是平实朴素的语言，依旧是从容自信的神情，他就在特有的纯朴与真诚中，讲述了自己多年来与时俱进、锐意创新的心路历程。他不太爱用"先进事迹"这一说法，他喜欢这么说，我跟大家汇报一下我的创新体会。

他说："我的智商并不高，我也不是一个天生的发明家，回顾我这些年来所走过的历程，我是从自己的本职岗位出发，从小改小革起步，追随着企业的发展而逐步成长起来的。"

他的语速比较快，但口词清晰，表达准确，详略得当。过去的，他三言两语带过。他似乎更想告诉大家的，是他当下的创新体会。他说不断地有人问他：为什么你的创新总能出成果？为什么你总能获奖？又为什么老外评委总是情有独钟于你的发明？

包起帆说：今天我特别想跟大家说说这些为什么。

关于第一个问题，我以创新好比种树来概括。这是我的创新哲学。我告诉你们一个我发明的种树"四轮法"吧。

第一法，我只种能结果的树。

种瓜得瓜种豆得豆。创新要有创意。创意是种子，种子好不好是关键。我选创新课题,目的很直接,这个项目将来是会有看得见摸得着的效果的。也就是说,我认定这棵树栽下去会结出硕果的。总之,创新也好,创意也好,都必须产效益。做完后锁进抽屉,堆在墙角里的项目,我坚决不做。求真、务实、致用,这才是我信奉的。

那么种子上哪儿去找呢?岗位呀。种子就在你的岗位边。你得做个有心人才会发现。这也就要求创新还要有洞察力,要有超前的眼光,要能搭住发展的脉搏。我就是例子。每换一个岗位,我都能获得种子的机会。比如2003年,这年我挑起集团公司基本建设的担子。我哪里懂基建呀。但我有心呀。我看准了外高桥四期、五期项目,47亿元的投资,多么庞大的发展空间,这里面能没有创新的种子吗?

有了这个心,就会时时留意和观察创新的机率及可能性,于是想到了运用新技术建设码头……后来我们联合北京中交水规院开展了"外高桥集装箱码头建设集成创新技术"的研究,提出了用虚拟技术建立集装箱码头仿真模型,优化码头结构。同时,为了使码头工艺更加科学合理,我们又提出了新型的现代集装箱港区功能模块横断面布置模式。为了提高装卸效率,我们率先把双40英尺集装箱桥吊等港机新装备用到码头上……果然如我所料,这颗种子不但发芽了成树了,它还长出果子来了。建成投产仅一年,外高桥四期码头就因为成功营运,被世界航运界巨头马士基评为"最具活力的码头"。

再有我们的外高桥五期,这样规模的码头一般需要三至四年才能建成,而我们因为有"码头建设集成创新技术",所以仅用了一年半就建成了,这一下子就给了我们7.7亿元的经济效益。而且,世界上第一台真正投入使用的、能同时吊装四个集装箱的桥吊,就诞生在我们外高桥五期……

其实"外高桥集装箱码头建设集成创新技术"的当初,很多人是不看

*外高桥集装箱码头集成创新技术

好的,说建造码头跟别的项目不一样,不要搞什么创新冒险了,还是按传统的方式方法比较保险。但我就是觉得这颗种子能长成参天大树,能极大地提升我国港口的筑港水平,能符合现代集装箱码头物流发展的大趋势。

第二,不见硕果决不罢休。

我说的硕果就是目的。种树的目的,或者是成才,或者是结果。但有时候,小树在成长过程中会遇到困难或是遇到障碍。为了小树能够较快较好地成长和结出硕果,我们就会想方设法地解除影响小树成长的困难或者障碍,所以解除掉困难或障碍,也就成了硕果之前的一个阶段性的目的。

在"外高桥集装箱码头建设集成创新技术"的研究中,我们碰到了一个难题。这个难题北京有位专家能帮助解决。所以我们急于见到那位专家。不巧的是,那位专家那几天出差在外。我只得电话联系他,他说某某天回北京,我说那好,我就某某天在北京机场等您下飞机。根据专家的航班时间,我们还约定了某某天下午6点钟在首都机场安检出口处见面。放下电话后,我立即订了某某天飞往北京的机票,同时也订了某某天当晚8点返回上海的机票。我计划在一小时内把我们的困难和要求跟专家谈完,然后我就返回,因为第二天上午我还有个会议得参加。

真是好事多磨。那位专家返京的航班因故延误,再延误。怎么办呢?等。我毫不犹豫。只有等,必须等。事情紧急,早见到专家早解决难题。我铁下心再晚也等。于是我就退了回沪的机票。心急如焚,却要强加镇定,饥肠辘辘,却不敢离开片刻。一直等到了第二天凌晨……第二天凌晨,当那位专家在首都机场空荡荡的出口处见到我的时候,他先是意外,然后是感动:你居然等到现在?

专家一感动,我的难题也就不是难题了。

我后来搭乘了那天凌晨的第一班飞上海的航班,我想在机上眯上一会儿,可是不行。一想到解除困难之后就能收获硕果,我那个兴奋哪。

第三,动员大家一起栽树。

种树成林,仅仅依靠匹夫之力、匹夫之勇是不行,要靠集体的力量,靠团队的力量。

2002年我们联合上海海事大学开展的上海港集装箱装智能化生产管理系统,就是一个团队合作产、学、研的最好例子。以前我们码头的集装箱装卸生产都是以一台桥吊、四台卡车和一台龙门吊相互配合所组成的作业线为基础的,效率不高。后来有了这个团队合作,我们就开发了崭新的集装箱机械全场自动调度系统,并优化码头设备的资源配置,以具有模糊智能为特征的计算机系统为支持,把码头上所有的桥吊、卡车和龙门吊

* 双40英尺集装箱桥吊

集中起来,根据作业需要统一由计算机系统来指挥,这极大地提高了码头的作业效率。

还有,多少年来,码头装卸一直沿袭着船卸空了再装船的老规矩,我在做装卸工人时就有过这样一个想法,是否能实现边装边卸。这事听起来简单,其实不然。

一是难在装货和卸货是截然不同的两个工艺流程,要合二为一,那么操作就一定要精确。否则进港货物与出港货物很容易混在一起,若那样,问题就严重了;二是难在装货和卸货的数量不一样,作业不同步;三是难在这些操作需经海关、商检、理货等相关部门的认可,协调这些部门很难。

再难也得做。我们这个团队经过反复研究,反复试验,建立了一套"集装箱同倍位装卸系统",也就是桥吊在卸下一个集装箱后马上又在原地装上一个集装箱。在这个原地装卸之中,效率就翻了一番。一言难尽我们这个反复研究和反复试验的过程。我一直说,总会有事后诸葛亮者,等到大家成功了,会这么说,原来就不复杂的呀,原来就这么简单的呀。咳,我说过的,任何发明难就难在过程中。这个过程不仅需要知识和智慧,还需要勇气、胆略和毅力,有时候更需要团队精神。好在我们的团队精诚团结,不但人人栽树,还人人育树护树。是大家的力量成功了"集装箱同倍位装卸系统"。而我,早年边装边卸的梦想也成真了:"集装箱同倍位装卸系统"成了智能化码头管理技术的重要组成部分;它提升了上海港集装箱码头的数字化水平,仅浦东集装箱公司当年就取得了经济效益1.78亿元;2004年它获得了国家科技进步二等奖和全国职工技术创新一等奖。

这类例子很多。所以问我为什么总能出创新成果,原因之一就是靠团队的力量。尤其是后来的很多发明,我只不过出个点子,立个项,带个头而已。大量的工作都是大家做的。不然,即便我有三头六臂也是无能为力的。

第四,果实利益要共享。

这条很重要。"科技成果好搞,奖金难分"的现象司空见惯,我很多同行为此也是伤透了脑筋。他们问我是怎么处埋的?我说,不要忘记每一名参与种树的人。

其实这条我早在上世纪80年代就开始了。那时候还是我个人发明的成果奖,我就全都分给了伤残工友。我是这么想的,伤残工友虽然没有直接跟我一起搞发明,但我走上发明创新之路的重要原因之一是为了他们,所以他们是间接的参与者,我不能忘了他们。这点我坚持到现在。有了团队后,我就坚持团队共享利益。有奖金,所有参与者人人有份。

不但金钱,还有机会。我信奉一花独放不是春的道理。我总是给每个人发明创新的学习机会。

有一年,日本安川公司总裁羽鸟邀请我到日本他的企业考察,说接待安排一定高规格高标准。我说,总裁先生您能不能把给我的机会,转给我技术中心的技术骨干?

羽鸟不理解,问为什么?他说好像中国有很多人都希望自己能到国外看看,你为什么不愿意。

他当然不理解我为什么这样做。其实我心里早在"算计"他了。羽鸟是日本起重机电器控制的巨头。当时上海港的桥吊起重设备已经基本实现了电器化,可是,这些电器化的设备都是从国外引进的,其中的技术秘密,我们不知道,图纸,我们也看不到。这会带来怎样的后果呢?一旦设备出现问题,面对复杂的电路集成模板,我们的技术人员不敢拆开修理,既怕找不准症结所在,又怕对生产造成更大的影响。这就又意味着另一种后果。明明换一两个元件就能解决问题,但因为不知毛病出在哪里而把整块模板换掉。知道吧,我们单单这一项的成本就要达到上千万人民币。所以起重机电器控制系统一直被我们的职工叫做摸不得的老虎屁股。说到这,你们大概明白了我"算计"羽鸟什么了吧。技术人员对国外先进设备老是一知半解怎么行?如果我们的技术人员能到他那里学习,不就掌握了摸老虎屁股的本领了吗?那样的话,岂不就是一举两得了吗?

但我不能这么直截了当地跟羽鸟说。我就对他说,您想想,如果我们的技术人员能对您的产品非常熟悉,自然就更加喜欢您的产品,那不是对您的产品出口更加有利吗?

羽鸟觉得有道理,说,好,我同意。第一批派20名技术人员到我公司吧。

后来，我的这个故事被大家演绎成了"一个换20个"的故事。大家开心。被派的技术人员更开心。他们说，集团领导给我们学习的机会，包总用他一人换来我们20人东渡的机会，为什么，我们心里清楚。我们一定要把真本事学到手。

就这样，上海港连续四年总共派了100名一线技术人员去日本接受培训。我"算计"得好啊。这100名技术人员，后来个个出色，都成了业务骨干，其中好几人出了成果。

他们出了成果，我就给他们参加成果评审的机会。2006年5月，我们的又一项成果到北京参加国家科技进步评审，奖励办的同志一见到我就说，你怎么又来了？他们不理解呀：在中国，一个科技工作者一生得一个

* 一线技术人员赴日培训

国家发明奖都是不容易的,包起帆你已经拿了三个国家发明奖,两个国家科技进步奖,怎么又有成果来评审了?他忘了我有一支实力雄厚的队伍。这支队伍今天这个,明天那个,硕果接二连三,没完没了地出来,那当然就没完没了地参加评审啦。

我们技术中心成立以来,数十个的科研团队已经完成了130多项创新项目,40多项国家专利,3项获得国家发明奖,3项获得国家科技进步奖,19项获得省部级科技进步奖,30项获得日内瓦、巴黎、匹兹堡、布鲁塞尔、北京等国际发明展览会金奖;团队中,已有一人享受国务院专家津贴,8人成为教授级高工,多名同志破格晋升高级工程师。

所以我的体会是,只要想到这件事情对国家有好处,对大家有好处,无私地去做,就能够做好。还有就是真心依靠大家。这是成功的法宝。

至于为什么我能常获奖和老外何以钟情我的发明项目这两个问题,

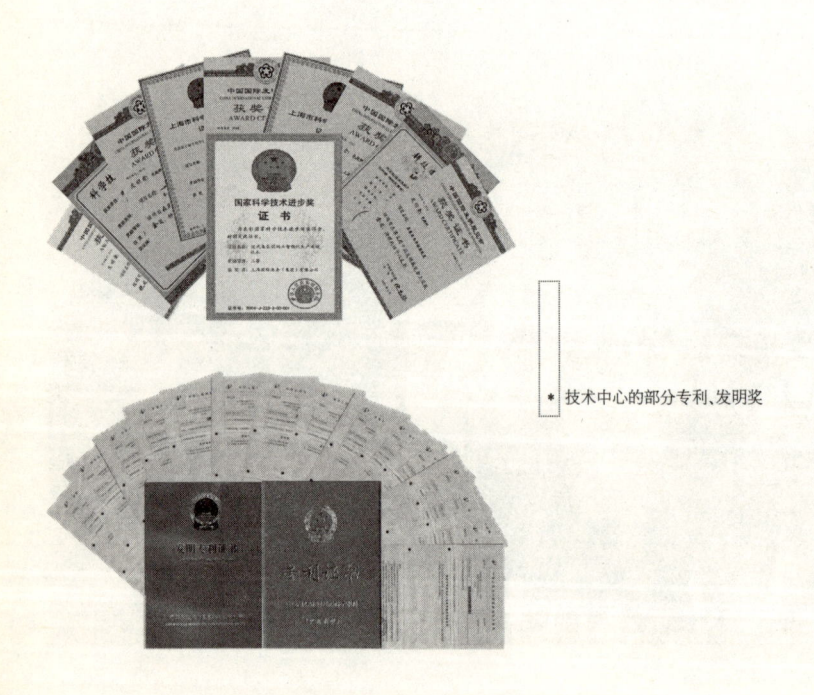

* 技术中心的部分专利、发明奖

我简单地回答：这里面没有"为什么"，换句话说，这里面没有奥秘。

其实这和我们选课题一个道理。我们选课题看是不是生产实践所急需的，是不是大家迫切希望解决的，会不会结硕果的。这叫什么？这叫务实。人家老外比我们更务实，更不喜欢花架子。老外评委对我们的项目感兴趣，也许就是因为我们的发明原因、过程和结果让他们感同身受。我的木材抓斗是由装卸工人的命运和我亲身的经历促成的。我想老外专家，尤其是有过类似经历的专家，对这样的项目是不会熟视无睹的。我每次前往世界各国参赛，不但精挑细选参赛项目，而且还以实践检验之，力求能经得住评委们任何挑剔甚至是苛刻的问题。知己知彼，百战不殆嘛。

* 2004年包起帆在人民大会堂受领国家科技进步奖

这也就是我为什么一直说发明专利不能在天上飞、要讲究可操作性和实际运用性、只有落地率高的创新才是成功的创新的原因。所以大家记住喽，每一个发明都来源于实际，来源于工作。岗位是我创新的土壤。如果说我包起帆有什么奥妙的话，这就是。

那天包起帆就这么诚恳地坦率地"汇报"着他的创新体会。自始至终，他就跟和朋友聊天似的轻松、挥洒。其间，掌声一波又一波，常常压过他的声音，于是他只得一次又一次地停止他的"汇报"，一遍又一遍地微笑着轻声着说声"谢谢"。那天，他就在这样的氛围中，把一个新时期知识型、创新型职工的杰出代表形象留给了大家，他因此让大家看到了一个耕耘在创新土壤几十年硕果累累的中国劳模的气度和风采。

八

共和国成立60年前夕。2009年5月25日。

《城市魂，群英谱》——纪念上海解放60周年主题展在上海展览中心开幕。

展览以"爱国奉献，服务人民""爱岗敬业，追求卓越""攻坚克难，勇攀高峰""城市丰碑，风范长存"纪念为上海建设做出重要贡献、为上海人民深深铭记的60位典型人物和两个典型群体。

包起帆是60位中的一位。

那么多那么多的市民自发前去参观。

一老伯指着包起帆的展板激动地告诉周围的参观者，说他已来了五次，说包起帆发明抓斗的故事他都经历过，所以他看不够，他每看一次都有身临其境的感觉,他说他就是当年的一名码头装卸工。"包起帆好啊,他的抓斗救了阿拉装卸工了。"

一位白发奶奶,拿着相机在包起帆那一长串的发明奖前踽踽来回,她说人太多,画面老是被挡了,字老也拍不全,只能看哪里有空档就上哪里拍,她说要拍的,带回去给敬老院的老姐妹老兄弟们看,包起帆了不起。

好几位阿姨在包起帆的抓斗模型前留念;好几名年轻人在录制包起帆的事迹画面,说带回去组织团员学习;还有几名战士,立正在包起帆的一张照片前,照片的画面是包起帆在试验抓斗……

也是共和国成立60周年前夕。包起帆被评选为共和国60位最具影

* 包起帆在《城市魂,群英谱》——纪念上海解放60周年主题展览上

响力的劳动模范之一。

媒体这么说,包起帆既有传统劳模艰苦创业、无私奉献和爱岗敬业的精神,又有着新时期劳模"知识型""开拓型""智慧型""创新型""与时俱进型"的特征……

有记者采访包起帆,问:从1981年起,您连续不断地获得上海市劳模和全国劳模称号还有其他很多的荣誉,您一定付出了很多很多。是什么,让您成为一名有出息的工人?又是什么,成就了您这位几十年不老的劳模?

没有思考。包起帆开口就说:

我的努力是事实,但我更想强调的是,我遇到了一个好时代。是时势造就了我。是上海港成就了我。

如果不是改革开放,如果不是知识分子接受劳动改造的年代过去、人们重新尊重知识需要知识,我哪有踏进大学门槛坐进大学课堂的机会?如果不是"科学技术是第一生产力"以及社会对劳动内涵认识发生了很大的变化、脑力劳动者也能加入劳模的队伍,我哪能走上劳动模范的星光大道。

如果不是上世纪90年代中期上海提出要建设航运中心,如果没有近些年来上海港的飞速发展,如果港口码头作业还停留在人拉肩扛时代,也不可能有我包起帆后来的事业天空。

所以我一直说自己很幸运,遇上了一个机不可失、时不再来的好时代,让我能从本职岗位出发,从小改小革起步,追随企业的发展而逐步成长起来。

也所以,我感恩这个时代。

我一直说我的成长经历,就是千千万万个中国工人在改革开放旗帜下成长起来的一个缩影。这就不能不提在我的成长过程中,上海港,包括我早先所在的白莲泾码头即南浦港务公司和龙吴港务公司给了我莫大的帮助和支持。我所有的成就和荣誉,我的劳模勋章,是属于大家的。

其实上世纪90年代中的有段时间,劳模到底有没有价值在社会一定范围内有争议。有人说,在市场经济繁荣的今天,劳模没有多少作用了。也有人认为,现在劳模不吃香了,劳模的年代过去了。我就遭遇过这样的劝导:你当劳模那么有滋有味干啥了?劳模能值几铟?你的发明带来了那么多的经济效益,可你个人能拿到多少?凭你的技术和发明成果,你随弄弄就能当个百万富翁甚至千万富翁的。当什么劳模呀你,别发戆了,赶紧调头吧。

我没一丝动摇。不是吹嘘自己,我真的一点都没怀疑过我的劳模价值。为什么?很简单朴素的原因,就为感恩。

我永远记得1994年5月1日。那天清晨才过4点,我就站在天安门广场,等待升旗仪式。那是我第一次参加升国旗仪式。我戴着金光闪闪的劳模奖章。天安门城楼在晨光里辉煌,广场红旗在晨风里猎猎,我在庄严的氛围里激动。当《歌唱祖国》响起,当护旗手齐刷刷地迈步走出天安门,我热泪盈眶。我去过那么多的国家,从没有看见这么隆重庄严的升旗仪式。升旗过程虽然只有两分零七秒,但它的意义却非常深远。看升旗,实际上就是上了一堂生动的爱国主义教育课。那一刻,我的心间升腾着强烈的爱国之情,是从没有过的强烈。那一刻,我在心中发誓要感恩我的祖国,要报效我的祖国。

什么叫劳模?劳模就是时代挑选出来的劳动群众的优秀代表。不是说榜样的力量是无穷的嘛。我们国家的发展和建设需要榜样。如果我这个劳模能改变一些人的价值观,能给千千万万名工人兄弟一样启示,能给这个社会带来一点模范作用,能让更多的人树立为国家为人民而贡献的价值观,甚至出现更多的包起帆,那岂不是件好事?这些"包起帆"会青出于蓝而胜于蓝。若真那样,那对社会而言,就是件大好事了。

人要知恩感恩。我,一个初中生码头装卸工人能有今天,谁给的?党和人民呀。不说别的,就人民大会堂,那是我以前想都不敢想的地方。还有党和国家领导人,那在过去也是我可望不可近的呀。现在怎么样?现在我几次坐在人民大会堂里不说,竟然还登上了主席台。我凭什么?劳模。劳模谁给我的?

1995年我的名字出现在时任共和国总理李鹏的政府工作报告中。1999年9月,我赴北京参加国庆观礼,接受党和国家领导人的会见,时任总书记的江泽民同志来到我身边,朗声对我说,前两天我又在电视上看到你了。他指的是当时正在中央电视台播放的反映劳模业绩的电视专题片,题目是《人民不会忘记你》。2007年受到总书记胡锦涛的亲切接见,他称赞劳模是中国"民族的精英,国家的脊梁,社会的中坚和人民的楷模",我激动得好半天都平静不下来呢……今天,今天我又成为共和国60位最具影响力的劳动模范之一,这又是多大多大的荣誉啊。

拿什么回报我的祖国?

连我90多岁的姆妈都跟我说,儿子,好好珍惜啊。侬到啥辰光都不要忘记侬今朝介许多成绩是哪里来的。好好工作,要对得起党,对得起国家,对得起侬单位。

九

还是共和国成立60年前夕。

2009年5月,为深入开展群众性爱国主义教育活动,迎接新中国成立

60周年，中央宣传部、中央组织部、中央统战部、中央文献研究室、中央党史研究室、民政部、人力资源社会保障部、全国总工会、共青团中央、全国妇联、解放军总政治部11个部门联合组织开展评选"100位为新中国成立作出突出贡献的英雄模范人物和100位新中国成立以来感动中国人物"（"双百"人物）活动。

百年风云，60年巨变，中国革命、建设、改革的各个历史时期中涌现出的无数感天动地可歌可泣的英雄模范再次重现，他们用鲜血和生命、用智慧和汗水为民族独立和人民解放、国家富强和人民幸福谱写的名垂青史、彪炳千秋的壮丽篇章再次感动了中国人民，各民族群众蕴藏在心底的爱国热情和报国之志再次激发。中国人民更增强了建设伟大祖国的责任感和使命感，而坚持在中国共产党领导下走中国特色社会主义道路、实现中华民族伟大复兴的信心也就更加地坚定。

全国人民积极响应、广泛参与，纷纷通过各种形式提名推荐候选人。7月20日至8月10日，根据提名情况确定的150位为新中国成立作出突出贡献的英雄模范人物候选人和150位新中国成立以来感动中国人物候选人。候选人向社会公布并接受群众投票。20天时间内，群众参与投票总数近1亿。

如此盛况，共和国第一次。

13亿人民，1亿张选票，共和国人民以空前的热情投入到了"双百"人物评选活动中。他们视其为一次爱国主义教育活动。他们在接受这个教育的同时，为共和国打造了一个60年英模的经典版。

而包起帆，以党的十四大、十五大、十六大、十七大代表，以全国优秀共产党员和全国道德模范和全国"五一"劳动奖章等荣誉的获得者……再以1989、1995、2000、2005年连续四年的全国劳模，再以集工人发明家、科技工作者、企业家于一身的当属中国凤毛麟角的人物……更以学习、创新、改变、再学习、再创新、再改变,发扬和光大了中国劳模精神的卓越,而当之无愧地成为"100位新中国成立以来感动中国人物"之一。

9月14日,距离共和国60盛典还有16天,包起帆去北京,在人民大会堂接受党和国家领导人的表彰。

这是包起帆第N次站在共和国最神圣的地方,接受党和人民授予的崇高的奖章。

这天下午三点,北京人民大会堂西大厅华灯绚丽、气氛热烈。"双百"人物代表座谈会在这举行。

会前,党和国家领导人胡锦涛、吴邦国、温家宝、贾庆林、李长春、习近平、李克强、贺国强、周永康等亲切会见了全体与会代表。

胡锦涛等领导人高兴地同代表们热情握手,向当选的"双百"人物代表表示热烈的祝贺,向"双百"人物亲属表示亲切的慰问,向为新中国创立、建设和改革发展作出突出贡献的英雄模范人物致以崇高的敬意。

中国当代领导人以这样的方式向世人昭示:楷模事迹,天感地动;英雄壮举,震撼乾坤;逝者已去,典范永存。

9月29日晚上8点,"双百"人物代表闪亮登上了《祖国万岁》的舞台。他们高调告诉全世界:中国英模胸怀天下,心系家园,百转千回,意气奋发,以一种豪迈凛冽的力量和成就成为社会主义核心价值体系建设的一个载体,并影响和激励着时代发展的进程。

10月1日上午10点,"双百"人物代表出现在共和国60周年国庆阅兵的观礼台上。他们向全世界宣告,中国英模是中华民族的脊梁,是中国各个时代的先锋,是中华人民共和国的骄傲。

那时刻,通过中央电视台,全中国、全世界都看到了,中华人民共和国大喜的日子里,包起帆在气势恢弘中,在五星红旗下,微笑,鼓掌,激动,幸福,自豪。

* 在2009年60周年国庆观礼上

1968—2010，从码头工到抓斗大王到全国劳模，从装卸工到发明家到人民学习的楷模，漫漫长路42年，他爱国奉献，服务人民，爱岗敬业，追求卓越，攻坚克难，勇攀高峰，开拓创新，与时俱进，制造了一个用抓斗颠覆上海海港工人传统形象、改变上海码头装卸工命运、改写上海港口发展史的神话。

他的可贵：不是抓斗的力量，而是决断抓斗的智慧及创新抓斗的魄力。这种智慧和魄力的影响力远远超出决断和创新的范畴，而成为当今上海劳模标志性的特征之一，成为上海工人阶级实现梦想的方式之一。

他的可贵：没有把自己固定在抓斗场上一抓而起的姿态中。他以他的睿智和韬略，与他的团队一起运筹帷幄，纵横捭阖，抽丝剥茧，廓清迷雾，在异常激烈的世界竞争场上大展身手，拔得头筹，让世界为他喝彩。

他的可贵：集上海工人阶级精神于一身，是上海工人阶级的符号，是新中国成立以来特别是改革开放以来上海工人阶级的代言人和领军人物，是中国60年英模群体中最耀眼的红星之一。

起帆本色

包起帆语录：

再多的荣誉也不会成为我骄傲和自满的资本。过去是，现在是，将来也是。

我不是一个特别聪明能干的人。只不过我发挥了自己的长处，遇到了好机遇。

我爱小家，也爱大家。

再晚，只要看到我家的那盏灯的那温柔的光，幸福就来了。

一

1958年，包起帆背上书包上学堂，是曹寺弄小学（现今蓬莱路第三小学的前身）。

从小学一年级起，每次考试他不是第一就是第二。

母亲说，阿拉起帆就欢喜读书，夜里钻在被头里厢还在看书。

老师说，这个学生是块读书料。

连邻居都说，看看，伊眼镜里全是学问呀。

小学四年级的时候，包起帆得到了一个去南市区少儿图书馆当义务借书员的机会。这让他欣喜若狂。近水楼台先得月。《青春之歌》、《林海雪原》、《红旗谱》，他有机会比其他小朋友先看到新书。

包起帆这就看到了曹寺弄小学外面的世界。他对外面的世界产生了好奇。

"也许就那时，让我爱上了文学作品，羡慕写书的人。因为羡慕而有了梦想。我也想当文学家。为了这，我开始收藏登有好文章的报纸。那时候收藏报纸不容易。没有现在这么多的报纸。但我还是想方设法找报纸看。小时候收藏的报纸到现在还在，没舍得丢。那可是一个少年儿童的梦想啊。后来我学着写诗。常有诗歌上黑板报，被同学称为'小诗人'。"

"好好学习，天天向上，为了共产主义事业，我们时刻准备着！"这是包起帆少年先锋队队员的入队誓言。到现在他还记得。

"衡量一名少年先锋队队员是否优秀，并不单看成绩。还要看他是不是愿意帮助后进同学，能不能帮他们提高成绩。所以我们那时候，以帮助成绩差的同学进步为骄傲！"

"一帮一、一对红",包起帆至今仍旧印象深刻。以两名学生为一个单位,结成自学小组,每天下午一起看书,一起写作业,成绩好的帮助成绩差的。这种学习方式也许是现在的学生和家长所不能理解的:如果把大量的时间花在辅导别人上,自己的功课怎么办?

"其实这绝对是个误区。我的体会是,在辅导别人的同时,你能更好地巩固自己的知识,你的成绩不仅不会退步,反而会有所提升。我是乐此不疲。"

初中的时候,包起帆迷上了航模。他常常在放学后和同学成群结队着去少科站学习制作船模,去看科技电影,还会去南京路的模型商店。他总会得到老师的表扬:包起帆,你这次的船模做得更好了。

那时候的包起帆并不知道,他会因此与船舶结下了不解之缘。但他会因为老师的表扬而更加努力地做"船模"。他常常会出新,来一点别人没有的创意,这就使得他的船模常给人出其不意的效应。

没多久,他成了闻名校园的"船模大王"。

再后来,"船模大王"被命运的巨轮带到了黄浦江边的码头上。诗歌,成了劳动号子。船模大王,成了抓斗大王,物流大王,标签大王,得奖大王,还有发明家,企业家,等等……

二

小学生的时候,包起帆就喜欢体育运动。乒乓,田径,游泳,他都喜欢。还有滚铁环,包起帆说那也是他们那个年代的运动形式之一,很有趣味儿的。

打小,包起帆就是个听老师话听妈妈话的好学生好孩子。他总是在该上课的时候坐进教室里,该回家的时候走进家门,他很少让老师和家长操心。可有一次,他回家晚了。是一次跳高比赛,他输了。他不服,练。练过了时间。

尽管让母亲担了心,但母亲没有责骂他。母亲就此看出来了,儿子有志气。

有志气的儿子长大后,干了好多有志气的大事,成了大忙人,都快忙丢了自己。

但就是丢不了体育。

打从中国1984年重返奥运起,包起帆就时刻关心着征战奥运的健儿。20多年过去了,包起帆至今还记得许海峰打破中国奥运金牌零纪录的那一刻。还有后来王军霞夺金之后披着五星红旗绕场一圈的镜头。许海峰的第一块奥运金牌摆脱了中国人东亚病夫屈辱,王军霞的金牌向世界宣示了中国的崛起,这份扬眉吐气感深刻在包起帆的心间。

2001年7月13日,晚上8点,包起帆就守着电视机等着两个多小时后北京申奥的消息。那两个多小时里,包起帆坐立不定,他就跟孩子盼过年的炮仗似的,又焦急又兴奋。他说:"我多希望中国申奥成功啊。直到现在,只要一闪现许海峰举枪凝视的威武和王军霞红旗飘飘的英姿,我还要激动好半天,还有扬眉吐气感。我们这一代人在这一方面的情感也许是现在年轻人所不能理解的。"

晚上10点15分,揭晓的时间到了。包起帆安静了下来。他屏住呼吸,一眼不眨地盯着荧屏。当萨马兰奇在莫斯科现场向全世界宣布"Beijing"的刹那,包起帆突然一个腾跃一声欢呼:"好!"

* 2008年5月23日成为奥运火炬手的包起帆

"好"之后,包起帆不无得意地说:"我老早就料到了,肯定是阿拉中国。中国现在强大了,外国人服服帖帖的。"这个热爱体育运动的劳模,在说完这句话后突然有了一个想法,该为奥运做点什么?

2008年5月23日,北京奥运圣火到上海市中心。包起帆终于有机会为奥运做点什么了。这天他一身红白相间的运动装,这天他带着北京奥运的微笑,这天他举着北京奥运的圣火,这天他在中共一大会址前传递火炬,这天他是北京奥运圣火上海站的火炬手。

有一年上海举行第一个体育健身日。那天天下雨,但包起帆还是兴致勃勃地前往。谁料他一出现,竟立即被一群健身爱好者围住。他们手

* "村长"露一"头"

中拿着体育健身日的纪念封请包起帆签名。包起帆爽快地签了。完了之后,他想起什么似的,说:"我是很喜欢体育运动的,就是平时太忙顾不上。今天签名体育健身日纪念封,就是和健身签了约,那以后可不能徒有虚名了。今天有这么多人冒雨健身,这让我有点儿内疚。以后我要来健身,也动员我的同事们来。"

大家于是鼓掌,推选他为健身村村长,然后问道:"村长,今天你选择什么健身?"

包起帆立即想到了滚铁环:"滚铁环。是我小时候玩的。我滚铁环的技巧炉火纯青着呢。"

然后的一招一式,包起帆果然出手不凡。大家掌声一阵又一阵。这就让包起帆童心大发,放下铁环拿起托着乒乓球的矿泉水瓶,再头顶个气球,与大家玩起了接力游戏。

包起帆说喜欢体育缘于从小喜欢挑战喜欢竞争。考试一分之差的懊恼,航模制作的标新立异,跳高比赛的较劲……哪一样不是挑战,不是竞争?

有一天,包起帆接受体育记者的采访,此时窗外雨水如注。包起帆说:"看见吗?连雨水都知道争先恐后,前仆后继。其实竞争是自然界的一种本能,生存本能,自强本能;它还是人类的一种精神,进取精神,拼搏精神。这种本能和精神,不仅体育竞赛有,我搞发明创新也有。工作环境恶劣,危及生命安全,就要思变。这是本能。有了荣誉和成就,就想光大发扬,就想不断进取,永无止境。这是精神。这种本能和精神有时候是相辅相成的。你一天不竞争不拼搏,你一天不进取不创新,你就会从大王跌落到小王,直至小兵小卒,直至默默无闻。企业也是这样。昨天赚大钱,不能保证今天也赚,明天也赢。不是说小兵小卒默默无闻不好,问题是你已经达到了一个高度，你完全可以再接再厉达到更新的高度，作出更大的贡献。"

三

喜欢体育是真，偶尔玩个体育项目也是真。但当回事儿地、持之以恒地锻炼身体，却没那么简单。

包起帆到底还是徒有个健身的"虚名"了。

客观上，他没有时间。主观上，他思想有"问题"。

包起帆的体重偏重，医生一直要他注意体育锻炼；他在生了几场病以后也想照医生的话去做。于是兴头上他买回了跑步机。第一天第二天，他像模像样地"跑"了二十分钟。第三天，他没时间"跑"。第四天，他勉勉强强地"跑"了十分钟。第五天，没时间"跑"。第六天，他上去蜻蜓点水般地踩了几下，算"跑"过了……

一个星期都没到，他就罢"跑"了。

"我琢磨后发现，真正自觉锻炼的人其实很少，大多数人是得了一场大病以后才'亡羊补牢'地去锻炼。我觉得自己身体还过得去，天天爬得起，吃得下，做得动，睡得着，锻炼不是多余的？人是有惰性的呀。三伏天，三九天，老大清早的起床去跑步，不划算的啦。再说啦，吭哧吭哧跑半天，累得气喘吁吁，那还不如多睡一会儿养精蓄锐。

不是我说话不算数呀。或许哪一天我也会去锻炼，但那时肯定是被身体状况所迫而为之的。现在我还没有那个自觉性和紧迫性，眼下也不允许我拿出专门的时间去做这样那样的体能锻炼。我双休日几乎都排满了事情。身体过得去就不急。等以后有了时间，不这么忙了，我再锻炼。

我相信那时还来得及的。"

给自己的"虚名"找了一大堆"歪理"不说,还弄出个什么"那时还来得及"。这个包起帆。

四

不仅"歪理",包起帆还有"歪法"。

都知道包起帆会"抓斗",但很少有人知道他还会"治病"。

关于治病,他自有一套创新:有了病不用怕,因为许多疾病靠人体自身的免疫功能也能够愈好的。

包起帆为了证明他这创新理论的科学性,他还举例现身说"法"。

包起帆有椎间盘突出症,是当装卸工时的劳累过度造成的。年轻的时候不觉得怎样,到"知天命"的岁数时,发作了。严重的时候,他一只脚跨进了车子,另一只脚必须用手把它搬进去;从下飞机到机场大门口的这段距离,因为脚发麻和疼痛,站立不住,他只能坐在拉杆箱上,缓解一会儿,再起步,如此要反复四五次。可见病情绝非一般。

他曾到上海几家大医院就诊过,还住过几次医院。医生说他这椎间盘突出是中央型的,只有开刀才能解决问题。

中央型是什么?那是专业术语,包起帆不知道也罢。他要知道的是:非动刀子不可吗?

长了一个科研创新脑子的包起帆凡事都要弄个明明白白。他汇总医生的说法,探究说法中的共性和个性,然后知"中央型"的所以然。于是一拍脑门:动刀的目的不就是把椎间盘的间距拉开,把神经从压迫中解放出来吗?这简单,游泳池就能治我的病。

别人还在莫名其妙,他却已经浮在了水面。他很认真地"玩"水,每回都是。有人说这包起帆整天创新都创邪了门了,水能治病?也有人说,不用几次,他就"回头是岸"了。

可出乎这些人意外的是,包起帆执拗着呢,他坚持说他的"创新"没有错。

而更叫人惊异的是,一段时间后,包起帆的病症还真减轻了很多,疼痛也跟着消失了。

这回包起帆得意了:"没错吧?全都说要开刀,我不开刀不是也好了吗?我把这个经验告诉我同病相怜的老朋友。不听我的,就吃刀子苦头了。"

还有痛风。包起帆说:"最严重的三四年间,几乎每个月都发作一次,一发作至少要剧痛两三天,蛮痛苦。脚关节肿、胀,路不能走,连风吹过都痛,要不怎么叫痛风。"

后来包起帆了解到痛风是人体内部酸碱不平衡造成的。酸的成分过多了,嘌呤多了,就积聚在关节里头,使之摩擦而红肿疼痛。医生为之关照他禁食这个那个总之很多的东西。但这怎么行呢?这不能吃,那禁止吃,先不说胃口不答应,就工作精力这一关也通不过呀。

"我不是说不要听医生的。医生当然没有错。但医生用的是常规治疗方法。可我觉得即使是同一种病,每个人的情况也是不一样的。我认为,科学的态度应该根据每个人的特殊性制定适合于每个人的治疗方案。上有政策下有对策,我的办法是:酸性的东西适当少吃,使酸的量减少;同时又大量喝水,将血液里的酸浓度稀释,并尽快排泄掉;另外密切关注痛风的前兆,一发现异常马上服药。三管齐下,慢慢调理。"

歪法,有效吗?

包起帆说:"谁说我'歪法'？效果好着呢。"

五

好多人奇怪包起帆整天马不停蹄,却始终精力旺盛,问他何以如此？

包起帆说,这是也是包氏发明——平和心态。

这点很重要。包起帆说,淡泊从容,豁达开朗,是保持健康的根本。反之,很容易患病。他说他的朋友中凡是突患大病的,大多数都由心态的恶劣造成：抑郁、苦闷、愤愤不平、牢骚满腹、阴霾沉沉……

包起帆说:"要身体健康,首先要心态健康。没有心态健康,何来身体健康。当然这个心态健康也得有个过程。年轻的时候,我也曾被荣辱左右情绪。第一次得国家发明奖时,我激动得整夜未眠。受到委屈,我也跟全世界都欠了我似的愤愤不平。后来好事坏事经历多了,承受力和理解力也就越来越强了。那时就发现,即便天大地大的事情,又能怎么样。你还得一口一口地吃饭,一步一步地走路。荣誉也好,名利也罢,看淡点,是你生活里的鲜花；看重了,就成了你道路上的绊脚石。再说了,人各有志,我们不能要求人人理解你,人人喜欢你。就说我吧。大家评我做劳动模范,我绝不能就此端着劳模的架子,把'劳模'挂在脸上。我一直告诫自己,我其实就是一个很普通的人；尽管我现在名声很大,但本质上就是一个普通的劳动者、工作者。所以我要尊重每一个人,与每一个人保持和睦相处的关系。所以无论有多大的掌声,无论有多大的荣誉,我都记住,不得意不忘形,平和心态；一起走路,就退后一步；一起拍照,站边上一点。有了这样的心态,就会少许多烦恼,精神状态就会很好,这样,身体不就跟着好了吗？

所以一定要平和心态。一定追求荣辱不惊的境界。还说我吧。2006年巴黎国际发明展览会上我一人独得4个金奖以后,很多人都问我,包起帆你当时一定激动得不得了吧？我说,没有,我很平静。有人不信,说那怎么可能。人家一块金牌都要敲锣打鼓兴奋好几天,你4块金牌,这可是世界级的新闻啊。有位记者甚至在他的文章中想象和渲染了我当时是如何如何地高兴,都高兴得不能自已了。但事实真的不是这样的。看过当年那段新闻专题片的人应该记得的,我去拿这些金牌的时候,很平静,不仅仅是表情,我心也是。我的同事们说,包起帆当时的表情远不及平时他和我们聊发明创新前景时激动……"

六

都说包起帆为人处事不做作,是个真实本色的人。

包起帆17岁刚进码头做装卸工的时候,正逢"文化大革命"的非常时期。父亲患有气喘病,长期病休在家,却又因为历史的原因没有劳保。当时包家的经济不好,生活十分拮据。所以父亲即使整夜整夜地咳嗽,他也不肯去药房买药。包起帆心疼不过,他想,我有劳保,我可以给父亲配药。于是他到码头医务室,配了一瓶半夏露。当天下班回家,他兴冲冲地把半夏露拿给父亲喝。父亲问药哪来的？他回答说是在码头医务室里配的。谁知道,父亲一听这话居然非常地生气：你的劳保是国家给你的,我没有劳保,怎么能喝你的劳保药？你又怎么可以贪小便宜,欺骗单位？这药我不能喝。

做人应该钉是钉,铆是铆,堂堂正正。父亲的话从此铭刻在包起帆的心里。

都说包起帆是个特别好相处的人。即使初次打交道,也用不了几分钟,你就会放松起来了。

"以诚相见,不猜忌,不怀疑,我始终用心跟人沟通。我总觉得每个人都对我很善意,很好。我不会耍手段,也不搞诡计。我不明白有些人为什么喜欢勾心斗角尔虞我诈。除了迫不得已,我是绝不会设防任何人的。我总是很相信人家的。"

这是真实的。多少年来,包起帆身上从来只带两把钥匙:一把是家里的房门钥匙,一把是办公室门的钥匙。他办公室里的橱柜和办公桌,没有一个门和抽屉是锁着的。而他获得的奖章、奖状证书还有几个金质银质的奖杯就那么随意地堆放在那些橱柜里。有同事曾经提醒他,把抽屉锁了,还是小心些好。每回包起帆总是笑着说:"东西你们要就拿好了,我没有什么东西可偷的,也没有东西需要保密深藏的。"

他说,人哪,都应该想明白了。你说你一辈子能吃多少?能用多少?所以我一直认为对物质的东西不要太在意。我一直说吃穿不愁就够了,我不太追求物质的东西,但是我很富有,我精神富有。

七

精神富有。这话让人想起多少年前,"风乍起,吹皱一池春水"的那件事儿。

事情得回放到2004年的1月2日。

这天,《文汇报》记者走进包起帆的家。之前,包起帆在第13届全国发明展览会上获得发明者协会国际联合会颁发的惟一大奖。《文汇报》记者是想在第一时间里获得第一手新闻点。

可是这个采访却让记者发现了一个意外：当时已完成100多项技术革新和发明创造，取得16项专利，4次获得国家发明奖和国家科技进步奖，11次夺得国际金牌的包起帆，家里竟连一块奖牌也没有。

"您的金牌哪里去了呢？"记者问。

包起帆实话实说："在原单位的陈列室里。"

"可是它们应该属于您的呀。您没有想过由自己保管吗？"记者又问。

包起帆又实话实说："想过的。1996年，组织上将我调到新单位工作，我就提出，金牌与其尘封在陈列室里，不如由我自己保管。可是原单位的主管部门十分为难，因为按惯例，我的这些发明创造属于'职务发明'，由此形成的所有资料均归企业所有。为此，原单位也多次走访了有关部门，但历时数年，始终没有一个明确的说法。迄今，这些写着我名字的金牌仍由企业保管着。"

采访归来，记者做了一番思考，于当晚写出《包起帆的金牌究竟属于谁》，第二天即2004年1月3日刊登在《文汇报》第一版。

一石激起千层浪。

申城的科技界、学术界、法律界、企业界包括普通市民都对此反响迅速，强烈。

《文汇报》就此与上海社科院联合召开座谈会，并于1月3日，1月5日，1月7日，1月9日，1月13日，1月15日，1月19日，分别以《包起帆的"金牌"究竟属于谁》《要归还的，不仅仅是"金牌"》《老包，别太谦虚》《"抓斗"撞了旧观念》《归还"金牌"操作不易》《用激励机制促技术创新》《老包,你应该劳有所得》为题，连续七次报道了这场大讨论。

……

事情已过五年。而今回头看，包起帆仍然感慨："没想到我的金牌会在上海滩引起一场大讨论。这是我的一个想法。能自己保管，当然好，毕竟它倾注了我的心血。不能，也没关系。金牌在我心里。其实我当年的想法是很多个'包起帆'心里都有的。我比较直接，说出了口。

　　当年讨论开始后，有律师说，我帮你要回那些金牌，职务发明也是发明。我摇头，说，你误会了我。

　　他们完全误解了我的原意。我对金牌的归属问题并不像有些讨论所说的那样感到困惑。我不是为了金牌值钱才提出要归己所有。其实金牌也并非纯金的，更何况它无法换成钱。

　　当然，这场讨论有着一定的意义。金牌的归属问题，我认为其实是观念更新的问题。也是如何真正体现人才在科技发明中的价值的问题。所以那场大讨论还是给社会以一定的思考。即便在今天，我也还是认为那场大讨论的真正意义早已超过金牌本身。它是一场解放思想的大讨论。"

　　包起帆说："曾经有人问我，你拿了那么多的金牌，钞票一定也多得不得了吧？我笑笑，说，你想歪了。金牌就算全部是金子做的，它又能值多少钱呢？即便值钱，我也决不做发财的典型。

　　本来我就不太在意这些。金牌的大讨论，让我对荣誉更有了一份超然与平和的心态。没有什么能比工人的口碑更重要的。

　　真正能使我动情的，就是我听到我的发明成果又为企业创造了多少效益、又为职工带来了多少好处的时候。一直到现在，我的心里，工人的称赞，工人的满意，仍然是我最为看重的。

　　有一次我到连云港码头考察。在码头上，一个素不相识的码头工人认出了我。抓斗大王？那名工人惊喜交织。他那么一叫，立即好多工人围了上来。他们问，您真是包起帆？我点头说是。工人们顿时高兴得跟什么似的,说,包起帆,你的木材抓斗真好!过去用人工装卸木材,我们码头经常死人,现在我们再也不用下舱了,你的抓斗真正救了我们啊!那刻,我的嗓子哽塞,我说不出话来。我很感慨,也很动情。我来自装卸工人,但却第一次不知如何表达我对装卸工人的情意。还有什么,能让我这么把持不住感情?这是对我发明创造的最高褒奖啊!

还有一次我到青岛,青岛北港公司的经理握着我的手说,包起帆,你的抓斗太好了!我们码头装卸木材1984年一年就死了3个人,从1985年开始用你的抓斗到现在,竟连一个轻伤都没有啊!那天,这个公司有位装卸工人听说我到了,一定要送给我两个瓷盘。我觉得奇怪,装卸工人为什么要送我瓷盘呢?原来那位工人在《中国交通报》上看到一篇报道,知道我受了点委屈,于是就用这个方式来表达他对我的理解、支持和感谢。两个瓷盘,一个画了一只雄鹰,一个写有古人的一句名言。都知道我历来不收礼的,但这两个瓷盘我收下了。它们的分量远远重于我任何一块金牌。

再有一年,我到广州港,当地的同行一见面就迫不及待地告诉我,包起帆,你当初要我们一起搞的内贸集装箱航线,去年我们已经突破200万标准箱了!多亏你带了个好头啊!

类似的故事多了……我想说的是,这才是我最最高兴、最具富有感特别是自豪感的时候。"

八

包起帆节俭。即便他吃穿不愁,他也从不浪费。

这品德,不仅他身边的人知道,就连跟他偶有交往的人也知道。比如有个记者。

记者说,有一种感动叫"打包"。

是2009年仲夏的一天。在上海某会堂的餐厅。记者有幸认识了包起帆还有他的妻子。

记者说,晓得吧,他是一位世界级的著名的、无数次赢得世界掌声的、多次登上共和国最高讲台的、我先前只能在电视里看到的人物呀。老早就仰慕他了,所以认识他我老老高兴的。

记者说已经记不得那天他们都吃了些什么。但深刻记得一声"打包"。

那天他们谈天说地,好一通的海侃。气氛轻松、随意而真实。但一直到结束,记者还有点儿今夕何夕的虚幻:我跟"世界级"共进晚餐?

而就在那时,记者听到一声"打包"。

没有人察觉到记者的震惊。但记者确实有多么地震惊:包起帆看着桌面对他的妻子说打包,然后他妻子起身招呼服务员……

那天记者费了好半天的劲儿,还是不能相信那声"打包"是出自"世界级"的口中。

"打包",就这么收藏在记者的记忆里。

只是连记者自己都没有想到,二见包起帆,会二有"打包"。

是这年的10月底。记者又有机会与包起帆共进晚餐。

这回记者不再虚幻。

记者对包起帆说,包老师您真是了不得,共和国60大庆,《祖国万岁》、《复兴之路》晚会和盛典阅兵式,我连着三天在央视的镜头里看到您,全世界那么多的国家转播了那三天,您老是"世界级"。

包起帆听了,笑笑,说,海外很多朋友有电话给我,说看到我在花中笑。

记者说,肯定那天他还有事儿,因为后来他匆匆地结束了饭局。

那天就在大家起身准备离开餐桌、谁都没有再看餐桌一眼的时候,一声"打包"响起。

真真切切,自自然然。所有人都听到。

这回包起帆"亲自"动手:亲自从服务员手里接过一次性饭盒。亲自将剩菜分门别类地撺进饭盒。亲自说,习惯了,见不得浪费。

尽管有第一次,但记者还是为这第二次惊诧。

那刻记者听到自己的心再次被感动得狠狠地撞了一下。

之后记者跟好些人讲了这个故事。

好些人都将信将疑:真的吗?这样的人,什么样的大餐没有吃过?

每次记者在结束这个故事的时候都会说,向他学习。

后来记者在她的栏目里写了《感动"打包"》。记者说,当她写下那段文字准备奉献给读者的时候,她的感动还在。或者说,感动还萦绕着她。再或者说,她眼前又重现了"世界级"很麻利地很坦然地将残羹打包,然后提溜着上车的一幕。

记者说她至今还依然不能将"打包"跟他联系在一起。但这却是一个真实的故事。

九

包起帆崇尚鲁迅的"无情未必真豪杰"!

他有感情、重感情、讲感情。他还仗义执言、伸张正义、胸襟坦荡。

包起帆有个同学,从七八岁起,他俩一起上学、放学、一起做功课、玩耍,直到长大成人,直到踏上各自的岗位,友情30多年。

同学从小身体就不好,是一种世界罕见的顽症。同学家境不宽裕,为看病常常经济拮据。

包起帆没少接济同学。从几十元,到几百元,再到几千元。

1997年11月,同学病重,却无钱住院治疗。绝望之中,同学又想到了包起帆。

包起帆接到同学电话的时候正在主持一个重要会议。他于是电话通知妻子,请妻子尽快将他同学送进医院。而他,会议一结束,连饭都顾不上吃,就急忙忙赶到医院。他对同学说:我会想办法,找最好的医生、用最好的药救你。

这年12月的一天,同学病危。这天晚上七点,包起帆有个台商招待会要参加。但他还是在六点钟的时候出现在同学的病床前。他一直守到不能再守的那一刻。招待会上,原本打好发言腹稿的他,却一时不知所言。好一会儿,他表情沉重地端着酒杯,声音颤抖地说:我的同学在医院里,快不行了……

母亲84岁时患上重病,需要住院动手术治疗。从不因私求人的包起帆第一次破了自己的清规戒律。他亲自定医院,亲自找院长,亲自过问治疗方案。他对院长说:母亲劳苦一生,未有一天的清闲。而自己平日忙于公务,又未曾孝敬过母亲一天。所以拜托院方,无论如何延续母亲的生命,万不能让自己有子欲养而亲不在的疚愧。

母亲手术那天,包起帆照常上班。他可以调整这天的工作计划,以守候在手术室的门外。但他没有。他说,他怕听到不好的消息,任何一点有关母亲的坏消息,他都无法承受。所以他想让工作分散自己紧张的心情。可事实是,他根本没有做到。那天即便再忙,他还是会想到母亲。会做各种各样的猜测:母亲进手术室了吧?母亲的麻醉药成功吗?母亲害怕吗?母亲出血多不多?他的心就那么一直悬着……

母亲手术后的日子里,包起帆再忙,每天也必挤出时间去医院。只要守着母亲说会儿话,哪怕十分钟,哪怕几声姆妈,包起帆心里也会踏实许多,高兴几分。他说:唯孝顺母亲,才可以解我忧……

早年包起帆有个同事,两人一起搞抓斗,一个搞设计,一个搞施工,合作得挺好。1977年恢复高考时,包起帆准备参加高考,并劝那名同事也参加。可那名同事说,现在还读什么书呀,我们工作得不是蛮好吗!

到1984年,来了个规定,初中以下文化程度的人不能在干部岗位上工作,那名同事因此只得从原来的干部岗位转到了工人岗位,在基层车间任小组长。很快,两人原先"脚碰脚"的情况有了改变,而且随着时间的推移,两人之间的差距慢慢地拉大了。再后来,一个成了工程师,当了劳模,另一个却成了普通工人,情况更是不可同日而语了。

于是,那名同事的心态开始不平,并说了些不该说的闲话。闲话传到包起帆的耳里,包起帆自然有些受不了,闲话不但难听,而且很多属于捕风捉影、无中生有。

包起帆很生气,他想找那名同事理论一番为自己讨个公道,他甚至也想"以其人之道,还治其人之身"。但是他最终没有这样做。

"我们是同事,毕竟有过友谊。友谊的建立不容易,我蛮珍惜,不想轻易失去。再说,如果把关系搞得非常紧张,肯定不利于今后的工作。"

包起帆于是像什么事都没发生过似的,依旧坦荡荡地对待那名同事,依旧时不时地到车间帮那名同事干些活儿。他就在这种"依旧"中,把自己的诚意传递给那名同事。他还利用休息时间,到那名同事家去,主动解释澄清一些问题。慢慢地,那名同事有了愧意,觉得了自己的不该,终于冰释前嫌与包起帆和好如初了。

有人却替包起帆打抱不平:他说了你那么多的坏话,你怎么可以就这么算了？包起帆说：有些事情何必怀恨于人呢？那样的话，自己也不开心的。豁达一些，于人于己，都好。

2001年6月的一天，龙吴港务公司欢送包起帆就任上海港务局副局长。

面对自己鞠躬尽瘁了五年的龙吴，面对自己朝夕相处了五个春夏秋冬的同事工友，包起帆百感交集。一贯声如洪钟的他，那天却低沉喃喃。他说，感谢这些年来支持帮助他的每一位龙吴人。他说应该高兴，今天的龙吴已经今非昔比。他说他给龙吴积攒了不薄的经济实力，什么有几百万，什么有几百万，什么也有几百万，总之龙吴人不会饿着的。他说今后无论有什么事儿，大事小事，公事私事，只要用得着他包起帆的，都可以找他，他的手机24小时开机。他说他一定会像以前一样关心龙吴，热爱龙吴，毕竟龙吴有他五年的热情和汗水。他说我的龙吴我的情，其实他有多么的舍不得龙吴……

新千年后的一天，时任上海市副市长的韩正收到一封信。信中说：我是包起帆，在龙吴路4100号上海港龙吴港务公司任经理，又担任闵行区人大代表及全国政协委员。相当长的一段时间来，附近的居民多次向我反映，要求向市里领导汇报龙吴路环境的脏、乱、差长期得不到解决的问题……

有谁知，为了这条龙吴路，之前包起帆还做了大量的调查工作。他在给韩正的信中把他所了解到的情况翔实地、一一罗列：第一，龙吴路路面高低不平，坑坑洼洼，影响交通，时有交通事故；第二，路边环境极差，杂草丛生，有三处大树倒下，垃圾及违章建筑随处可见；第三，路面狭窄又年久失修；第四，没有人行道和非机动车道，车辆行人混行，险象环生。他还请上海电视台对龙吴路做了专题采访,将脏乱差的画面搬上了荧屏,毫不留情地曝光给了上海市民,大有"舍得一身剐",为民把命请的凛然和正义……

十

都说上海男人怕老婆。

表现之一,藏私房钱。

包起帆哈哈大笑:"我没有私房钱。我连自己口袋里到底有多少钱都只知一个大概。每月15日,发工资。回家就交给太太。全部上交。我

* 幸福一家

身上只备应急请客吃顿饭的钱。这个要备的,否则临到头去财务室借总是不太好的,人家会以为我是'妻管炎'的。"

表现之二,承包买汰烧。

包起帆又哈哈大笑:"我们家所有的家务活都是太太干的。不过不是我不愿意干。我是没时间干,每天早出晚归。偶尔回家早点,太太也不要我干。她心疼我。如果我真干点什么,她不是说这没弄干净,就是说那漏擦了,最后就是我'下岗'她'上岗'。"

表现之三,小囡老大,老婆老二,自己老三。

包起帆还是哈哈大笑:"我太太是后勤部长。我是饭来张口,衣来伸手,最高待遇。但我怕太太,太太怕儿子,儿子怕我。"

十一

太太叫张敏英。曾经也是白莲泾站码头的装卸工。

成为装卸工的那年,张敏英才18岁。大眼睛,瓜子脸,青春,朝气。

那年月不像现在动不动就拿"美女"说事儿。那时候喜欢说"嗲"。一个"嗲"字就够意思了。漂亮,温柔,里、外都有,内涵外延比现在的"美女"多多了。

队里来了个"嗲妹妹",小伙们的精神顿时抖擞了起来。

抖擞之后,他们开始找借口。不是问个话儿,就是说个事儿,总之想方设法地跟张敏英套近乎。

包起帆不用这么费劲。不费心他就能天天和张敏英在一起。

包起帆是装卸组组长,他与张敏英搭班卸大米包子生铁黄沙水泥木头。

这可没少让小伙们得红眼病。

张敏英说,那时的包起帆比现在瘦得多。不知是出身不太好的缘故,还是戴了副500度的近视眼镜的原因,总之他那会儿的模样儿有点儿迂,还笨嘴拙舌不善言谈。连张妈妈也不喜欢。

第一次见到包起帆,张妈妈挺含蓄地对女儿说,迪个小青年不大活络哦?

但不知怎地,慢慢地,张敏英却发现了包起帆的好:"人好,心好,其实他很聪明的。"

包起帆不跟那些挖空心思找借口跟张敏英接近的小伙们一样,他奉行"打枪的不要,悄悄地进庄"的战略战术。每天下班,他总是默默地走在她身后,有一搭没一搭地跟着。偶尔她会发现他,但他常常在她回头的那个瞬间将目光闪到树上的鸟儿或天上的燕儿……一段时间后,他得寸进尺,不跟在她身后,而是跨步向前,差一步就跟她并肩了。差一步走,但不搭话儿,最多在她手里有重东西的时候说,我来帮侬拎……又一段时间后,肩并肩了。并肩走过几站路,并肩摆过渡口,再并肩走过一条两条小街,他把她送到了家。

看似不刻意,实则精心策划。张敏英动心了。

终于在一个月上柳梢头的时候,包起帆亮出爱心:阿拉谈朋友好吧!

张敏英一半羞涩一半幸福地点了点头。

没有拥抱,甚至都没有牵手。那个年代的爱情宣言,就是"谈朋友"这样的纯朴。

纯朴的包起帆依旧不活络,不会甜言蜜语讨好未来的丈母娘。这让张妈妈在很长一段时间里相当地别扭,她还是不太喜欢包起帆。

有一年春节前,张敏英的一只脚崴了,不能走路,在家休息。春节到了,包起帆来接她去包家吃饭。张妈妈不愿意,说,脚都不能动了还去吃啥个饭?不要去了。张敏英一听急了,哭了。张妈妈后来叹着气跟人说,有啥办法啦,小姑娘欢喜伊。

恋爱一谈就是7年多,差一点就8年抗战了。1979年,30岁的包起帆和26岁的张敏英结婚了。

没有婚房。包起帆哥哥的一间12平米的街面房子成了他们的婚房。在曹家渡。

没有钞票买家具,就跟张敏英的姐姐借了些。然后买回"36只脚"。"36只脚",是那个年代家具的代名词。

结婚照,在大兴街的小照相馆里拍的,2英寸的黑白照片,后来放大到5英寸,上了色,成了彩照。

婚宴简单,两家人凑在一起,摆了五六桌,20元一桌。简单,却不乏喜庆。

属马的张敏英与属虎的包起帆,从中国人的属相学来说,算得上绝配。

* 夫妻情深

十二

2009年金秋的一天,灿烂的阳光温柔地洒在张敏英的身上,张敏英很幸福地很满足地说着她的丈夫:

"那时候穷,谈朋友逛公园,包起帆就买一包烂苹果'哄'我。到现在我都记得我们坐在树阴下,老包从那堆烂苹果里挑一个卖相最好的给我,说'侬吃,这只坏脱一眼眼'的那次。我没有不开心呀。那时候大家都穷的。我们两人工资加在一起还不到100元。我就觉得他可靠,而且我知道他对我是真好。

结婚后他就开始忙他的抓斗发明。一点都不顾家的。谈朋友的时候,我看他从不把脏工作服带回家去洗,都是自己洗,就在码头上,用刷子刷,我们那一拨人都知道的。装卸工的工作服老老脏的呀,很难洗干净的呀。可他洗得特别干净。我当时就想:这倒蛮好,以后他可以帮我做家务了。可是哪里知道,结婚以后,他没有帮我洗过衣服。有时候我就搞不明白了,难道以前洗工作服的包起帆不是现在的包起帆?其实不是他懒,是没有时间。一点不夸张,他真的没有时间,连洗块手绢的时间都没有。我不怪他。因为后来我就想明白了。我是女人,家务活自然要多承担的。男人不能老围着锅台转。那样还有什么大出息的啦?再说了,他忙什么我清楚。我也是装卸工出身,装卸工的苦和危险我亲身体验过。他要真能够发明抓斗,那是大好事。所以我后来很支持他的。发明的事我帮不了他,但我做好家务,带好孩子,不让他操心,这也算是帮他吧。

埋怨?当然有过。一年365天,他三天两头出差开会,即便在上海,也是一早出门很晚才回家。所有采访过他的记者都知道,找包起帆,最好在早上六点四十五分前,过后他肯定出门了。他每天至少工作十五六个小时。节假日?哪有。连双休日都没有。人家过年过节守着老婆孩子,他倒好，照常忙公事。过去儿子小，我忙着照顾儿子，倒也不觉得孤单。后来不对了。儿子去澳大利亚读书，家就空荡荡了。家里老是我一个人，连个说话的人都没有。他也怕我冷清，就给我买了鱼缸和花草，说侬养金鱼白相相。有时候，我也生气的哦。生气的时候我也会说，嫁给你，倒了八辈子大霉了。

你们不知道，其实我也不是要他天天陪着我。他忙的都是大事情，重要事情，这我是知道的。我没有多大的要求，就想他能在家吃我烧的饭菜。不是天天，哪怕一星期有个两次三次我就满足了。烧上几个他喜欢吃的菜，看着他大口大口地吃，我就开心了。可是你晓得吧，连这个也没有的呀。更气人的是，明明答应我回家吃晚饭的，我也大展身手烧好了，可他却打电话回来说，有个要紧的事情要处理，所以不回家吃了。这类情况多了。最最叫我来火的是，有时候他连电话都忘了打。有一次，我做了一桌的菜，我也知道他吃不了多少，但还是多烧几个，心想哪怕每个菜他吃一筷子也好。可那天我等呀等，就是不见他回来。因为他没有打电话给我，我还以为他只是晚一点回来。就继续等。菜凉了，我热。再凉了，再热。外头只要有脚步声，我就以为是他……一直到九点多钟，看他还没有回来，我心里开始抖豁豁了。正急得不得了的时候，他来电话了，哎呀，我忘记了，我不能回家吃饭了。

吵架？吵。再恩爱的夫妻也有红脸的时候。我和他也不例外。但多半都是我惹的。他从来不惹我。为什么？最多的就是为吃饭。说好回家吃饭，到头来却孖大兴。吵也没用，他照样我行我素。没办法的，他心里全是发明创新的事情。

平心而论，他对我真是不错的啦。他好脾气。我每次动怒，他都笑脸相陪。过后他还说，上海女人嘛，就是喜欢作。我把你的作看成是对我这个做丈夫的爱的一种表达呀。

好多媒体老是问我当劳模妻子的感受，以前我说，现在不说了，就那么几句，老是炒冷饭有什么味道啦。反正我是蛮传统的想法：妻子就应该做好家务，照顾好家庭，好让丈夫放心在外工作。男主外，女主内，就应该这样的。说实话，我是很不愿意以劳模老婆的身份跟他出去的。他老是被别人围着问这问那。我最怕这个了。别人围着他，我就往后躲。我是普通人，他的荣誉跟我没有关系。他头上的光环再多，在我眼里他就是我丈夫，我儿子的父亲，与我一样普通。所以一定要问我感受，那就一句话，做劳模的妻子太累，心累。

怎么不累？我想跟别人一样，每天晚饭后跟丈夫出去散散步，可丈夫不在，于是心就不痛快；我还想每天把单位的事情跟他说说，听听他的开导，可他也不在，于是心就郁闷……有时候他在，可他累了一天了，回家一句话都不愿再说。也有为这吵过。吵后，我又于心不忍。他从8点上班讲起，直讲到晚上10点钟，一天总是五六帮人找他；还要开会，三四个会，五六十个电话，这是一天最起码的。回到家，他自然是筋疲力尽了……这又是不痛快，又是郁闷，又是于心不忍，那心能不累嘛。

咳，有什么办法呢？习惯了。都累了这么多年了。

当年我怀孕的时候，他正在搞抓斗试验。听到快要当爸爸了，他也高兴得很。可是他还有担心，担心孩子会分散他的精力。他跟我商量，说阿拉暂时不要小囡好不好，抓斗试验正关键着呢。这我怎么肯的啦？为了要这个孩子，我只好接受他的'约法三章'，保证孩子全部由我带，保证不让他多操心，保证不以孩子为借口拖他后腿。儿子是1980年出生的，他的抓斗是1981年出世的。

我一直说，抓斗才是他的'儿子'。他的心思全在那个'儿子'身上。儿子一岁的时候，有一天半夜里突然呕吐。他不在家。我只好自己抱着儿子赶到医院挂急诊。医生诊断后说，侬小囡脑膜炎。我吓坏了，慌得不得了,哭得一塌糊涂。而他在那个'儿子'那边,根本还不知道这个儿子病了呢。好在后来是虚惊一场。

儿子上学了。我以为从此以后他能多给儿子点时间的。哪里哦,老样子。有时候儿子拿着题目央求他,说爸爸,人家小朋友的爸爸都辅导作业,您也辅导我好吗?他怎么说?他说,不要给爸爸捣蛋,爸爸要工作,你自己去玩吧。有他这样的吗?我能不生气吗?气了我就说嫁给你倒霉了。

当然了,他心里其实内疚的。好在儿子争气,高中毕业后考入了大学。儿子蛮有志气,说要像爸爸那样,做大事情。后来他"逼"儿子走出国门,锻炼。儿子在澳大利亚边在酒店打工边读书,他说这样才对,男孩子必须自己出去闯世界,日后才会长成参天大树。

现在儿子已学成归国,有了一份很好的工作,结婚成家了。蛮有出息的。说实话,儿子怎么长大的,这当中摔过几次,病过几次,当爸爸的他肯定说不清楚。儿子都快而立了,他能说上几件有关儿子的事情?儿子懂事,不怪他,还劝我,说爸爸心里肯定也想给家里一些关心,但事情放在那里,担子放在那里,他没有办法的。

我已经退休了。本来想再找个工作干干,一个人待在家里太闷。可他不同意。他说,不管你找什么工作,别人都会以为是靠着我包起帆的名声找到的。不找就不找吧。也好,索性一门心思照顾他了。不但吃好,还要让他山清水秀地出门。上海女人嘛,都希望自己的丈夫体体面面地走出家门。

还有什么不满足?现在他好,儿子儿媳也好,我没什么不满足的了。如果一定要说,那我现在还是希望他能回家吃晚饭。但我知道这不太可能的。他还那样,一个月陪我吃晚饭最多两三次吧。其实我也习惯了,不怪他了。

我现在最大的愿望就是包起帆身体健康。其他我不担心,他是好人。他人品好,不搓麻将,不抽烟,偶尔因为应酬喝点酒,因为五音不全,甚至连卡拉OK都不去……我就担心他身体。以前年轻不要紧,现在到底朝60奔了。老这么忙身体怎么吃得消啦。他有痛风病,一旦发作,连走路都麻烦。还有椎间盘突出,他办公室椅子和车上座位都有一块硬板,为什么,就是因为他的椎间盘突出.我也不知为他做点什么好。现在我天天早上给他榨一杯果汁,西瓜,生梨,苹果,变着花样呗。一杯大约400毫升左右,让他喝下去,再来一碗蜂蜜黑木耳羹,忙就忙吧,只要他身体好就好。"

十三

包起帆则乐呵呵地说,我太太好。别看她有时候跟我发脾气,其实她是刀子嘴豆腐心。

包起帆刚开始发明木材抓斗的那会儿,有一次卸船任务事关重大:决定包起帆发明的木材抓斗是否成功。包起帆为此必须守着抓斗,无论抓斗出现什么状况,他都得随时修理,以确保抓斗万无一失,顺利卸船。

包起帆因此一夜未归家。

一夜过后,包起帆的木材抓斗宣告成功。那时包起帆长长地舒了一口气,说,终于可以好好地睡上一觉了。

话音刚落,包起帆身后突然响起一个熟悉的声音:"包起帆,侬做神仙了,为啥又一夜不回家?"

包起帆转身一看:是妻子。妻子的怀里还抱着他们两岁多的儿子。

包起帆一拍脑门,恍然想起:昨天上班前跟妻子说好的,船卸完后,就回家吃晚饭。

包起帆意识到自己"犯错"了。他边在心里说"糟糕，光顾了抓斗，竟忘了回家了"，边连忙堆满笑容一个劲地跟妻子赔不是。

可妻子哪里肯就此"罢休"。她"满腔怒火"地看着包起帆，眼神说：包起帆侬说晚上回家吃饭，我就早早地烧好饭菜，可左等右等就是不见侬的影子。侬什么意思啦？侬在码头守着抓斗，我在家里守着一桌冷饭冷菜。我啥个滋味？家，侬想回就回，不想回连个招呼都不打。侬把家当旅馆啦？侬晓得看不到侬回家我有多少急啦？赶到码头吧，这么远的路，坐车摆渡起码三个多小时。不到码头吧，我心里又七上八下。侬想想看，这个一整夜，我哪能睡得着。我一夜没有睡啊，为侬担心，不晓得侬发生啥个事体。侬心里到底还有没有老婆儿子？侬干脆跟侬的抓斗过日子吧！

妻子好一顿的数落，包起帆却不恼。他理解妻子。那时候家里没有电话，那时候码头三天两头出事故，那时候所有装卸工人的家属都整天提心吊胆。

包起帆想跟妻子解释，但还没等他开口，他已发现妻子的眼神换了内容：瞧侬的样子，一眼的血丝，一脸的疲劳，一头的乱发，一身的腥臊。累坏了吧？

包起帆的心头升起一股温暖和宽慰：妻子到底还是理解丈夫的，她知道丈夫忙的是有意义的事情。包起帆笑了。

妻子那时对怀里的儿子说：叫爸爸。

儿子眨眨眼，直往母亲的怀里钻。

妻子于是催促儿子：快叫爸爸呀。

儿子埋着小脑袋，喃喃地叫着"妈妈"，却就是不肯叫声"爸爸"。

妻子于是对包起帆说：看看侬，头戴安全帽，身披棉大衣，脖子上还围着条脏兮兮的围巾，都没个人样了，儿子哪里见过侬这样子啦？他这是不认得侬了。忙完了赶紧回家一次，好好洗洗，好好吃顿饭，好好睡上一觉。

精神了,儿子肯定会缠着侬没有完。我先回去了,回去给侬烧饭。

妻子说完,抱着儿子走了。包起帆望着妻子的背影,鼻子一酸,眼睛湿润……

十四

包起帆没少说,有个好太太,这是我的福气。不过,我也完全可以被评选为上海滩"新好男人",第一,我听太太话;第二,太太的批评我都能虚心接受。

熟悉包起帆的人都说,谈及家庭,他总会坦然却不乏幸福地说,太太是"总书记",是我的领导。家中大小事体,她说了算。如果没有太太治家,那我后顾之忧就大了,哪还有精力搞发明,忙企业,做劳模,所以我是怕老婆的。不过,怕老婆也是男人的美德。

"儿子知道我怕太太,太太知道儿子怕我,我知道太太怕儿子,这三'怕'形成了一个循环链,将我们三个人紧紧地链接在一起。太太发脾气,我包起帆不响了,儿子发脾气,太太不响了,我发脾气,儿子不响了……其实家庭和社会一样,人与人之间都是相互制约,相互理解,相互依存的关系,如此才能和谐和睦。"

包起帆认为,家庭矛盾是不可避免的,因为一对夫妻性格不同,社会角色、地位、责任也不同,所以对事物的看法和理解就不可能完全一致。所以做丈夫的就应该气量大点。"家事没有对错。太太讲的总是对的,我总是不对的。我不对就不对了,在太太面前低头不是一件不好的事情。你在社会上再有名气,再有地位,再有声望,在家里你就是一个丈夫。为家庭和睦跟太太低低头有什么坍台的呢?我就不觉得跟太太低头坍台。

我家里事情做得少，孩子管得少，全是太太一个人顶着，我回家听几句牢骚话有什么关系，谁让我老忙在外面的。所以我总是虚心接受。然后她看我态度诚恳，就宽大政策了。所以跟太太争高低争是非，没一点意义。我的经验，做丈夫的，大事清楚就行了，小事嘛，就装装糊涂好了。但有一条很重要，丈夫一定要关心太太，一定要让太太感觉到她在你心里的地位绝对重要。

熟悉包起帆的人还知道，这个喝黄浦江水长大的新好男人，身上鲜明着上海男人细腻、体贴和精乖的性格。他们"揭发"：包起帆很会讨老婆的高兴和欢心。"太太为家庭为我付出的，我心里明白。我从没有把这看成是她的本分。因此我常会对她说'谢谢'。由衷的。有时候我这样补偿太太：赠予她心爱的东西。所谓心爱的东西倒并不一定要价值昂贵的，只要你是为她买的，她心里就感到无限的愉快了。如衣料食品之类，当她心里想要而还没有开口的时候，你就买来送给她，她自然喜出望外，感到你是关心体贴她的人。"

他会哄。张敏英板起脸的时候，他就"嬉皮笑脸"甜言蜜语。30岁的时候，说等我忙过40岁，我就多点时间陪你。40岁到了，说我做到50岁，50岁后我就不干了，那时我肯定在家帮你。50岁到了，他除了"嘻嘻"几下，没别的了。

他会表白。无论出差到哪里，每天早晚两个电话给太太，问候，报平安，雷打不动。这是最重要的。包起帆说，可别小看这两个电话，这说明他最在乎的还是太太。"夫妇间不能一方控制另一方，也需要客气和尊重的。我的地位再高，我与太太在人格上都是平等的。我很喜欢'最浪漫的事就是我与你慢慢变老'的那首歌。执子之手，与之偕老。就这意思吧。"

他会浪漫。他知道同样喝黄浦江水长大的太太像所有的上海女人一样，喜欢打扮，喜欢漂亮。所以张敏英50岁生日的时候，包起帆给了她意外的惊喜：一对耳环祝太太生日快乐。耳环的形状别致，颜色高雅，很衬张敏英的脸型。张敏英爱不释手。但不知怎么的，耳环竟给弄丢了。张敏英那叫一个懊恼呐，好几天她接受不了丢耳环的这个事实。她甚至跟祥林嫂似的老是说"我怎么就弄丢了它呢"。包起帆于是安慰太太：这对太小，所以才会丢，明摆着是我不会买嘛。过些日子，等我有钱了再给你买对大的，肯定比这对漂亮。

他还细心。给张敏英买戒指，他先将戒指套在自己小指最细的一个关节上，试试，感觉一下，然后说，这个戴在阿拉张敏英手上肯定合适。临时带人到家，他肯定先电话通知张敏英，到家门，他也总是先摁下门铃，然后再掏钥匙开门，就是为了不让张敏英措手不及。

他还时尚。香水，唇膏，CD，张敏英说，他很会买的，都挺合适我用。他还知道哪些牌子好，有品位。怪不怪？连我儿子都说，原来爸爸一点不老土的，也很潮流的呀。

十五

儿子心中的父亲，做事情很认真，很能吃苦。没有谁逼着他没日没夜，但他不能不没日没夜。那么多的事情。企业和工人永远是他的第一重要。

"爸爸总是忙，很少跟我交流，很少管我。但我知道他宝贝我。老爸嘛，他爱我在心里的。"

问他是否记得爸爸打过他？他摇摇头，说不记得。然后有点诡秘地笑笑。

儿子即便记得，他也不说。

问他是不是从小就知道父亲是劳模？

"反正我从不讲自己的爸爸。家长会父亲去过,那是我小时候,父亲的名气刚开始响,还没有现在这么大。"

很少给父亲电话或者短信吗?

"不是不给,而是他忙。给他电话,他总是匆匆一句没说完就挂机了。要不就是在开会,就是在谈判。总之我知道他每分钟都在忙,我却不能知道他什么时候才有点空。在国外读书的时候,我多么希望能经常跟他通通电话呀。后来我也想明白了,爸爸这辈子注定了一个忙。我和妈妈一样,只要爸爸忙得开心、身体健康就好。我是很敬爱我爸爸的。其实他是一个很有趣味的人。"

十六

儿子说得不错,他的爸爸,这个自封上海滩新好男人的人,其实很懂生活很会生活很有上海生活情趣的。

没人能想到包起帆会喜欢长毛绒玩具。他的家里,每个房间,都有毛绒玩具,狗、熊、企鹅、老虎,大大小小,形形色色。张敏英说,他童心未泯。

他爱收集世界各地名胜古迹景点的门票,爱收集世界各地各种材质各种造型的犀牛、大象,还爱拍摄世界各地的风光美景。

他喜欢音乐。去国外,也会买一些音乐原声带。他不喜欢节奏强烈的摇滚乐,喜欢轻柔舒缓的小夜曲。他说现在没时间,等退休后好好享受这些原声带。早些年他偶尔也会抽空和张敏英一起去听蔡琴、费玉清的音乐会,也看杂技和魔术或者歌舞表演,但后来越来越忙,终于忙掉了这个"偶尔"。

他喜欢花卉和观赏鱼。水仙,文竹,蝴蝶兰,还有十几尾火红的热带鱼,家里生气勃勃。还有那棵幸福树,他在上面系了两个铃,说那是夫妻铃。谁侍弄这些生物?他说,都是太太打理的。

他还喜欢戏剧。越剧迷,这点夫妻俩一样。说起老一辈越剧表演艺术家的作品,《梁祝》《王老虎抢亲》《三笑》《白蛇传》《玉堂春》《卖油郎》《龙凤花烛》等等,他如数家珍。还有沪剧,也喜欢。

他喜欢书。他的办公室、家里,一派书籍,书满为患。凡有他就有书。除了各种专业书籍、杂志外,他更喜欢文学类书籍。他在中学的时候,就迷上了中外文学名著。但那时可看的书很少很少,即便有,也多半因为"毒草"而没头没尾。但这挡不住他的喜欢。上世纪70年代"文革"结束后,一批中外名著尤其是世界名著终于重见天日。包起帆就每月从微薄的工资里拨出一笔款子,《安娜·卡列尼娜》《复活》《飘》《红与黑》《欧也妮·葛朗台》《三个火枪手》《茶花女》《悲惨世界》等等,等等,他一本本地往家搬。那时候这些名著非常非常地抢手,非常非常地难买,排很长的队伍,花很长的时间,都难保证能买着。所以包起帆格外珍惜这些名著,每一本都认认真真看,都放得好好的,哪个书橱、哪一层,有哪本书,他记得一清二楚。一旦需要,他随手拿来,决不出错。还有《上海滩》、《申江服务导报》、《上海星期三》和《上海一周》,等等,越上海他越喜欢。他还会像小时候那样,把格外喜欢的报纸收藏好。他说最喜欢在飞机上翻看这类书报,腾云驾雾中体会"上海",那才叫休闲、放松、惬意。他说自己之所以被儿子"表扬"不算太落伍,很多就是得益于这些地地道道的上海书报杂志。

他还喜欢旅游。他说,读万卷书,还得行万里路,只是现在没时间,等退休后,我要带太太一起去旅游,不晓得那时候儿子还愿不愿意跟我们出去,他那时候也有自己的事业了,也会忙的,估计他没有时间陪我们的。

还有足球、排球、篮球、网球和有关球的那些运动……

城市记忆

包起帆语录：
我就是上海一个有出息的工人

60年，上海从一个洋钉洋油洋火洋布充斥的城市到一个国际经济金融贸易航运中心的现代化国际大都市，上海创造了一个上海奇迹。

谁是上海奇迹的创造者？

上海工人阶级。

"上海工人阶级长期以来一直是中国工人阶级的领头羊"。

这其中，有一个特殊的群体，她的名字叫劳模。

60年，我们可能忘记了很多名字，却没有忘记劳模。

60年，我们经历了许多激动人心的时刻，却依然被劳模事迹所感动。

新中国工人的一面旗帜杨富珍，人民的挑夫杨怀远，服务大师马桂宁，永不停步的发明家包起帆，晚上七点的太阳徐虎，蓝领楷模李斌……薪火相传，生生不息，上海劳模顺应社会前进的潮流，秉承上海工人阶级敢于接受挑战的不凡气魄，引领时代，以一种舍我其谁的气势，为上海谱写了一首海纳百川、追求卓越、开明睿智、大气谦和的时代新歌。

包起帆——

从小改小革，到一场改变人类运输方式的伟大革命；从单枪匹马搞发明，到带领和培养出越来越多的创新人才；从仅有初中文化的码头装卸工，到获得无数次科技发明国际金奖的国家级专家、教授级工程师……谁不说他演绎了一个中国式的神话！

从发明家、企业家、集团副总裁到全国劳模；从中国制造到中国创造；从"包起帆"响彻巴黎再到全世界为包起帆震撼、惊叹……谁不说他就是21世纪的传奇人物！

从全国宣传的典型和学习的榜样到共和国60位最具影响力的劳动模范和100位感动中国人物之一……又都说他其实不是神话也不是传奇，他就是我们身边的一个有出息的工人！

*"创新铸就事业,发明改变人生"

"我就是一个有出息的工人。"

"我也觉得我不容易。从一个普通的家庭里走出,从一个繁重而低层次的劳动中走出……"

不是名门望族出身,又非"国子监"熏陶,却辉煌中国,却彪炳史册,他靠的什么?

毛泽东同志曾说:人总是要有点精神的。

穷且益坚,不坠青云之志,是一种精神;志者不饮盗泉之水,廉者不受嗟来之食,是一种精神;慷慨悲歌、同赴国难,是一种精神;奋发图强、励精图治,是一种精神;三军可夺帅,匹夫不可夺志,是一种精神……

做一个有出息的工人,也是。

所以——

他从无到有,从弱到强。不论什么时候,都柔韧执著,从不屈就和妥协,从不被拦腰折断。

他起航于黄浦江,扬帆在五大洋。在任何地方都能闪光发亮。不是尽力克服劣势,而是尽力发挥优势。

他几十年纵横驰骋,叱咤风云,独领风骚。

也所以——

他是上海工人阶级艰苦奋斗、爱岗敬业、争创一流的符号。

他是上海工人阶级胸怀天下、豪迈雄壮、勇于创新的坐标。

更所以——

人们爱一座城市,很多的时候就是因为这座城市有着许多属于人民的记忆。

60年,劳模的先进事迹会被发扬或被更新,劳模创造的纪录会被打破或被替代,劳模的发明成果会被改革或被淘汰。但是,城市丰碑,风范永存。上海不会忘记。

跋

近来十分流行"创意"二字,如美术创意、建筑创意、文学创意等等,因其名目繁多而目不暇接,又因大多陌生而超然处之。但上海大学海派文化研究中心主任李伦新同志提出编辑《海派文化丛书》的创意使人精神一振,耳目一新,对我们从事文化工作的人来讲,正是思之无绪的良策,事之无措的善举。

此创意特色有三:

一是纵横驰骋,自成体系。该系列丛书将由海派书画、海派戏剧、海派建筑、海派文学、海派电影等方面近三十本书组成,基本囊括了能反映海派文化的各个领域,其中6本书将在2007年8月的上海书展上面世。此后每年出版7至8本,争取在2010年出齐,向世博会献礼。

二是叙述简洁,形式新颖。上海,不管你是否喜欢,它在近两百年内迅速发展成为一个国际大都市,并在中国占有重要地位的事实是无可置疑的。因此,上海是一个世人瞩目的、值得研究的、又众说纷纭的一个课题。论述上海、反映上海的书籍纷繁浩瀚,它们各有见解,各具特色,拥有各自的读者。有的是学术性的,史料详实,论证严密,但曲高和寡;有的是文学性的,情节曲折,故事生动,但内中难免掺杂作者个人的情感,而有失公允;有的是纪实性的,历史掌故和人间悲欢离合尽收其中,但珠玑散落,难以荟萃。丛书力图博采众长,"合三为一",以纪实为主,兼顾史料的真实和文字的优美,并采用图文并茂的编辑方法,使之成为一套新颖的研究上海,介绍上海的书籍。

三是内容丰富,面向大众。丛书对海派文化的各个领域,诸如:戏剧、书画、建筑、文学、风俗等,既有宏观的研究与阐述,又有具体的描绘与剖析,向读者展示了一幅绚丽多彩的海派文化起源、发展、形成、深化的历史长卷,令人信服地得出这样的结论:海派文化造就了被誉为"东方巴黎"和"东方明珠"的上海,形成了"海纳百川"、"精明求实"、"宽容趋新"等上海人的社会人格。丛书既是研究上海的学术著作,又是介绍上海的通俗读物,具有书柜藏书和案头工具书的双重功能。

上海市对外文化交流协会是进行中外文化交流的专门机构,以弘扬优秀传统文化和汲取世界先进文化为己任。协会成立20年正是上海改革开放取得辉煌成就的20年。协会乘势而为,解放思想,开拓进取,积极拓展外联渠道,构筑中外交流的平台,广泛开展国际社会科学、金融经济、科学技术、文化艺术交流,增进同世界各国人民的友谊和理解,成为上海的一个有影响的中外文化交流的窗口。我们在获悉丛书的编辑思想和出版计划时,就感到双方是心心相印的,所以决定对丛书出版给予经济上的支持。我们认为此举是对建设上海文化事业的支持,是对弘扬民族文化的支持,也是对自身工作的支持。

因为工作的缘故,经常有外国朋友赠送一些介绍他们的国家或城市的书籍。这些书籍装帧精美,内容言简意赅,形式图文并茂。由此联想,在丛书中选择若干本或若干章节翻译,汇编成书,那也是一种十分可取的介绍上海和宣传上海的内容和形式,特别对于将在2010年举办世博会的上海来说尤为如此。

本丛书的出版已引起有关单位的重视和关注。文汇出版社已将本丛书列为2007年出版计划中的重点书,并配备了业务能力强的文字和美术编辑;外宣部门认为这套丛书是很好的外宣资料,是世博会的一个很好的配套工程;有的图书馆反映查阅上海资料的读者日渐趋盛,这套丛书的出版适逢其时,将为读者提供更多的方便。

还必须强调的是丛书的编辑和出版也得到了作者的大力支持。去年年底,编委会召开部分作者参加的笔会,其中不乏畅销书的作家,编委会对他们提出了创作要求和交稿时限。尽管要求高、时间紧，但是作者均积极配合，投入创作，为第一批丛书在2007年8月的书展上与读者见面创造了条件。为此，有的延误了申报高级职称的机会，有的推迟了其他的创作计划，有的不厌其烦数易其稿。

天时、地利、人和似乎都护佑着丛书的面世。丛书是时代的产物，是集体智慧的结晶。

郑家尧

2007年7月

（本文作者为上海市对外文化交流协会副会长兼秘书长）

附录

1. 国内外荣誉

时　　间	证　书　名　称
2009	世界工程组织联合会"阿西布·萨巴格(Hassib J. Sabbagh)优秀工程建设奖" 入选新中国成立60周年上海杰出科技人物 入选100位新中国成立以来感动中国人物 入选中华人民共和国60年最具影响力的劳动模范
2008	比利时王国"军官勋章"
2007	全国敬业奉献道德模范 何梁何利科技创新奖 中国信息化杰出人物奖 中国港口十大风云人物
2005	全国劳动模范
2004	全国五一劳动奖章
2001	上海市劳动模范
2000	全国劳动模范 入选21世纪封面人物
1999	英国国际杰出人士奖 聂荣臻发明创新奖 全国交通系统优秀科技工作者
1998	上海市劳动模范
1997	全国优秀共产党员 发明家科技之星
1996	上海发明家

(续表)

时 间	证 书 名 称
1995	全国劳动模范 上海市劳动模范 全国优秀科技工作者 中国"发明创业奖"
1994	全国十大杰出职工 英国"20世纪杰出成就奖" 入选上海市"我最佩服的共产党员" 中国海员工会"金锚奖"
1993	上海市劳动模范 上海市"五好家庭"
1992	上海科技功臣 上海市十大先进标兵 比利时王国"军官勋章"
1991	上海市劳动模范 上海市优秀共产党员 享受政府特殊津贴证书
1990	上海市优秀科技工作者
1989	全国劳动模范 上海市十大科技精英
1987	上海市劳动模范
1986	全国五一劳动奖章 上海市交通邮电系统优秀共产党员 上海市优秀共产党员 中青年有突出贡献专家证书
1985	上海市劳动模范
1983	上海市劳动模范
1981	上海市劳动模范

2. 国家级科技奖励

序号	成果（项目）名称	奖项名称	等级	年份
1	外高桥集装箱码头建设集成创新技术研究	国家科学技术进步奖	二等奖	2007
2	现代集装箱码头智能化生产关键技术	国家科学技术进步奖	二等奖	2005
3	港口新型抓斗吊具系列推广（推广类）	国家科学技术进步奖	二等奖	1998
4	异步启闭废钢块料抓斗	国家发明奖	四等奖	1991
5	15吨滑块式单索多瓣抓斗	国家发明奖	四等奖	1988
6	撅转转轮式单索木材抓斗	国家发明奖	四等奖	1987

3. 省部级科技奖奖励

序号	成果（项目）名称	奖项名称	等级	年份
1	现代港口散货装备集成技术开发与研制	中国水运建设行业协会科学技术奖	一等奖	2009
2	集装箱物流全程实时在线监控系统	上海市技术发明奖	二等奖	2009
3	集装箱物流全程实时在线监控系统	中国航海学会科学技术奖	二等奖	2009
4	集装箱装卸机械作业安全防护系统	中国港口协会科学技术奖	二等奖	2009
5	集装箱RTG高架滑触线供电方式油改电研制	中国港口协会科学技术奖	一等奖	2008
6	高压TSC动态无功功率补偿装置	中国港口协会科学技术奖	三等奖	2008
7	一种集装箱自动化堆场及堆场装卸工艺	中国航海学会科学技术奖	一等奖	2007
8	一种集装箱自动化堆场及堆场装卸工艺	中国港口协会科学技术奖	一等奖	2007
9	一种集装箱自动化堆场及堆场装卸工艺	上海市技术发明奖	三等奖	2007
10	港口大型机械装备缺陷综合检测及安全评估	中国机械工业科学技术奖	二等奖	2007
11	港口机械专用的废旧轮胎高值化利用技术开发与产业化	中国石油和化学工业科学技术奖	三等奖	2007
12	集装箱电子标签系统	中国安全生产科技成果奖	三等奖	2006
13	外高桥集装箱码头建设集成创新技术研究	上海市科技进步奖	二等奖	2005

（续　表）

序号	成果（项目）名称	奖项名称	等级	年份
14	外高桥集装箱码头建设集成创新技术研究	中国航海科技奖	一等奖	2005
15	新型轮胎式集装箱龙门起重机研制	中国机械工业科学技术奖	三等奖	2005
16	新型无线遥控散货抓斗	上海市科学技术进步奖	三等奖	2004
17	现代集装箱码头智能管理技术	全国职工技术创新奖	一等奖	2004
18	上海港集装箱智能化管理成套技术	上海市科技进步奖	一等奖	2003
19	上海港集装箱智能化管理成套技术	中国航海科技奖	二等奖	2003
20	港口起重机结构故障诊断及智能维修系统	湖北省科技进步奖	二等奖	2002
21	抓斗动态仿真及优化研究	上海市科学技术进步奖	三等奖	2001
22	港口新型抓斗吊具系列推广	交通部科技进步奖	二等奖	1996
23	无损携袋器	交通部科技进步奖	三等奖	1995.8
24	单索、双索半剪式散货抓斗	交通部科技进步奖	二等奖	1993
25	JT5027-89港口起重机用钢丝绳使用技术条件	交通部科技进步奖	三等奖	1993.7
26	新型抓斗系列推广和应用	上海市科学技术进步奖	三等奖	1993.1
27	国内木材成组运输新工艺及向货主码头延伸	交通部科技进步	三等奖	1992

(续 表)

序号	成果(项目)名称	奖项名称	等级	年份
28	卡环式木材集装运输工具及工艺系统	上海市科学技术进步奖	三等奖	1991.4
29	异步启闭废钢块料抓斗	交通部科技进步奖	二等奖	1990
30	15吨滑块式单索多瓣抓斗	国家劳动保护科学技术进步奖	四等奖	1988.12
31	15吨滑块式单索多瓣抓斗	交通部科技进步奖	二等奖	1987
32	10吨撤轮式单索木材抓斗及原木装卸工艺	交通部优秀科技成果奖	二等奖	1984

4. 国际发明展览会奖

序号	项目名称	获奖名称	等级	时间
1	散货自动化装船系统	100届巴黎国际发明展	金奖	2009
2	散货自动化卸船系统	100届巴黎国际发明展	金奖	2009
3	集装箱物流全程在线信息和安全系统	99届巴黎国际发明展	金奖	2008
4	集装箱起重机实时在线安全监测系统	99届巴黎国际发明展	金奖	2008
5	激光对多通道集卡自动对位装置	99届巴黎国际发明展	金奖	2008
6	散货自动化装船和卸船系统	第六届中国国际发明展	金奖	2008
7	集装箱物流全程在线信息和安全系统	日内瓦国际展览会创新大奖	金奖	2008
8	集装箱起重机实时在线安全监测系统	第六届中国国际发明展	金奖	2008
9	激光对多通道集卡自动对位装置	第六届中国国际发明展	金奖	2008
10	一种可调整周长的预硫化环状胎面制造方法	98届巴黎国际发明博览会	银奖	2007
11	集装箱电子标签装置	97届巴黎国际发明展	金奖	2006
12	一种用于集装箱的电子标签和电子封条的连接方法	97届巴黎国际发明展	金奖	2006
13	一种用于集装箱作业的安全装置	97届巴黎国际发明展	金奖	2006
14	集装箱自动化堆场及堆场装卸工艺	97届巴黎国际发明展	金奖	2006

(续 表)

序号	项目名称	获奖名称	等级	时间
15	上海港集装箱智能化管理成套技术	95届巴黎国际发明展	金奖	2004
16	遥控电动液压抓斗	95届巴黎国际发明展	金奖	2004
17	电缆卷筒	95届巴黎国际发明展	金奖	2004
18	上海港集装箱智能化管理成套技术	第五届中国国际发明展 优秀发明项目转化奖	金奖	2004
19	集装箱电子标签装置	第五届中国国际发明展	金奖	2004
20	一种集装箱生产系统中的无线JAVA通信服务方法	第五届中国国际发明展	金奖	2004
21	新型无线遥控散货抓斗	第五届中国国际发明展	金奖	2004
22	电动液压抓斗电缆收放系统	第五届中国国际发明展览会	银奖	2004
23	上海港集装箱智能化管理成套技术	发明者世界联合会	金奖	2003
24	无线遥控散货抓斗	第10届美国国际发明展览会	金奖	1994
25	防漏散货抓斗	马来西亚新发明新设计展览会	一等奖	1994
26	无破损货袋物手钩	布鲁塞尔尤利卡世界发明展览会	金奖	1992
27	直接充填海绵式实心轮胎	布鲁塞尔尤利卡世界发明展览会	金奖	1992
28	卡环式木材集装工具及工艺	布鲁塞尔尤利卡世界发明展览会	金奖	1992

(续 表)

序号	项目名称	获奖名称	等级	时间
29	半剪式散货抓斗	布鲁塞尔尤利卡世界发明展览会	金奖	1992
30	单双索木材抓斗及工艺	第7届美国国际发明展览会	金奖	1991
31	异步启闭废钢块料抓斗	第80届巴黎国际发明展览会	金奖	1989
32	15吨滑块式单索多瓣抓斗	日内瓦国际发明与新技术展览会	金奖	1987

5. 全国发明展览会奖

序号	项目名称	获奖名称	等级	时间
1	具有识别集装箱位置信息功能的集装箱电子标签读写器	全国发明展览会	金奖	2007
2	带有集装箱定位和电子封条的集装箱电子标签	全国发明展览会	金奖	2007
3	弯形梳式多爪双索抓斗	全国发明展览会	金奖	2007
4	一种自动化装船系统及其装船方法	全国发明展览会	金奖	2006
5	激光对多通道集装箱的定位装置	全国发明展览会	银奖	2006
6	非对称异形颚板的液压抓斗	全国发明展览会	铜奖	2006
7	单索抓斗的启闭控制机构	全国发明展览会	铜奖	2006
8	上海港集装箱智能化管理创新技术	全国发明展览会	金奖	2005
9	一种用于集装箱的电子标签和电子封条的连接方式	全国发明展览会	金奖	2005
10	绳节式单索散货抓斗	第十二届全国发明展览会	金奖	1999
11	无线遥控散货技术	第八届全国发明展览会	金奖	1994
12	重型钢坯专用吊具	全国发明展览会	铜奖	1994

图书在版编目（CIP）数据

海上楷模/许平著. —上海：文汇出版社，2010.5
ISBN 978－7－80741－827－6

Ⅰ.海… Ⅱ.许… Ⅲ.包起帆—生平事迹 Ⅳ.K828.1

中国版本图书馆CIP数据核字（2010）第045190号

海上楷模
—— "抓斗大王"包起帆

出 版 人／桂国强

作　　者／许　平
丛书主编／李伦新
责任编辑／乐渭琦
装帧设计／周夏萍

出版发行／文汇出版社
　　　　　上海市威海路755号
　　　　　（邮政编码200041）
经　　销／全国新华书店
照　　排／南京展望文化发展有限公司
印刷装订／上海新文印刷厂
版　　次／2010年5月第1版
印　　次／2010年5月第1次印刷
开　　本／640×960　1/16
字　　数／200千
印　　张／20.5
ISBN 978－7－80741－827－6
定　　价／38.00元